Reise in die Antarktis – Fotoreisebericht und Ratgeber für Kreuzfahrer · Karl-Heinz Herhaus

Für Ingrid

Karl-Heinz Herhaus

REISE IN DIE ANTARKTIS

Fotoreisebericht und
Ratgeber für Kreuzfahrer

„Nicht der Tage erinnert man sich, sondern der Augenblicke"
Cesare Pavese

Impressum

Alle Fotos sind vom Autor, ausgenommen die hier ausgewiesenen:

Arco Images	S. 150, 151, 153, 160, 165
Mark Behrend	S. 10, 106, 182, 183
Dr. Maria Clauss	S. 34, 176, 177, 178, 179, 183
Uli Erfurth	S. 108
Dr. Antje Kakuschke	S. 55, 98
Julia Reisinger	S. 37ul, 104, 147, 167
Ingrid Schümann	S. 54, 65, 156
www.realnature.tv	S. 189

Bibliografische Information der Deutschen Nationalbibliothek
Die Deutsche Nationalbibliothek verzeichnet diese Publikation in der
Deutschen Nationalbibliografie;
detaillierte bibliografische Daten sind im Internet über
http://dnb.dnb.de abrufbar.

Reise in die Antarktis – Fotoreisebericht und Ratgeber für Kreuzfahrer; Karl-Heinz Herhaus
Rangsdorf: Natur+Text 2022; 212 S.; 26 × 22 cm

© Verlag Natur+Text GmbH
Friedensallee 21, D-15834 Rangsdorf, Tel. 033708 20431
verlag@naturundtext.de; www.naturundtext.de

2., veränderte Auflage
Korrektorat: Mirjam Neuber
Einbandgestaltung, Layout und Satz: Reinhard Bär, Christof Ehrentraut
Gesetzt aus der Franklin Gothic und Felix Titling
Druck und Bindung: Westermann Druck Zwickau GmbH
Gedruckt auf Magno Satin 150 g

Das Werk ist urheberrechtlich geschützt.

ISBN 978-3-942062-48-0

Danksagung

Ein großer Dank geht an alle Schiffscrews für die gute und aufmerksame Arbeit auch bei widrigen Wetterbedingungen.

Ich danke allen Lektoren an Bord, die den Gästen mit ihren faszinierenden Vorträgen die antarktische Welt näher gebracht haben und mich auf Südgeorgien vor männlichen Pelzrobben schützten.

Ein besonderer Dank geht an die Schiffskapitäne Mark Behrend, Jörn Gottschalk und Roman Obrist, die Lektoren Dr. Gudrun Bucher, Dr. Maria Clauss, Dr. Uli Dornsiepen, Dipl.-Biologe Uli Erfurth, Dr. Antje Kakuschke, die Schiffsärzte Dr. Siegfried Hänselmann, Dr. Jörg Pfützenreuther und die Fotografen Julia Reisinger und Ingrid Schümann, die den Inhalt des Buches mit ihren professionellen Ratschlägen, Fotos und eigenen Beiträgen bereichert haben.

Ihnen, Frau Dr. Herata, und ihrem Team, Rita Fabris, Jacqueline Hilbert und Fritz Hertel vom Umweltbundesamt, danke ich für die konstruktiven und angenehmen Gespräche. Sie haben mich mit einer Fülle von aktuellen Informationen versorgt und mir Ihre Kompetenzen zu Fragen des Antarktisvertrages und seiner Bedeutung für die alljährlichen Touren in diese Region zur Verfügung gestellt.

Dank auch an Dr. Manfred Reinke, Amanda Lynnes und Pablo Wainschenker vom Secretary of the Antarctic Treaty in Buenos Aires. Ohne Ihre Unterstützung, das ausführliche persönliche Gespräch und die kritische Lektüre zur Richtigkeit der Antarktiskarten wäre die umfangreiche Beschreibung der Anlandungsstellen nicht zustande gekommen.

Secretariat of the Antarctic Treaty
Secrétariat du Traité sur L'Antarctique
Секретариат Договора об Антарктике
Secretaría del Tratado Antártico

Dank auch Dir, liebe Trixi Lange-Hitzbleck, für die vielen Ratschläge aus Deinem unerschöpflichen Erfahrungsschatz als Kreuzfahrtdirektorin auf vielen Touren in die Antarktis und heute als Kreuzfahrtberaterin unter dem Label „TRIXIS WORLD".

Ohne die professionelle Unterstützung von Dr. Michael Wenger von Polar Journal AG in der Schweiz hätte ich keinen Zugang zu Detailinformationen über Pinguine gehabt. Ich danke Ihnen dafür sehr und freue mich auch künftig über die vielen sorgsam recherchierten Beiträge im Polar Journal.

Inhalt

Vorwort	11
Faszination Antarktis	13
Eine Fotoreise durch den Südlichen Ozean	20
Falklandinseln – Galápagos des Südens	22
Südgeorgien – Serengeti des Südpolarmeeres	44
Südliche Orkneyinseln, Südliche Shetlandinseln, Antarktische Halbinsel	76
Schutzmaßnahmen für die Antarktis	117
Teil 1: Antarktisvertrag und Umweltschutzprotokoll	117
Teil 2: Umweltbewusstes Verhalten von Besuchern	120
Tourismus in der Antarktis	122
Gut zu wissen – Informationen und nützliche Hinweise für eine Reise in den Südlichen Ozean	125
Reisezeit	125
Kleidungsempfehlungen	129
Medizinische Hilfe an Bord	130
See- und Reisekrankheit	130
Medikamente	132
Weitere hilfreiche Tipps	132
Anlandungen	133
Fahrten im Zodiac	134
Stille Örtchen an Land	135
Wissenswertes rund ums Schiff	135
Distanzen, Geschwindigkeiten und Temperatureinheiten	136
Eis und Schnee	137
Windstärken und Wellenhöhen	139
Fotografieren in der Antarktis	140
Erkenntnisse über Auswirkungen von Klimaveränderungen und der Einfluss anthropogener Faktoren auf die Antarktis	146
Tiere des Südlichen Ozeans	148
Das antarktische Nahrungsnetz	148
Antarktischer Krill	150
Nicht einheimische Tierarten	153
Seevögel	156
Riesensturmvogel	156
Blauaugenkormoran	157
Die Familie der Pinguine	158
Langschwanzpinguine	159
Eselspinguin	159
Adéliepinguin	160
Zügelpinguin	160

Großpinguine	160
Königspinguin	161
Kaiserpinguin	162
Schopfpinguine	163
Südlicher Felsenpinguin	164
Goldschopfpinguin	165
Brillenpinguine	166
Magellan-Pinguin	166
Die kalten Füße der Pinguine	167
Warum fliegen Pinguine nicht?	168
Warum frieren Pinguine nicht?	168
Steckbrief und Verbreitungsgebiet der antarktischen Pinguinarten	170
Robbenarten	172
Robben in der Antarktis	173
Südlicher See-Elefant	174
Seeleopard	176
Krabbenfresserrobbe	177
Weddellrobbe	178
Antarktische Pelzrobbe	180
Wale in der Antarktis	181
Buckelwal	182
Orca	182
Die Erforschung der Antarktis	184
Über Forscher und Entdecker in der Antarktis	190
1830–1832 John Biscoe – Antarktisches Land in Sicht	190
1901–1903 Nils Otto Nordenskjöld	192
1901–1903 Erich von Drygalski	195
1914–1916 Sir Ernest Shackleton	198
Anhang	
Informationen zu den Falklandinseln	202
Eine kurze Geschichte der Falklandinseln	202
Informationen zu Südgeorgien	204
Literaturhinweise und Empfehlungen für gute Karten	205
Interessante Internetadressen	207
Überblick und englisch-deutsche Übersetzung der häufigsten Tierarten im Südlichen Ozean	208
Rangliste der am häufigsten besuchten Anlandungsstellen	212
Entwicklung der Besucherzahlen in der Antarktis seit 2006/07	212

Vorwort

Für mich ist die Antarktis viel mehr als nur ein weiterer Kontinent. Mir kommt sie immer wie ein fremder Planet vor. Zu groß ist ihre Vielfalt, zu schön ihr Anblick, zu außergewöhnlich die Kraft, die von ihr ausgeht, als dass man sie mit menschlichen Maßstäben vergleichen könnte.

Mich ergreift diese ungeheure Macht der Natur immer wieder auf Südgeorgien. Bei der Anlandung in Gold Harbour stehe ich oft fassungslos zwischen den Massen an Königspinguinen. Die Tiere füllen die Bucht bis zum Horizont. Ich empfehle unseren Gästen dann immer ganz direkt, die Kamera mal nicht vors Auge zu halten, sondern diese Bühne der Ursprünglichkeit, die die Natur geschaffen hat, mit der Speicherkarte der Seele einzufangen. Und wenn ich beobachte, wie einige unserer Gäste sichtlich ergriffen den Moment ehrfurchtsvoll genießen, dann macht mich mein Beruf froh und stolz.

Und nach ein paar Seemeilen sehe ich mich dann nur einen Tag später mit einer ganz anderen Facette der Antarktis konfrontiert. Dann halte ich vor dem Grab des glücklosen irischen Entdeckers Ernest Shackleton, der auf Südgeorgien ganz unspektakulär an einem Herzinfarkt verstarb und auf dem Friedhof der ehemaligen Walfangstation in Grytviken beigesetzt wurde, eine Rede zu seinen Ehren. Dabei ging Shackleton nicht etwa als erfolgreicher Eroberer in die Geschichtsbücher ein. Shackletons größter Verdienst war vielmehr, dass er seine Mannschaft niemals im Stich gelassen hat. Rund um den Südpolarkreis ist das keine Selbstverständlichkeit. Noch heute gilt für mich als Kapitän: Die Antarktis ist kein Gebiet des Wollens, sondern des Dürfens.

Mark Behrend, Kapitän

Linke Seite: Morgenstimmung auf der Antarktischen Halbinsel.
Unten: Junger Königspinguin

Faszination Antarktis

Die größten Gletscher und die tiefsten Temperaturen auf unserem Planeten, die größten Eisberge, eine Trockenheit wie sonst nirgends, Stürme mit 300 Kilometern pro Stunde, wilde Tiere mit wenig Scheu gegenüber dem Menschen, keine Städte, klare Luft und viele andere Superlative kennzeichnen die antarktische Welt. Zur Antarktis gehört neben der Fläche des sechsten Kontinents auch der ihn umgebende Südliche Ozean.

Früher wurde der Südliche Polarkreis als nördliche Begrenzung der Antarktis definiert. Damit zählte die nördliche Spitze der Antarktischen Halbinsel, also die Region, die von Kreuzfahrern am häufigsten besucht wird, nicht mehr dazu, obwohl sie biologisch und ökologisch nicht von den Regionen südlich des Polarkreises zu trennen ist. Heute hat sich der Strömungsgürtel der Antarktischen Konvergenz als nördliche Begrenzung etabliert. Im Schnitt liegt die Grenze – je nach Wetter und Jahreszeit – zwischen dem 53. und dem 60. Breitengrad. Hier schiebt sich das kalte und dichtere südpolare Wasser unter das wärmere subtropische Wasser des Atlantik, Pazifik und Indik.

Die antarktische Konvergenz ist eine bewegliche, nicht sichtbare Strömungsgrenze (vgl. blaue Linie in der Skizze). Nach Norden fließendes kaltes Oberflächenwasser aus dem Südpolargebiet trifft hier auf warmes Oberflächenwasser aus dem Atlantik, Indik oder Pazifik. Zwischen Südamerika und Südafrika, also im Südatlantik, ragt diese Grenze

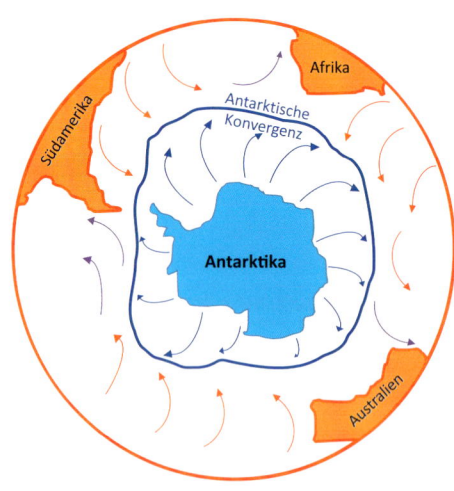

Antarktische Konvergenz

am weitesten nach Norden, oft bis zum 56. Breitengrad. Im Südindik hingegen verläuft sie bis zum 48. Breitengrad.

Vom Schiff aus spürt man die Querung dieser Grenze durch einen schnellen Temperaturabfall. Innerhalb von nur etwa 100 km Distanz kann die Oberflächentemperatur um bis 6 °C sinken. Südlich der Konvergenz beträgt die Wassertemperatur meist um die 2 °C. Bei der Begegnung der unterschiedlich temperierten Gewässer fällt das schwere polare Wasser unter das leichtere warme Wasser und sinkt auf eine Meerestiefe von etwa 800 m.

Neben dem Begriff „antarktische Konvergenz" bezeichnet man diese Wassergrenze auch nach Wilhelm Meinardus, einem deutschen Klimatologen und Ozeanografen (1867–1952), als „Meinardus-Linie".

Die Falklandinseln liegen nördlich dieser Linie und werden von den polaren Oberflächentemperaturen nicht beeinflusst. Südgeorgien hingegen, das nur unwesentlich südlicher als die Falklandinseln liegt, wird noch von den kalten Gewässern erreicht und liegt innerhalb der antarktischen Konvergenz.

Insgesamt gehören 46 Inseln rund um das antarktische Festland, wie Südgeorgien, die Südlichen Orkneyinseln, Joinville und Campbell, zu den subantarktischen Inseln und liegen noch innerhalb der Antarktischen Konvergenz. Noch südlicher liegen die 30 antarktischen Inseln, von denen die Alexander- und die Berkner-Insel die größten sind. Als „Antarktika" bezeichnet man den eigentlichen Kontinent, also das antarktische Festland, das jedoch aufgrund der ausgedehnten Eisflächen nur an wenigen Stellen als Land erkennbar ist. 98 Prozent dieser Landfläche ist von Eis bedeckt, dessen Volumen etwa 75 Prozent des Süßwasservorrats der Erde birgt. Mit der geschmolzenen Eismenge könnten alle Flüsse und Seen der Erde viermal mit Wasser gefüllt werden oder der Meeresspiegel um 60 Meter steigen.

Die Niederlande, das Mississippi-Delta, Bangladesh und andere niedrige, küstennahe Gebiete ständen unter Wasser.

Mit einer Fläche von etwa 13,5 Millionen Quadratkilometer ist dieser Kontinent um 25 Prozent größer als Europa. Genaue Berechnungen der Landgröße sind schwierig, da ein dicker Eispanzer die Küstenlinie verdeckt. Im Vergleich zum Rest der

Welt, der im Schnitt etwa 745 m über dem Meeresspiegel liegt, ist Antarktika mit durchschnittlich 2 250 m der höchste Kontinent. Höchster Berg von Antarktika ist der Mount Vinson mit 5 100 m Gipfelhöhe. Mit 2 496 m unter dem Meeresspiegel ist der Bentleygraben der tiefste Punkt. Es ist bekannt, dass Antarktika keine geschlossene Landmasse über dem Meeresspiegel ist, sondern aus mehreren Landteilen und Bergmassiven besteht, die – ohne Eisbedeckung – einzeln aus dem Meer herausragen würden.

Die kompakte, mehrere Kilometer dicke Eislast auf dem Kontinent gleitet zu den Seiten ab und wird zu Schelfeis, von dem Jahr für Jahr durch Wind, Strömung, Eigengewicht und Temperaturveränderungen riesige Tafeleisberge abbrechen und dann tausende Kilometer durchs Meer treiben bis sie schmelzen oder, bedingt durch differentielle Strömungen, in Einzelteile zerbrechen. Der Schmelzprozess kann mehrere Jahre dauern. Es wurden schon abenteuerliche Szenarien durchgespielt, wie das enorme Süßwasserreservoir dieser Eiskolosse von Schleppern über lange Seestrecken in wasserbedürftige Regionen der Erde gezogen werden kann. Das bisherige Ergebnis der Versuche war ernüchternd, denn Winde oder Strömungen waren so stark, dass die Kraft der Schiffe bei weitem nicht ausreiche, um den viele Millionen Tonnen schweren Schleppverband auf Kurs zu halten.

Mit einer Niederschlagsmenge von unter 166 mm Wasseräquivalent pro Jahr ist der sechste Kontinent die trockenste Region der Erde. Die enorm helle, riesige Eisfläche Antarktikas reflektiert das meiste Sonnenlicht. Extreme Kältewerte sind die Folge. Forscher sprechen von einem hohen „Albedo", also einem hohen Prozentsatz reflektierten Sonnenlichts.

Mit einer Durchschnittstemperatur von –55 °C im Landesinneren ist Antarktika die kälteste Region der Erde. Dabei schwanken die Kältegrade zwischen –35 °C und –70 °C. Die tiefste, je gemessene Temperatur wurde an der russischen Station Vostok im Juli 1983 mit –89,6 °C gemessen.

Kreuzfahrer werden diese Temperaturen nicht erleben, denn an den nördlichen Küstenstreifen, also in den Regionen, wo im antarktischen Sommer die Schiffe unterwegs sind, können sogar

Plusgrade erreicht werden. Im Winter wird hier die Grenze von −20 °C meist nicht unterschritten. Unter britischen Forschern wird die Westseite der Antarktischen Halbinsel auch als „Banana Belt" (Bananengürtel) bezeichnet, weil hier nicht selten Temperaturen über 10 °C gemessen werden.

Keine Region der Erde erlebt solche Stürme wie die Antarktis. Das gilt nicht nur für den Kontinent Antarktika, sondern auch für den Südlichen Ozean. Unter Seeleuten haben sich beeindruckende Namen für die Wetterphänomene in den jeweiligen Breitengraden etabliert. Sie lassen manche seeunerfahrenen Kreuzfahrer erschaudern. Das Südpolarmeer zwischen den „screaming sixties" und den „furious fifties" kommt selten zur Ruhe, weil es ständig durch neue Tiefdruckwirbel in Be-

Linke Seite: Blick vom Antarctic Sound auf Tafeleisberge vor der Küste.

Oben: Eine der langen Flanken eines Tafeleisbergs, dessen gesamte Oberfläche etwa zehn bis zwölf Fußballfelder aufnehmen könnte.

Oben und rechte Seite:
Die Bruchkante des Tafeleisbergs offenbart die über viele Jahrzehnte gewachsenen Schichten. Je dunkler die Schicht, desto weniger Sauerstoff ist im Eis gebunden.

wegung gehalten wird. Sie umkreisen Antarktika in verlässlicher Regelmäßigkeit von West nach Ost und sorgen im Schnitt an jedem dritten Tag für Sturm oder sturmnahe Bedingungen. Zusätzlich sorgen Fallwinde dafür, dass es den Schiffsverantwortlichen nicht langweilig wird. Diese sogenannten „katabatischen Winde" können enorme Geschwindigkeiten von über 300 Kilometer pro Stunde erreichen.

Der Begriff „katabatisch" entstammt dem griechischen Wort „katabatikos", dessen Bedeutung am besten mit „herunterfließen" übersetzt wird. Im Gegensatz zu anabatischen Winden fließen katabatische folglich von oben nach unten, d. h. es sind klassische Fallwinde. In der Antarktis entstehen sie, wenn sich in einem Hochdruckgebiet hoch liegende Luftschichten über Gletscher- und Schneeflächen abkühlen und damit schwerer werden. Die verdichtete Luft fällt nach unten und gleicht den Luftdruckunterschied zwischen dem Hochdruckgebiet und dem benachbarten Tiefdruckgebiet aus. Es gibt großflächige Fallwinde, wenn sich über den riesigen Eisflächen von Antarktika die Luft an klaren Tagen abkühlt und zu den Rändern des Schelfeises strömt. Hier treten weltweit die stärksten katabatischen Winde mit Spitzengeschwindigkeiten von über 300 km/h auf. Bei regionaleren Fallwinden, wie über Südgeorgien, kühlt sich die Luft über dem Inlandeis der Insel ab und strömt über die Küsten in Richtung offenes Meer.

Katabatische Winde gibt es nicht nur über dem Südpolarmeer, sondern in vielen Regionen, z. B. auch im Mittelmeerraum. Dazu gehören der bei Seglern gefürchtete „Mistral" vor der Rhônemündung und die unerwartet schnell aus den Bergen der östlichen Adria kommende „Bora". Die Bevölkerung der Aleuten hat dem Wind den Namen „Williwaw" gegeben, die Inuits auf Grönland kennen ihn unter dem Namen „Piteraq". Vor der norwegischen Westküste heißt er „Elvegust" und im Kaukasus „Reshabar".

Mit ihren extremen klimatischen Bedingungen isoliert sich die Antarktis. Nirgends ist die Welt einsamer. Etwa 80 Forschungsstationen trotzen den Unbilden der Natur. Es sind Oasen in der Eiswüste. Viele liegen hunderte bis tausende Kilometer voneinander entfernt. Dazwischen ist das Land unbesiedelt.

Im Winter legt sich ein tausend Kilometer breiter Packeisgürtel um Antarktika und macht den Kontinent für seegebundene Fahrzeuge vollends unzugänglich. Dann herrscht über sechs Monate Polarnacht, und Antarktika bewahrt seine ausgeprägt endemischen Bedingungen.

Die knapp 4 500 Menschen, die im antarktischen Sommer hier leben, müssen sich mit dem begrenzten Komfort einer Forschungsstation begnügen. Im Winter reduziert sich die Zahl der Forscher auf immerhin noch 1 250. McMurdo, von den US-Amerikanern geführt, ist die größte Forschungsstation Antarktikas. Allein hier leben im Winter ca. 250 Personen, davon sind ein Drittel Frauen. Seit dem Bestehen der Stationen wurden auf dem antarktischen Festland und auf Südgeorgien 11 Kinder geboren.

Einmal jährlich um den Neujahrstag bietet McMurdo seit 1989 mit dem Icestock-Musikfestival eine besondere Attraktion. Fragwürdige Bekanntheit erzielte die US-Station mit der Installation eines Kernreaktors im Jahre 1961. Nach elf Jahren wurde der Reaktor wieder stillgelegt. Über 10 000 Kubikmeter Erde mussten abgetragen und wegtransportiert werden. Erst

Morgens um 3.00 Uhr im Antarctic Sound, ein Seegebiet, das die Gruppe der Joinville-Inseln vom nordwestlichen Ende der Antarktischen Halbinsel trennt.

ab 1979 konnte das Gebiet wieder nutzbar gemacht werden.

Bis auf die Forschungsstationen gibt es keine weiteren menschlichen Behausungen. Aber nicht nur Menschen meiden es, sich hier anzusiedeln. Auch Organismen aus anderen Teilen der Welt haben nur geringe Chancen, den Gürtel der kalten Strömungen rings um das Südpolarmeer eigenständig zu durchbrechen. Lebensfeindlichkeit heißt aber nicht „kein Leben", denn unter Wasser ist die Artenvielfalt riesig. An Land trotzen nur wenige unerbittliche Arten den Bedingungen aus Kälte, Wind und Eis.

Arten wie Moose und Flechten überleben unter Schnee, Eis und Steinen. Wir können sie an vielen

Flechten am Vulkangestein von Brown Bluff.

Nordufern, wie zum Beispiel am Brown Bluff im Antarctic Sound, leicht ausmachen. Von den Blütenpflanzen können hier nur zwei den Naturgewalten trotzen: die Antarktische Schmiele, eine Grasart, und die Antarktische Perlwurz, ein Nelkengewächs.

Bei den unerbittlichen Landtierarten finden sich lediglich zwei Arten: eine flügellose Mücke mit der Größe einer kleinen Stubenfliege und eine winzige Milbenart.

Die Gewässer der Antarktis bieten einer Vielzahl von Lebewesen ein Zuhause. Die Nahrungskette unter Wasser schafft ein einzigartiges Ökosystem.

Für jene Tierarten aber, die sich nicht im Laufe ihrer Evolution an die Bedingungen angepasst haben, bietet die Antarktis keinen Lebensraum. Nur wir Menschen haben die Möglichkeit, uns diese Abgeschiedenheit zugänglich zu machen und genießen die Grandiosität der Naturphänomene. Alle Bedürfnisse jenseits des Sehens und Hörens machen die Region jedoch zu einem an Kargheit kaum zu überbietenden Teil dieser Welt.

Eine Fotoreise durch den Südlichen Ozean

Die gestrichelte Linie ist ein optionaler Abstecher nach Kap Hoorn.

Rechte Seite oben: Ushuaia ist die „südlichste Stadt der Welt", sagen die Argentinier, während die Chilenen behaupten, Porto Williams am Südufer des Beagle-Kanals sei die südlichste Stadt.

Rechte Seite unten: Beagle-Kanal und südliche Ausläufer von Feuerland

Eine der häufig gefahrenen Reiserouten startet in Ushuaia im Tierra del Fuego (Feuerland). Erstes Ziel sind nach eineinhalb Tagen die Falklandinseln (300 sm) mit ein bis zwei Tagen Aufenthalt an unterschiedlichen Plätzen. Die dann folgende Seestrecke nach Südgeorgien (795 sm) dauert etwas mehr als zwei Tage und ist länger als die Strecke zu den Südlichen Orkneyinseln (740 sm). Jetzt geht es zur Antarktischen Halbinsel und den vorgelagerten Inseln. Hier kreuzen die Schiffe auf kurzen Distanzen meist etwa eine Woche, bevor sie durch die Drake-Passage nach Südamerika zurückkehren.

Falklandinseln – Galápagos des Südens

Die Falklandinseln mit den häufigsten Anlandungsstellen für Expeditionsschiffe.

Wappen der Falklandinseln

Stimmungsvolle Impressionen von den Falklandinseln und der Antarktis präsentiert das erfolgreiche Schweizer Filmteam Priska und Ruedi Abbühl auf ihrem Youtube Kanal unter www.youtube.com/user/Abbuehl/videos.

Oben: Die südlichen Ausläufer von Feuerland.
Links: Südlicher Riesensturmvogel

Rechts: Magellanpinguine gehören zur Gattung der Brillenpinguine. Sie bevorzugen im Vergleich zu anderen Arten eher die klimatisch gemäßigten Regionen.

Unten v. l. n. r: Magellanpinguine: Sie bauen ihre Nester unter dem dichten Wurzelwerk der Krähenbeerenheide, hier „Diddle Dee" genannt.

Oben links: Tanggänse
Oben rechts: Kormoran
Links: Magellan-Gänse

Linke Seite: Südlicher See-Elefant auf Barren Island. Er erholt sich von einer langen und anstrengenden Zeit im kalten Wasser des Südlichen Ozeans.

Oben: Eselspinguine auf Barren Island

Unten: Besonders während der Brutzeit sollte man zu den Südlichen Riesensturmvögeln einen sehr großen Abstand halten, weil sie bei Gefahr die Brutstätte verlassen und nicht zurückkehren.

Linke Seite: Blauaugenkormoran auf Barren Island

Oben: Bleaker Island

Unten: Das allgegenwärtige Tussockgras auf den Inseln um Antarktika dient vielen Vögeln als Nistplatz und den Robben als Liegepolster. Es wird auch Horstgras genannt, bildet ein eigenes Ökosystem und kann bis zu 200 Jahre alt werden.

Linke Seite: Königskormorane auf Bleaker Island

Rechte Seite oben: Felsenpinguin auf einer Tussockgrasbulte

Unten: Brütender Felsenpinguin

Nächste Doppelseite links: Felsenpinguin

Rechts: Die gelben Überaugenstreifen sind das typische Merkmal der Felsenpinguine (engl.: rock-hopper), Bleaker Island.

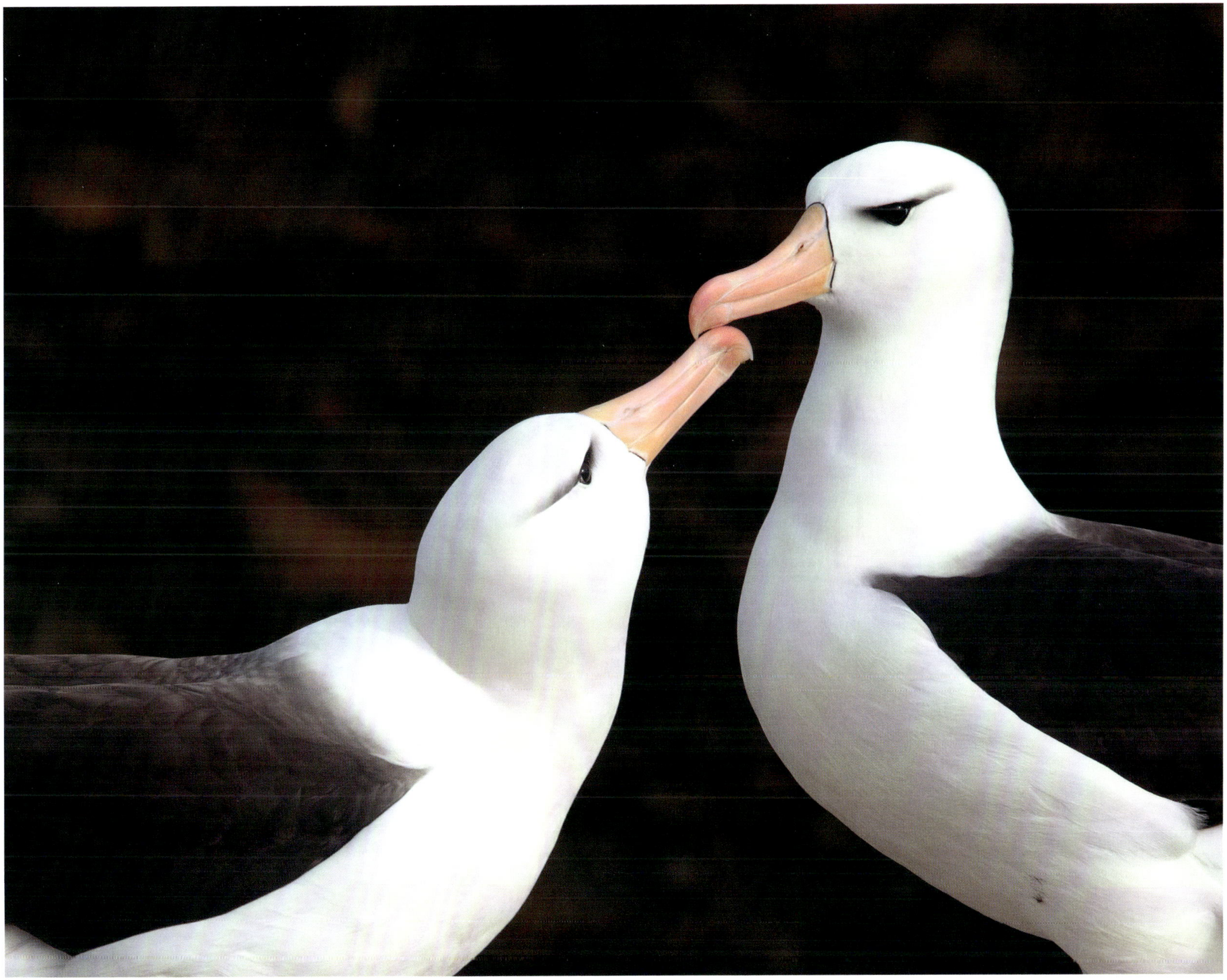

Vorherige Doppelseite links:

Oben links: Blauaugenkormoran

Oben rechts: Brauner Skua

Unten links: Falkländische Dampfschiffente

Unten rechts: Magellan-Gänse

Vorherige Doppelseite rechts: Schwarzbrauenalbatrosse beim Begrüßungsritual, New Island

Linke Seite: Wegen des schnellen Wachstums der Jungvögel wird es bald eng in den Topfnestern der Schwarzbrauenalbatrosse, New Island, Falklandinseln.

Rechte Seite v. l. n. r.: Truthahngeier bei Coffins Harbour, New Island, Kelpgans, Carcass Island, Felsenpinguin, Magellan-Austernfischer, New Island

Nächste Doppelseite links: Falkland-Karakara, eine Geierfalkenart, die nur auf den Falklandinseln und den Küstengebieten von Feuerland lebt, Carcass Island

Rechts: Eselspinguine am Leopard Beach, Carcass Island

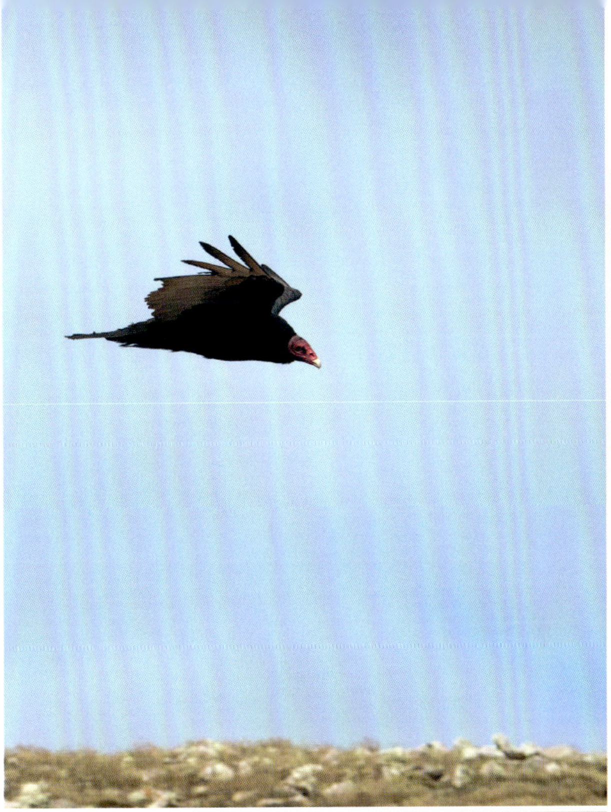
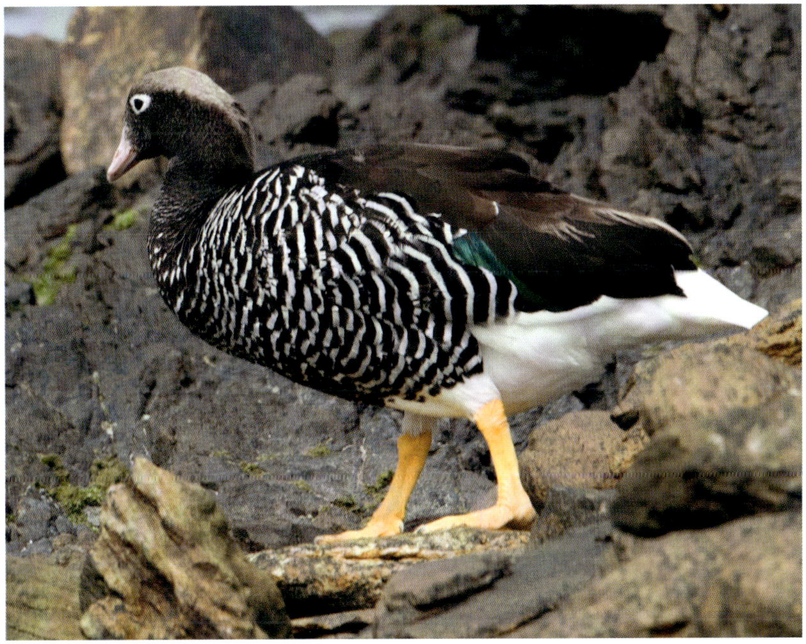
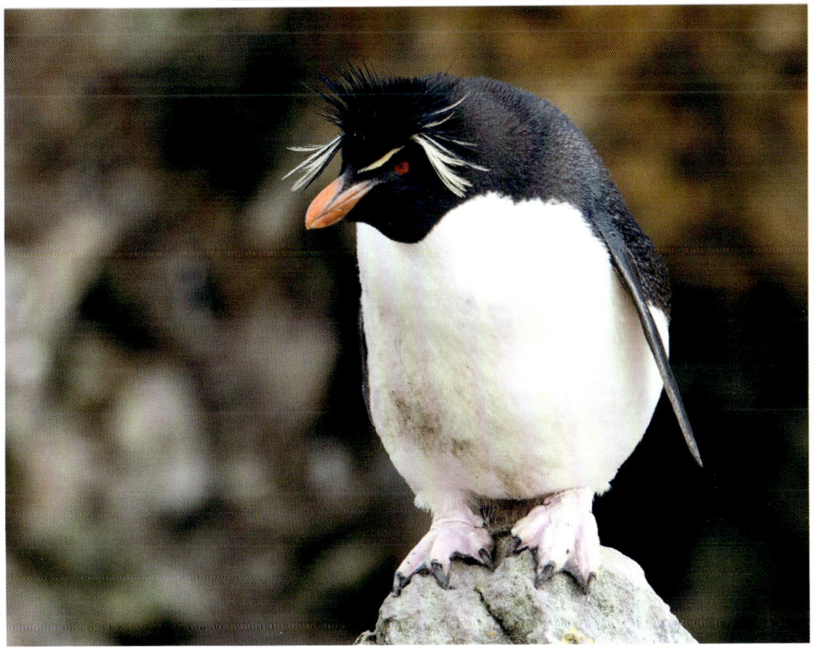
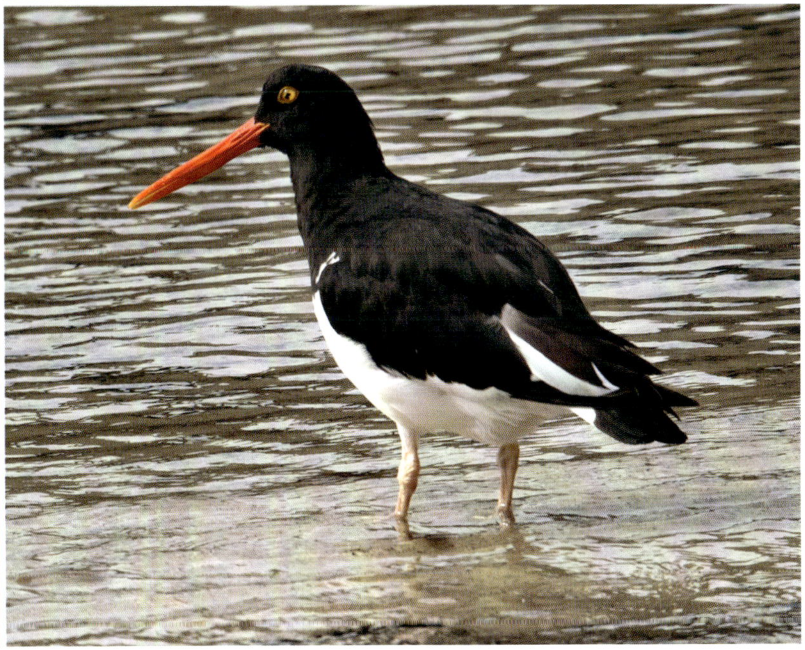

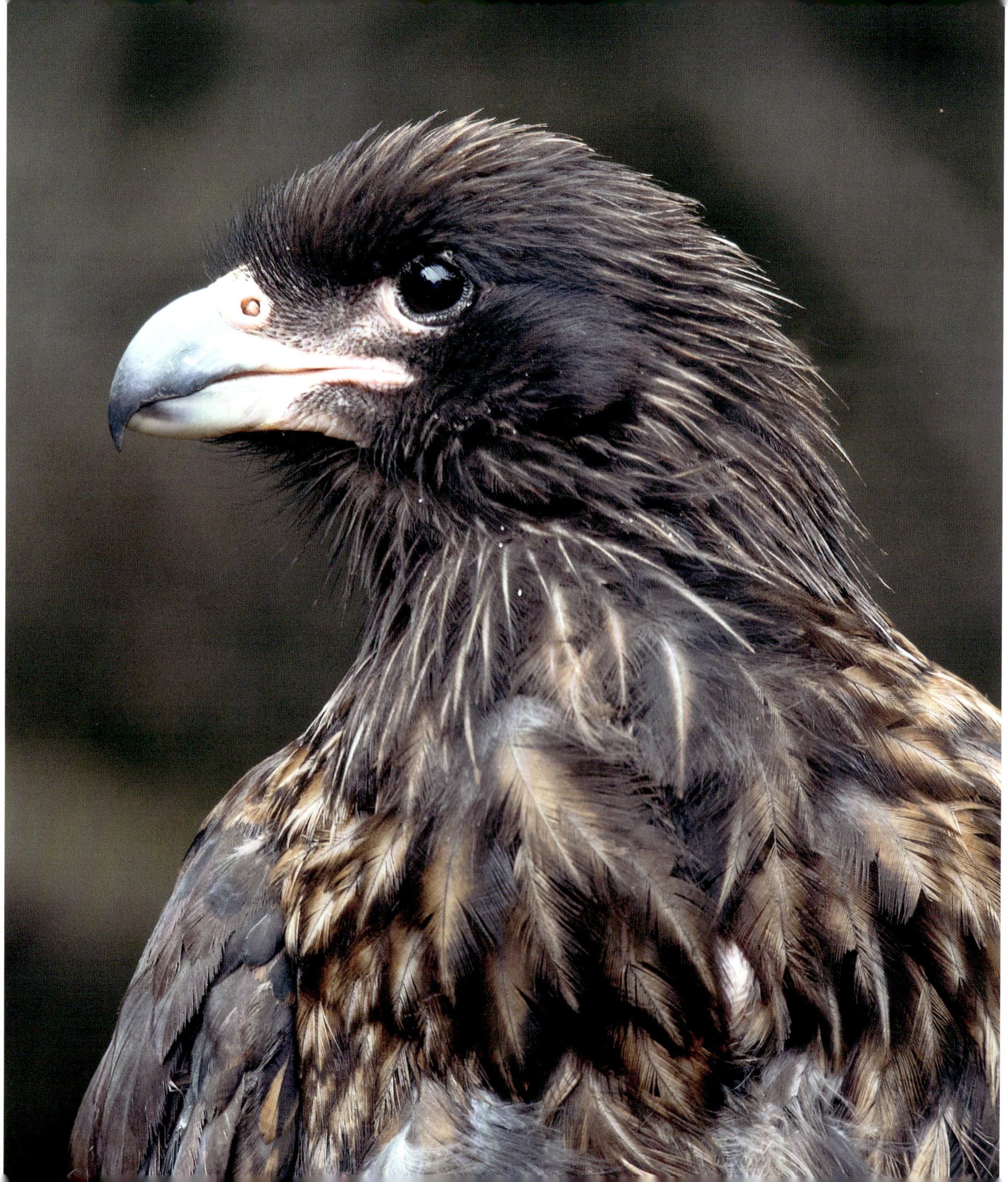

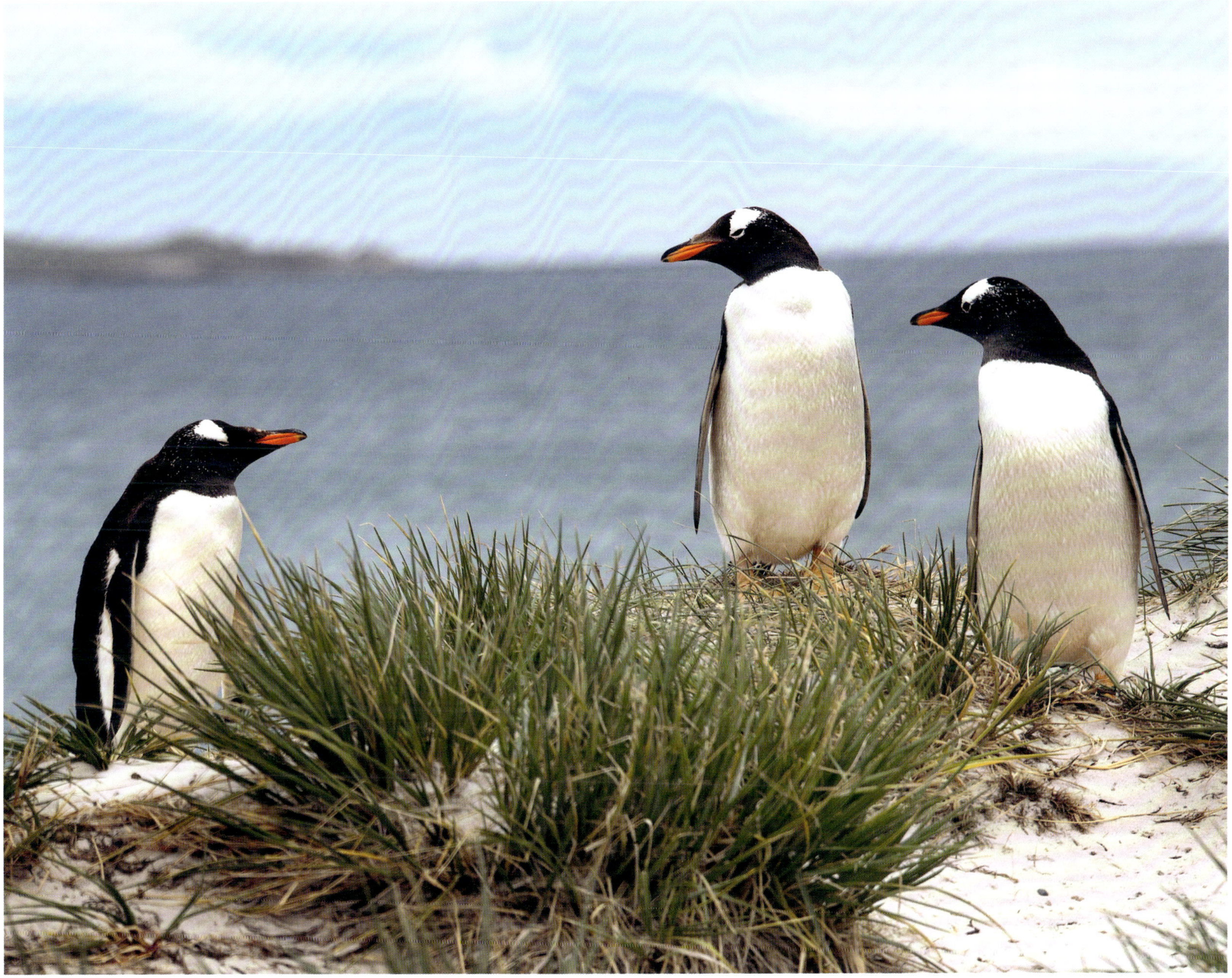

Oben: Junge Magellanpinguine

Oben rechts: Ein junger Magellanpinguin entdeckt seine Welt, Leopard Beach, Carcass Island.

Unten: Eselspinguine streiten um den besten Platz auf den Felsen, die vor dem Strand von Leopard Beach auf Carcass Island aus dem Wasser ragen.

Oben: Die bunten Dächer der falkländischen Hauptstadt Stanley im warmen Morgenlicht.

Unten: Im Dezember und Januar blüht der kräftig gelbe Stechginster, der von Engländern auf der Insel ausgesät wurde.

Inselhauptstadt Stanley

Oben links: Stechginster ergänzt die vorherrschenden Grün-, Weiß- und Rottöne mit kräftigem Gelb.

Oben rechts: Der Whalebone-Arch neben der Christ Church Kathedrale wurde aus den Unterkieferknochen zweier Blauwale errichtet.

Unten rechts: Oberfläche des Whalebone Arch

Oben links: Windy Stanley

Oben rechts: Die lokale Tageszeitung

Unten links: Ausblick vom Pub Globe Tavern auf die Anlegestelle Public Jetty von Stanley

Unten rechts: Very british: Hausfassade und Vorgarten in Stanley

Südgeorgien – Serengeti des Südpolarmeeres

Südgeorgien und die von Expeditionsschiffen am häufigsten angefahrenen Anlandungsstellen.

Wappen von Südgeorgien

Wappen des British Antarctic Territory

Stimmungsvolle Impressionen von Südgeorgien und der Antarktis präsentiert das erfolgreiche Schweizer Filmteam Priska und Ruedi Abbühl auf ihrem Youtube Kanal unter www.youtube.com/user/Abbuehl/videos.

Kurs Südgeorgien: Fluke eines abtauchenden Buckelwals in den nahrungsreichen Gewässern um die Shag Rocks, einer Gruppe von schroffen Felsinseln etwa 200 Seemeilen westlich von Südgeorgien.

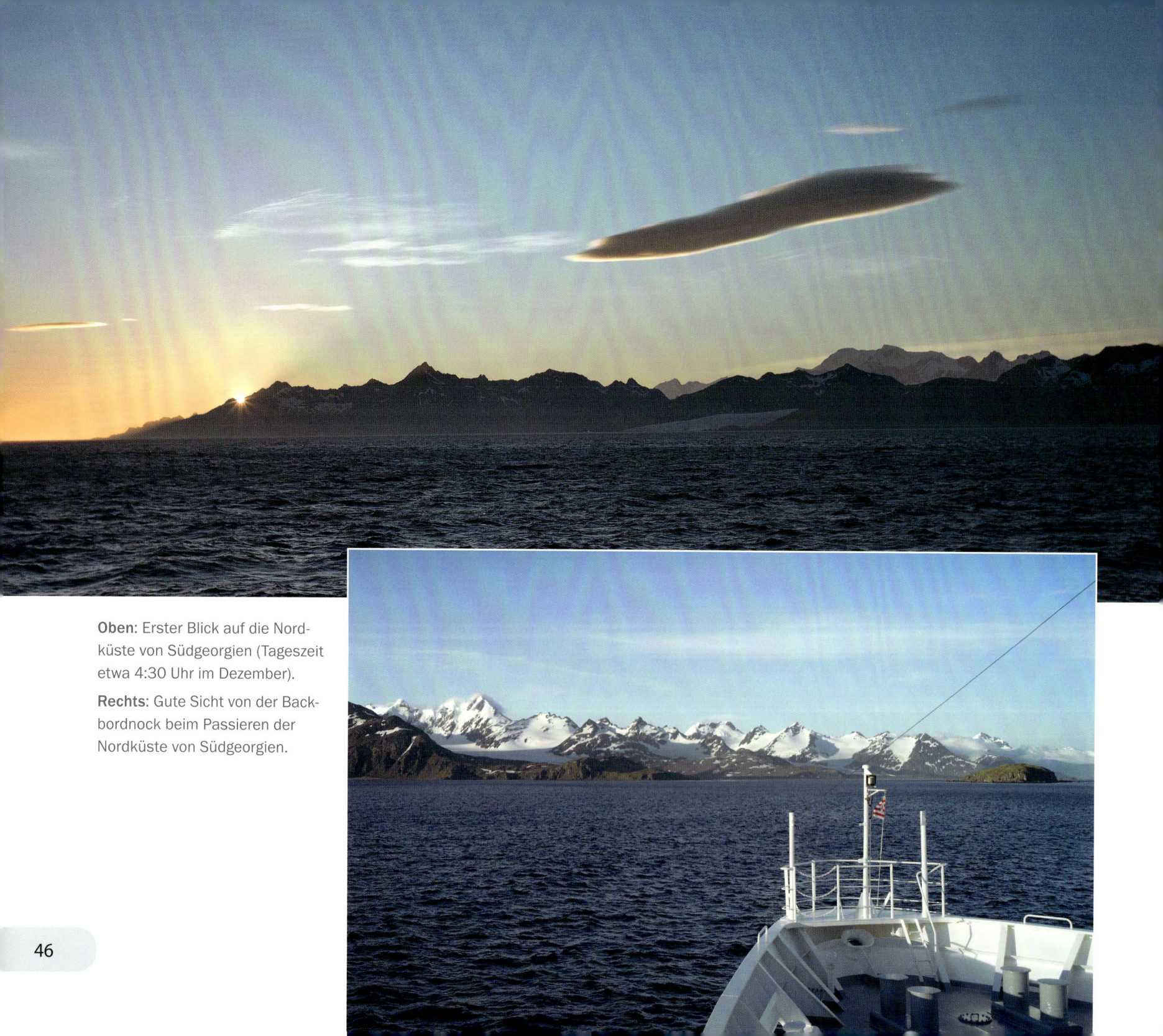

Oben: Erster Blick auf die Nordküste von Südgeorgien (Tageszeit etwa 4:30 Uhr im Dezember).

Rechts: Gute Sicht von der Backbordnock beim Passieren der Nordküste von Südgeorgien.

Oben: Kurs Salisbury Plain an der Nordküste von Südgeorgien

Unten: Königspinguine in Salisbury Plain, Bay of Isles, Südgeorgien

Nächste Doppelseite: Cruisen in der Bay of Isles

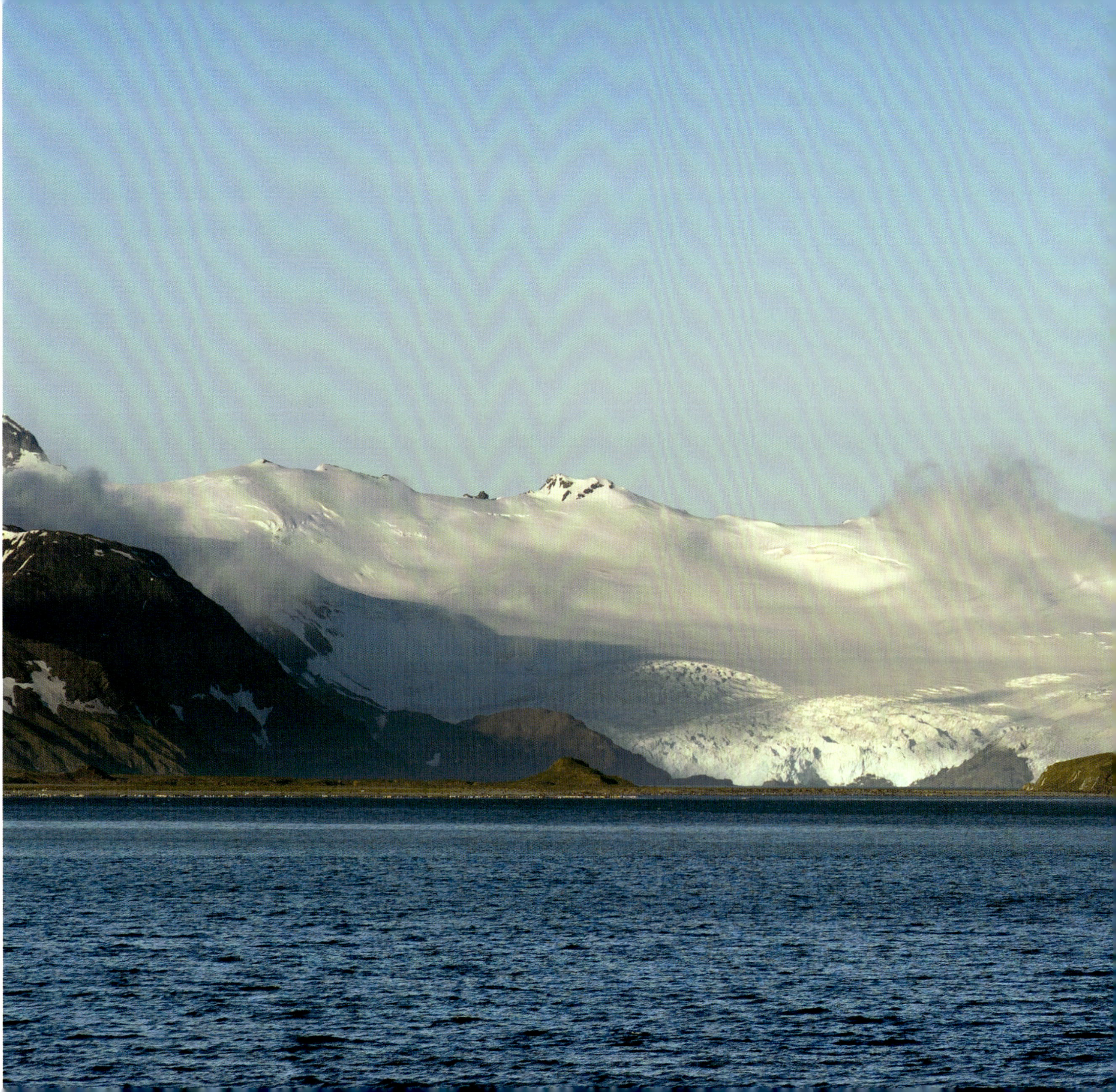

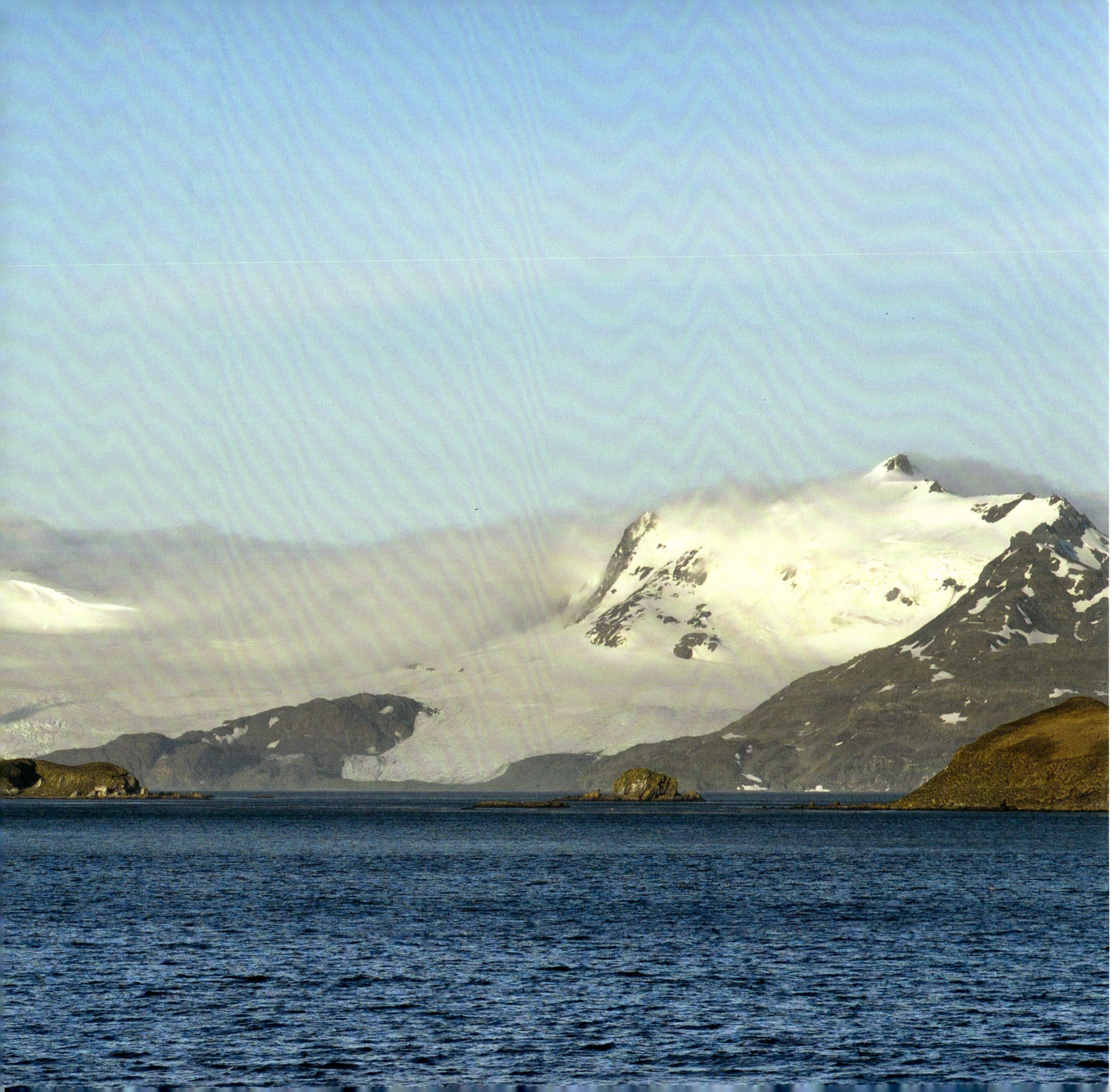

Linke und rechte Seite: Königspinguine in Salisbury Plain, Bay of Isles, Südgeorgien

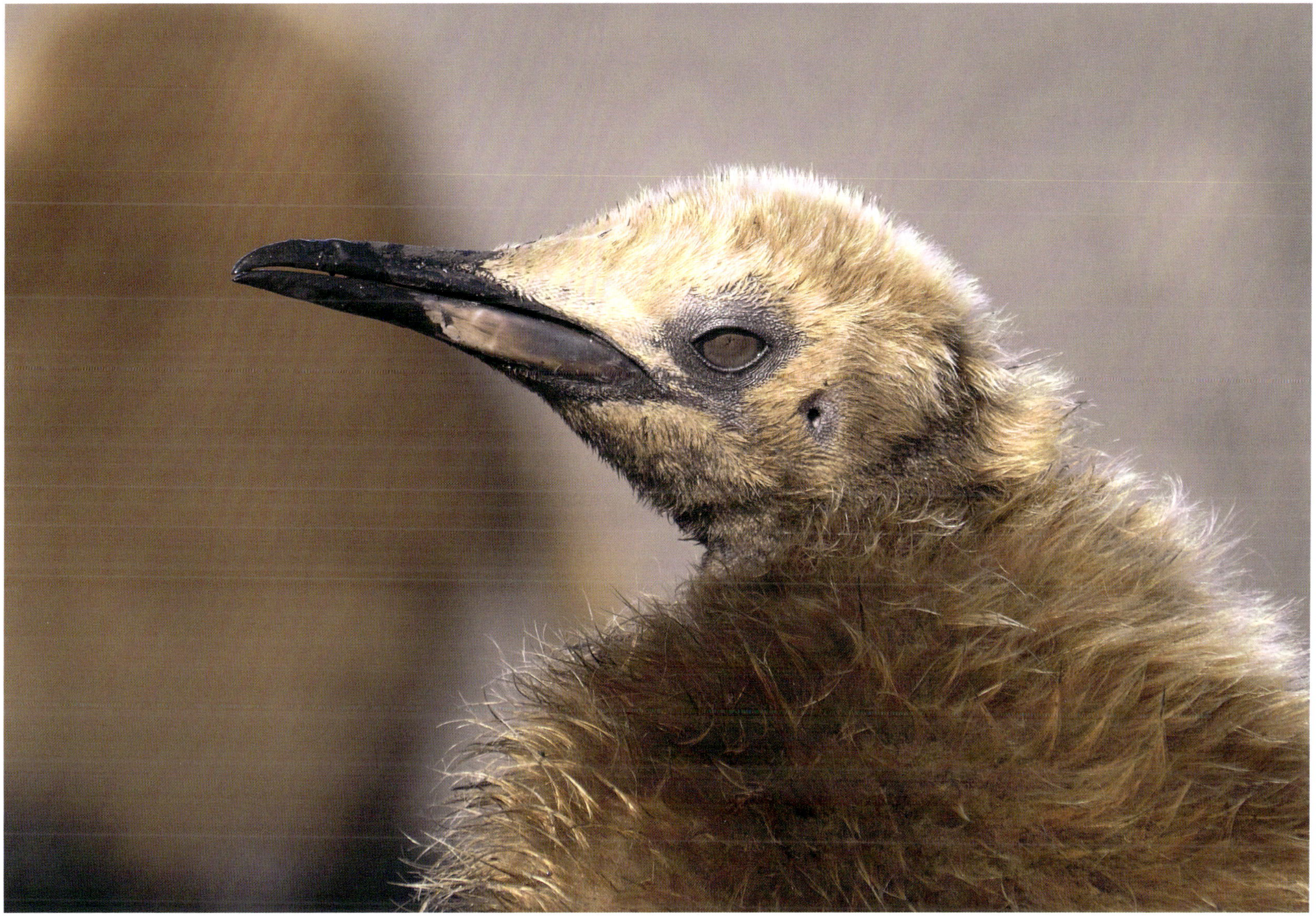

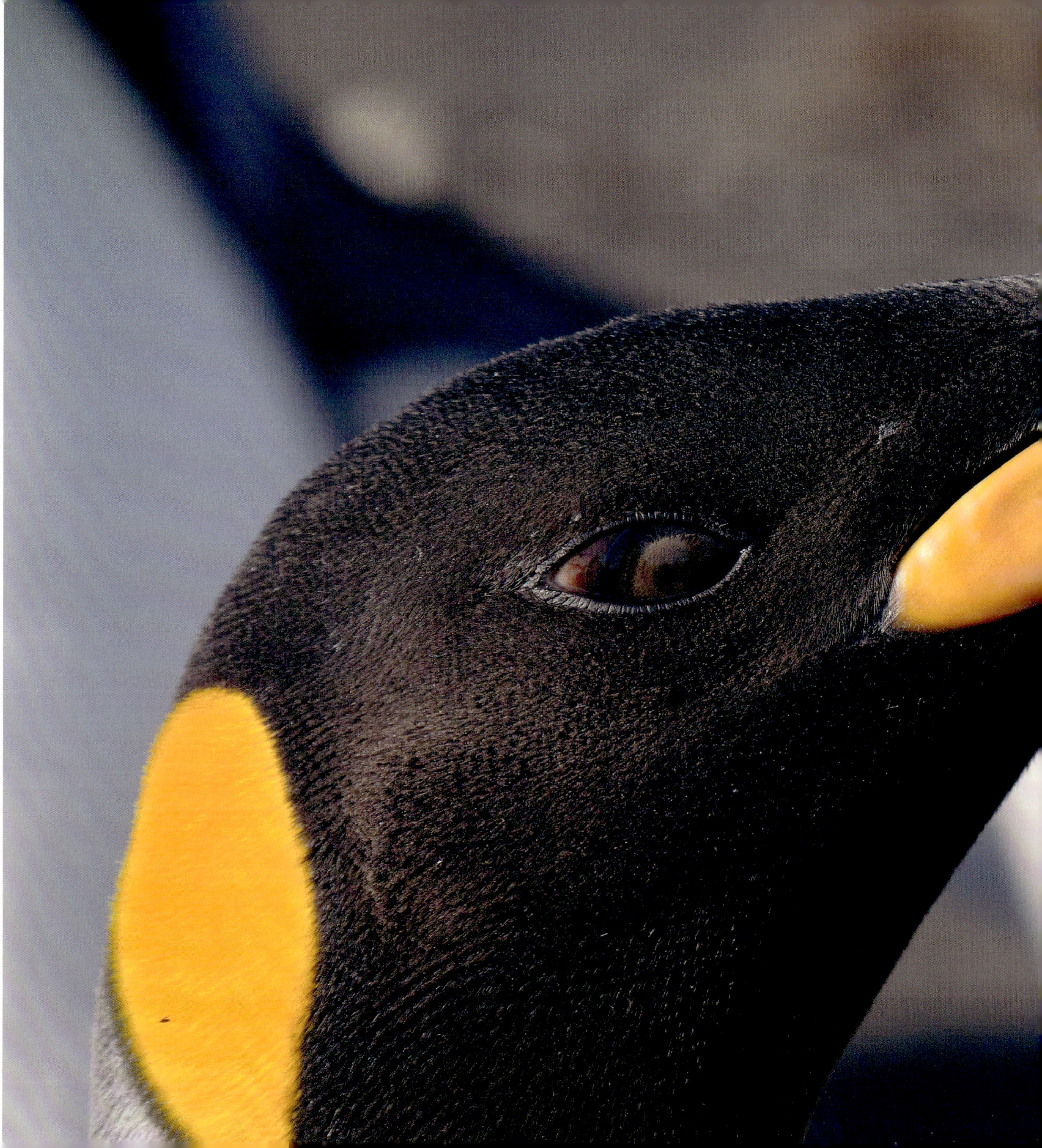

Königspinguin: Jedes Tier hat eine eigene Farbdichte und Farbverteilung.

Nächste Doppelseite links: Bei Temperaturen knapp über dem Gefrierpunkt stehen die Königspinguine gerne im Gletscherfluss, Salisbury Plain, Südgeorgien.

Rechts: Königspinguine, St. Andrews Bay, Südgeorgien

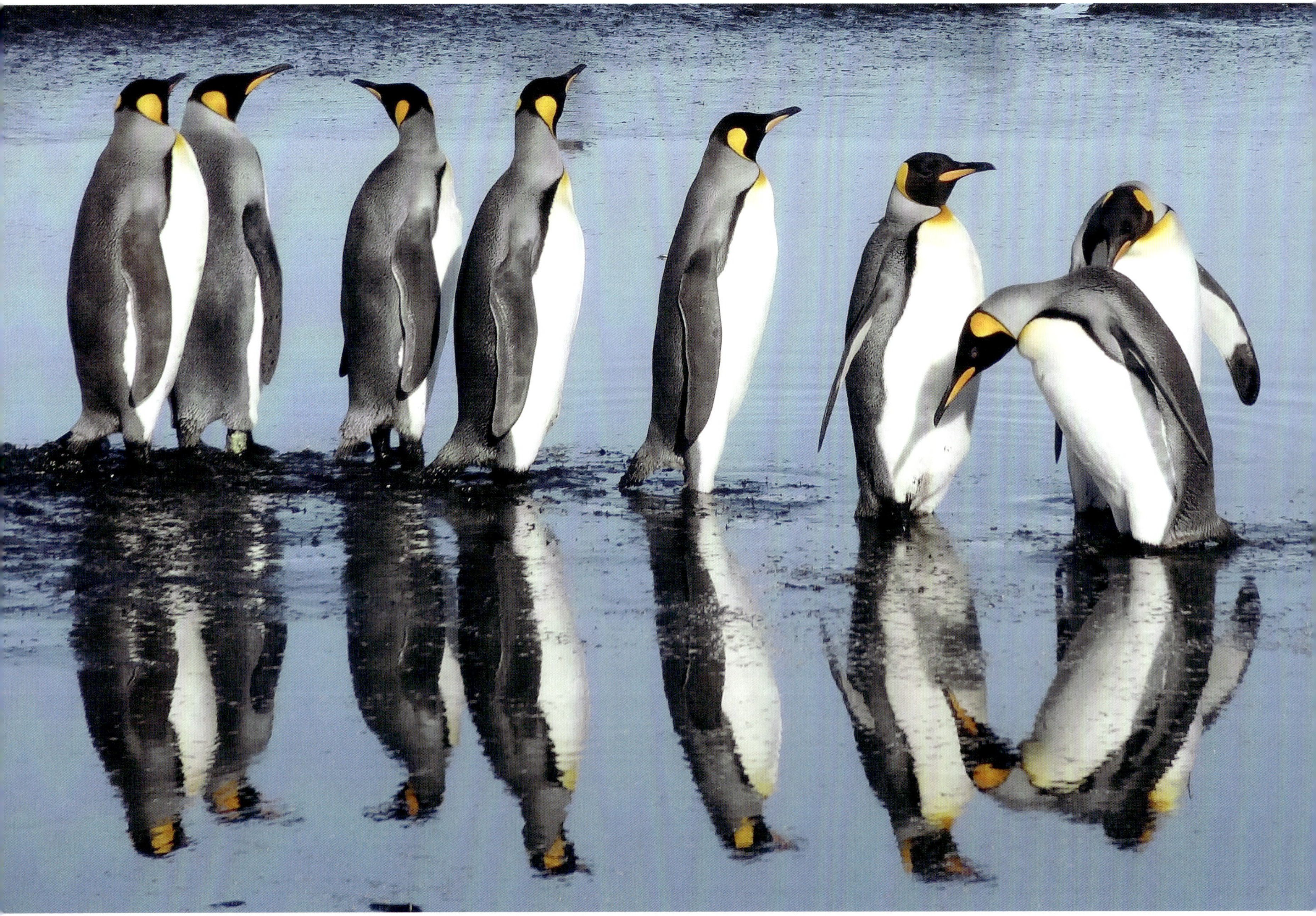

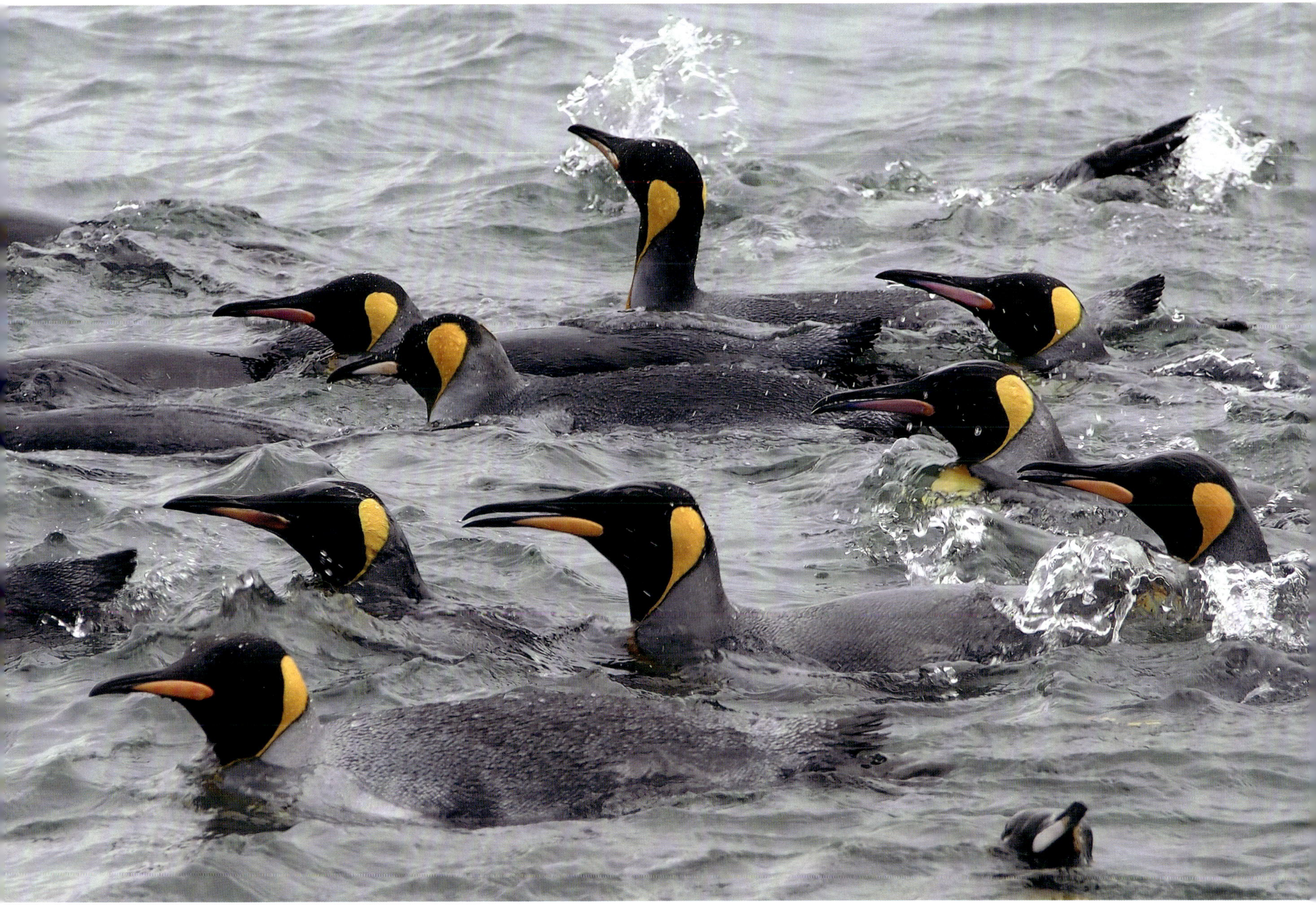

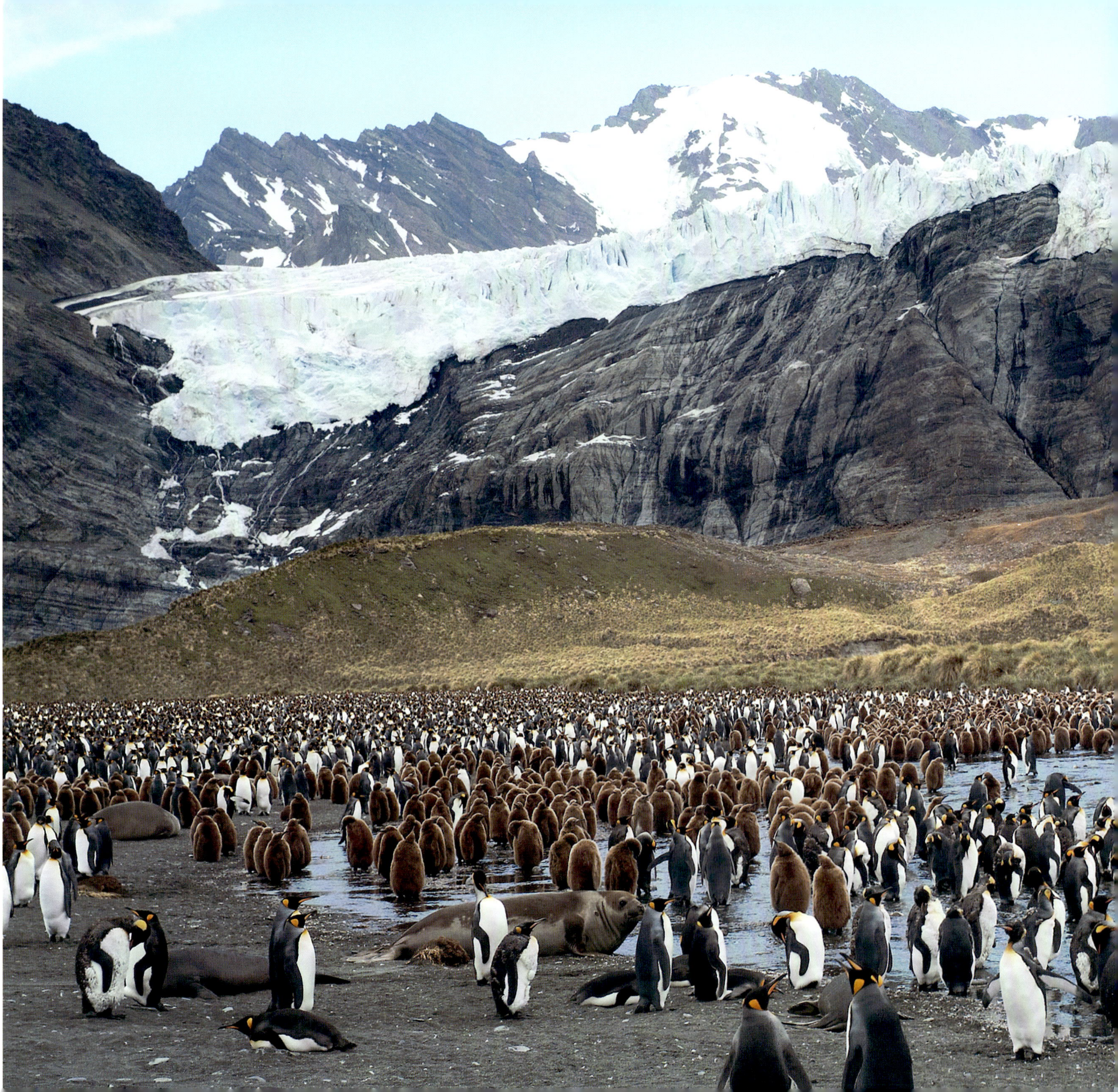

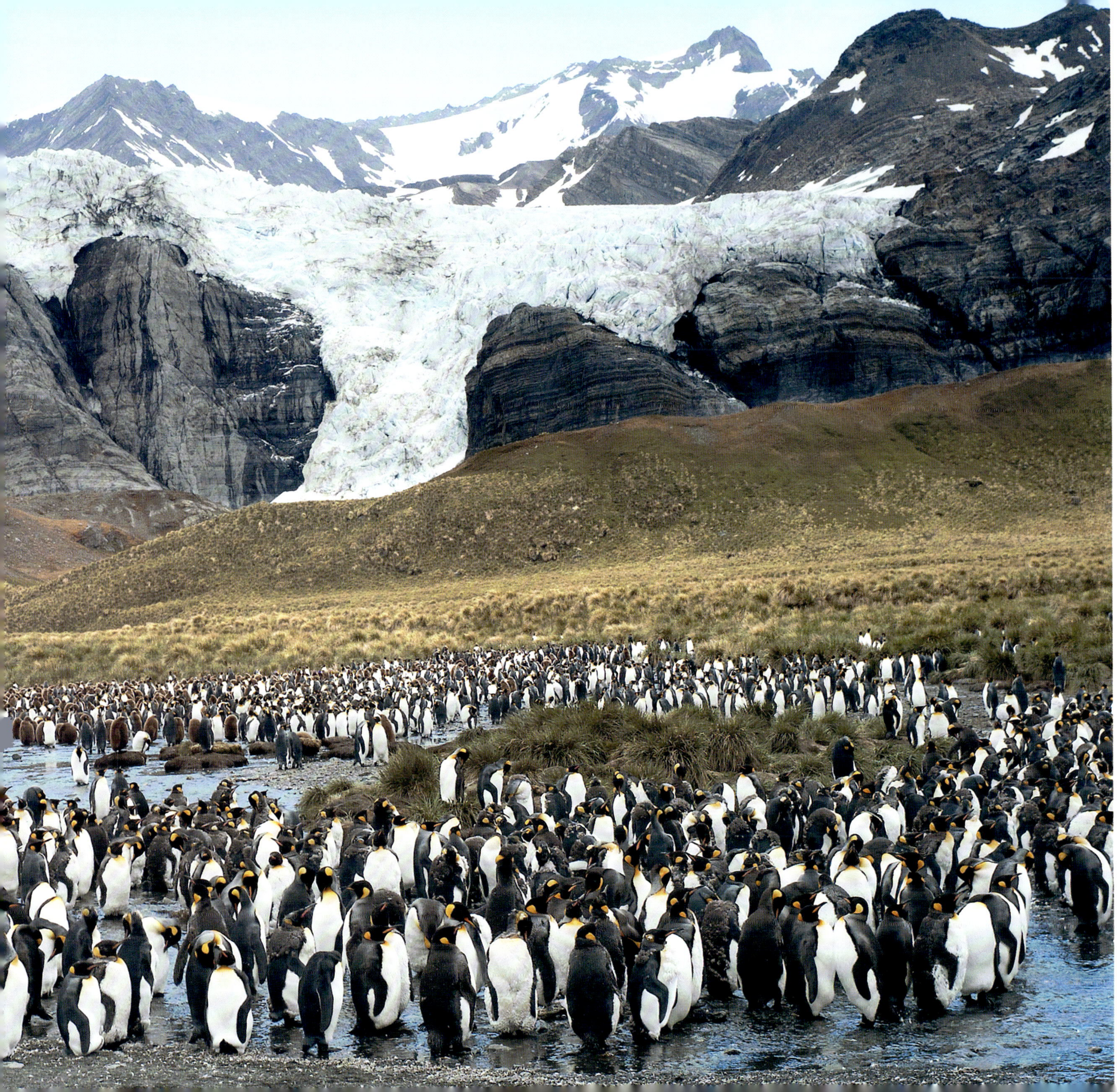

Vorherige Doppelseite: Königspinguine vor der Gletscherzunge des Bertramgletschers am Strand von Gold Harbour, Südgeorgien.

Oben: Pelzrobbenweibchen, erschöpft von der Geburt ihres Jungen und mit wenig Nahrung in den letzten Tagen.

Unten: Pelzrobbenmännchen

Rechte Seite: Grytviken

Nächste Doppelseite: Stromness

Nächste Doppelseite rechts: Rostende Relikte der Walfangära in Stromness. Die gelb-roten Hinweisschilder verweisen darauf, dass der Zugang zu den Gebäuden nicht gestattet ist.

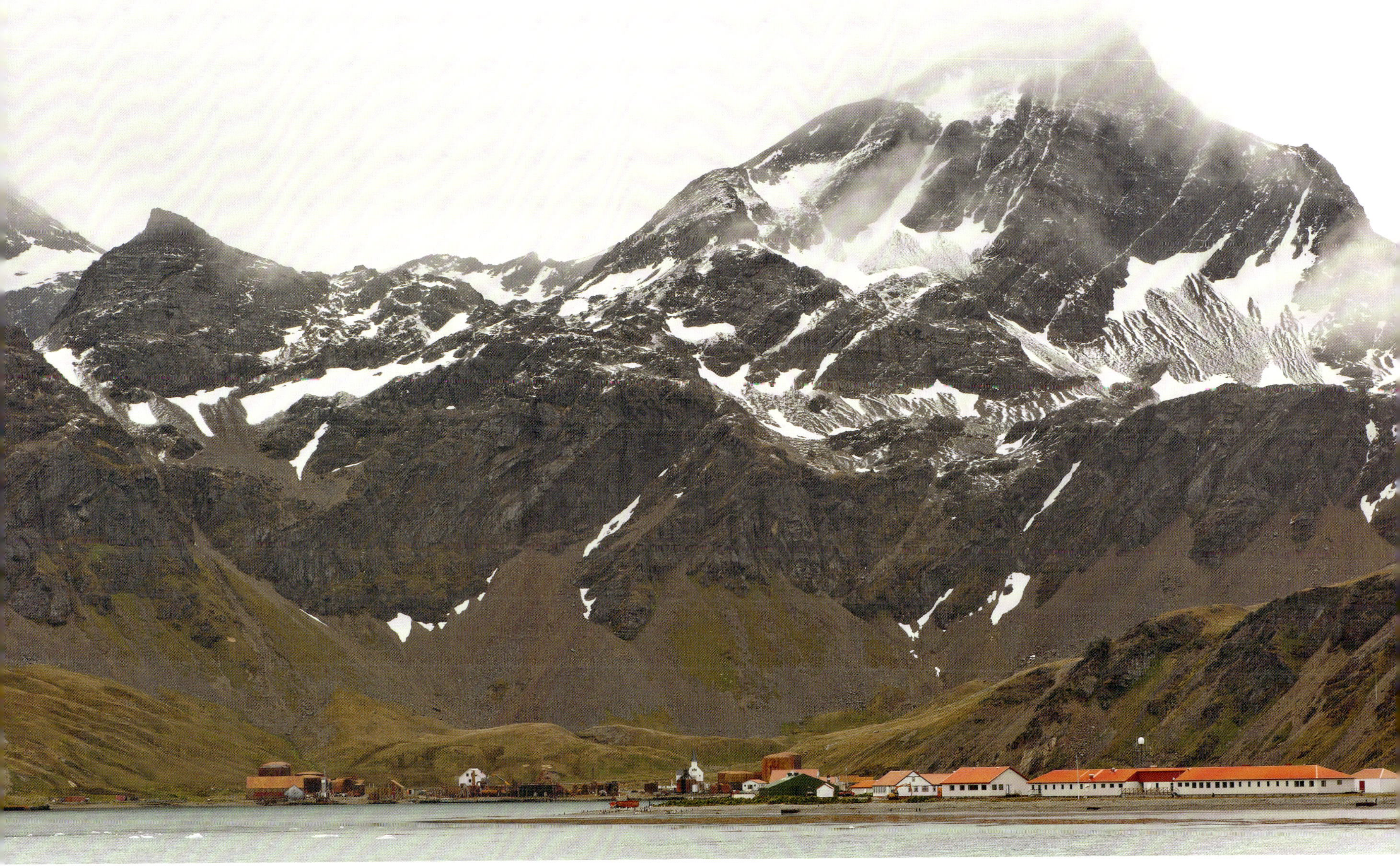

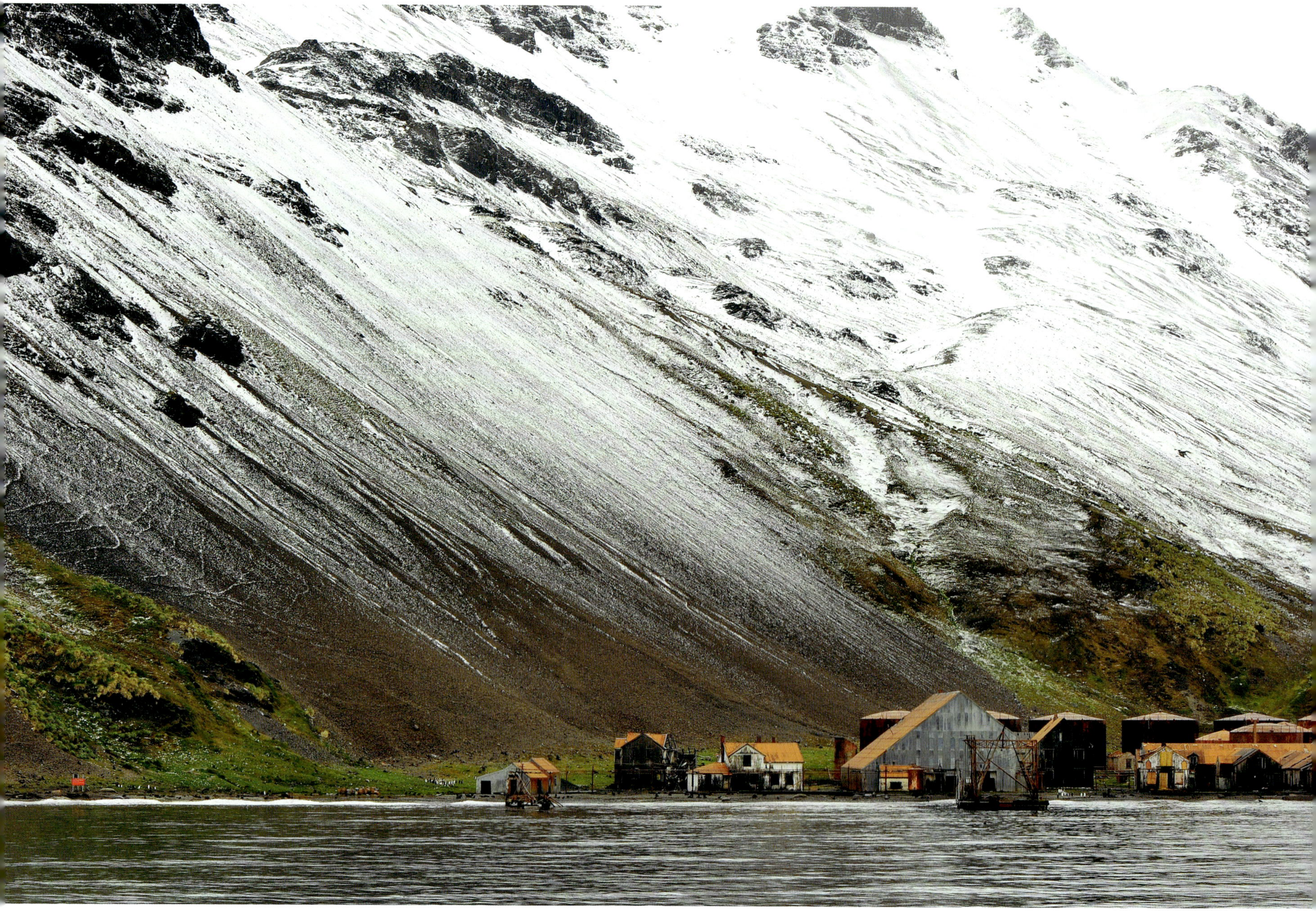

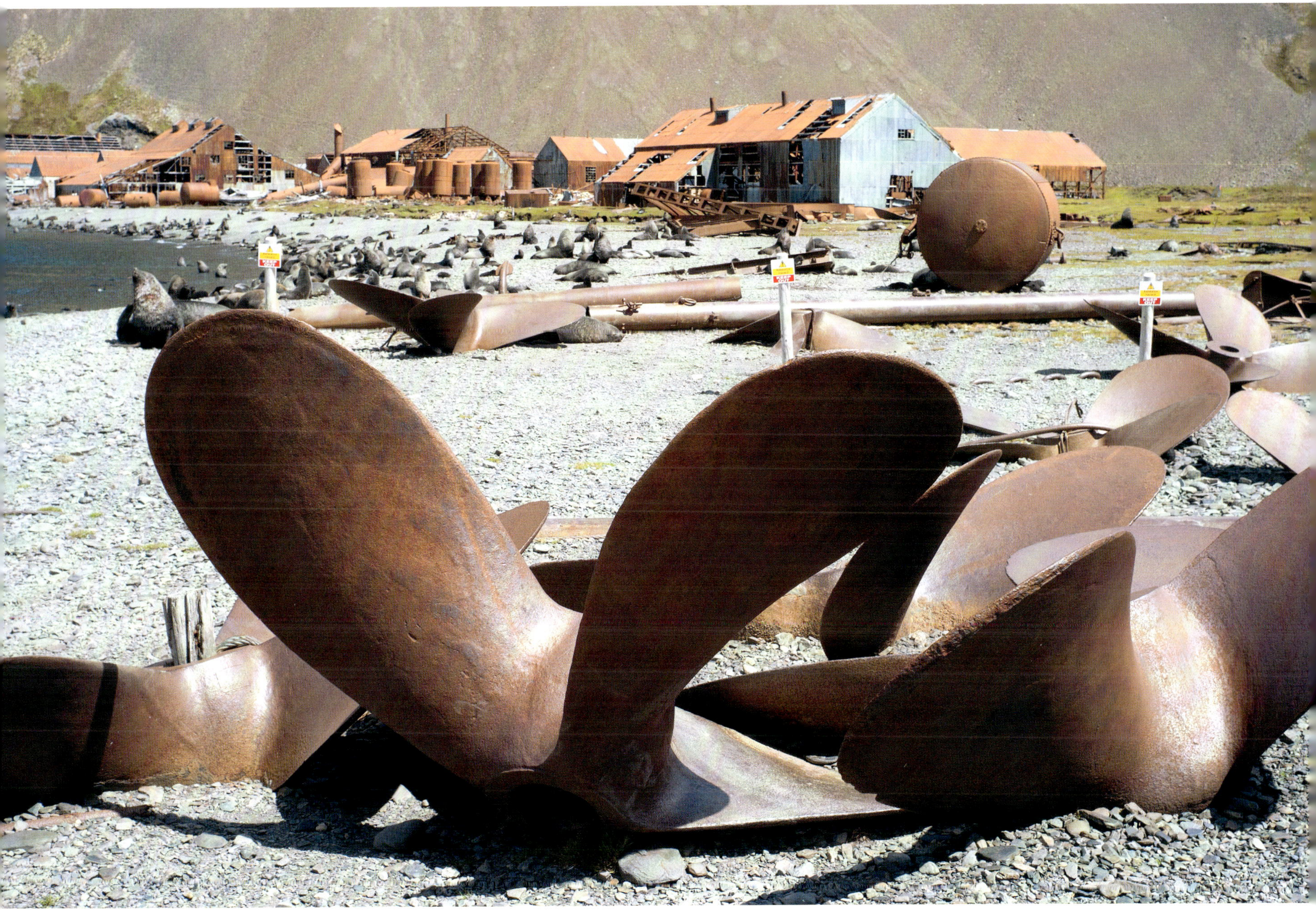

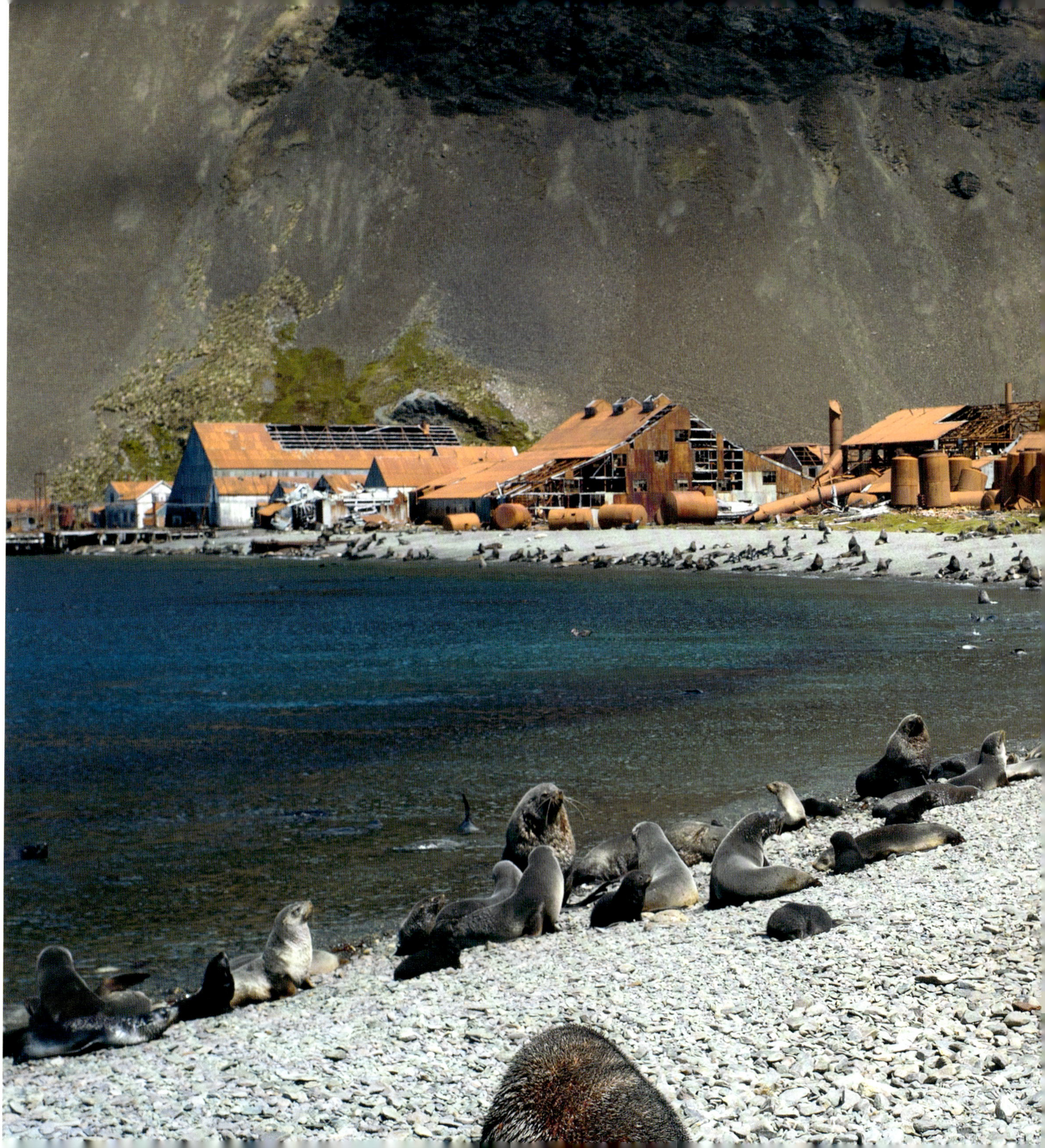

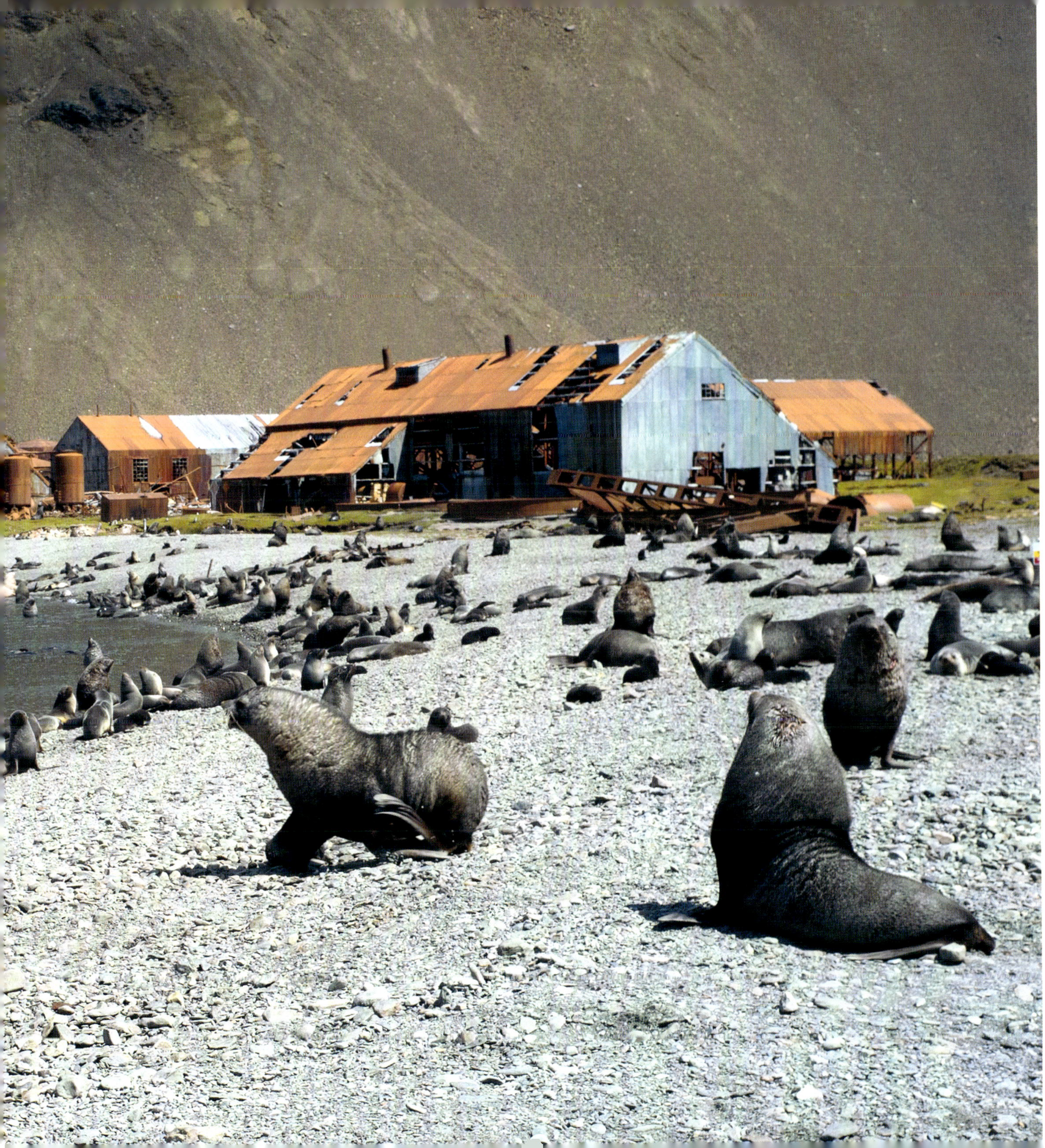

Vorherige Doppelseite: Stromness

Oben: Riesensturmvogel

Rechte Seite: See-Elefanten relaxen gern in Strandnähe oder zwängen ihre massigen Körper zwischen die Tussockgrasbulten.

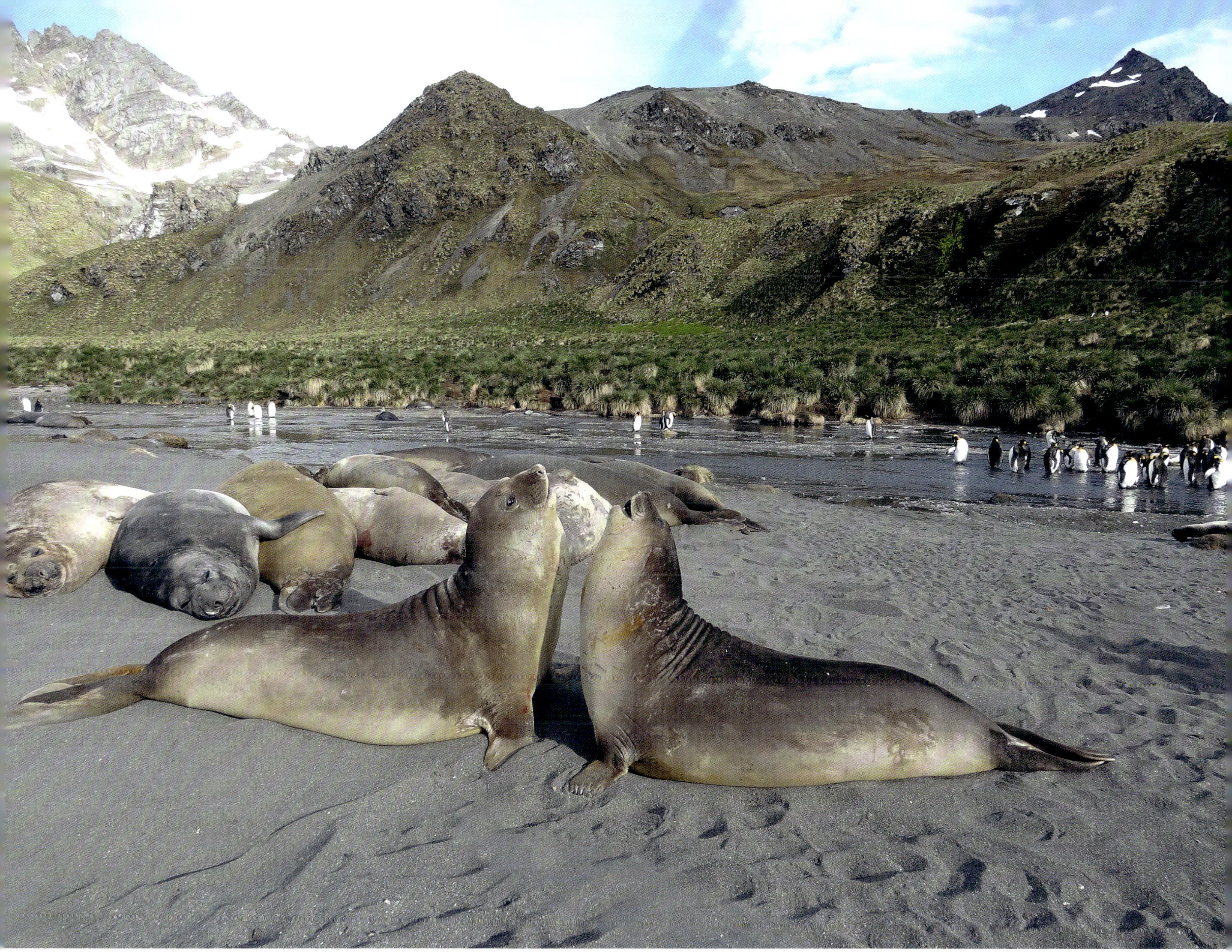

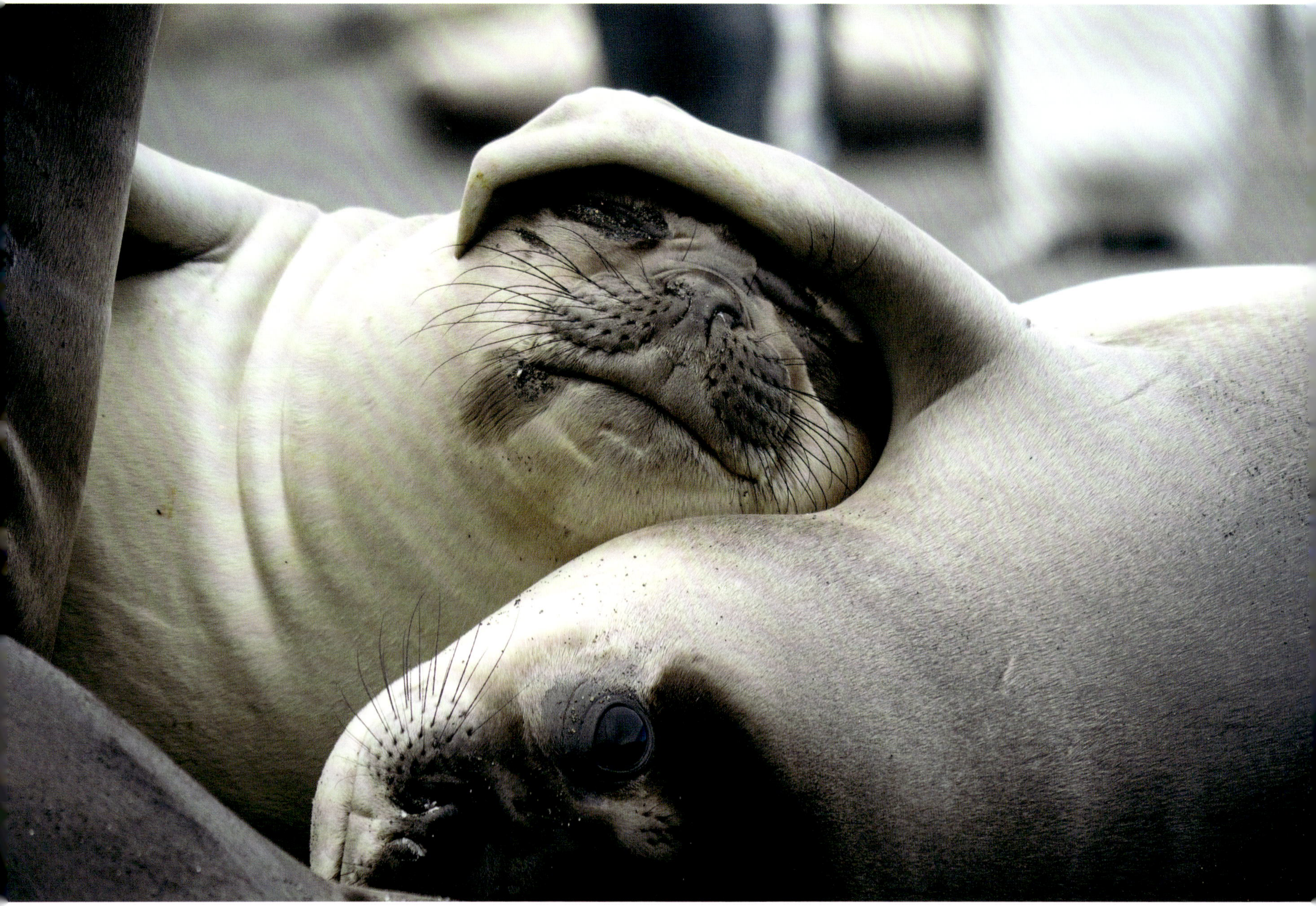

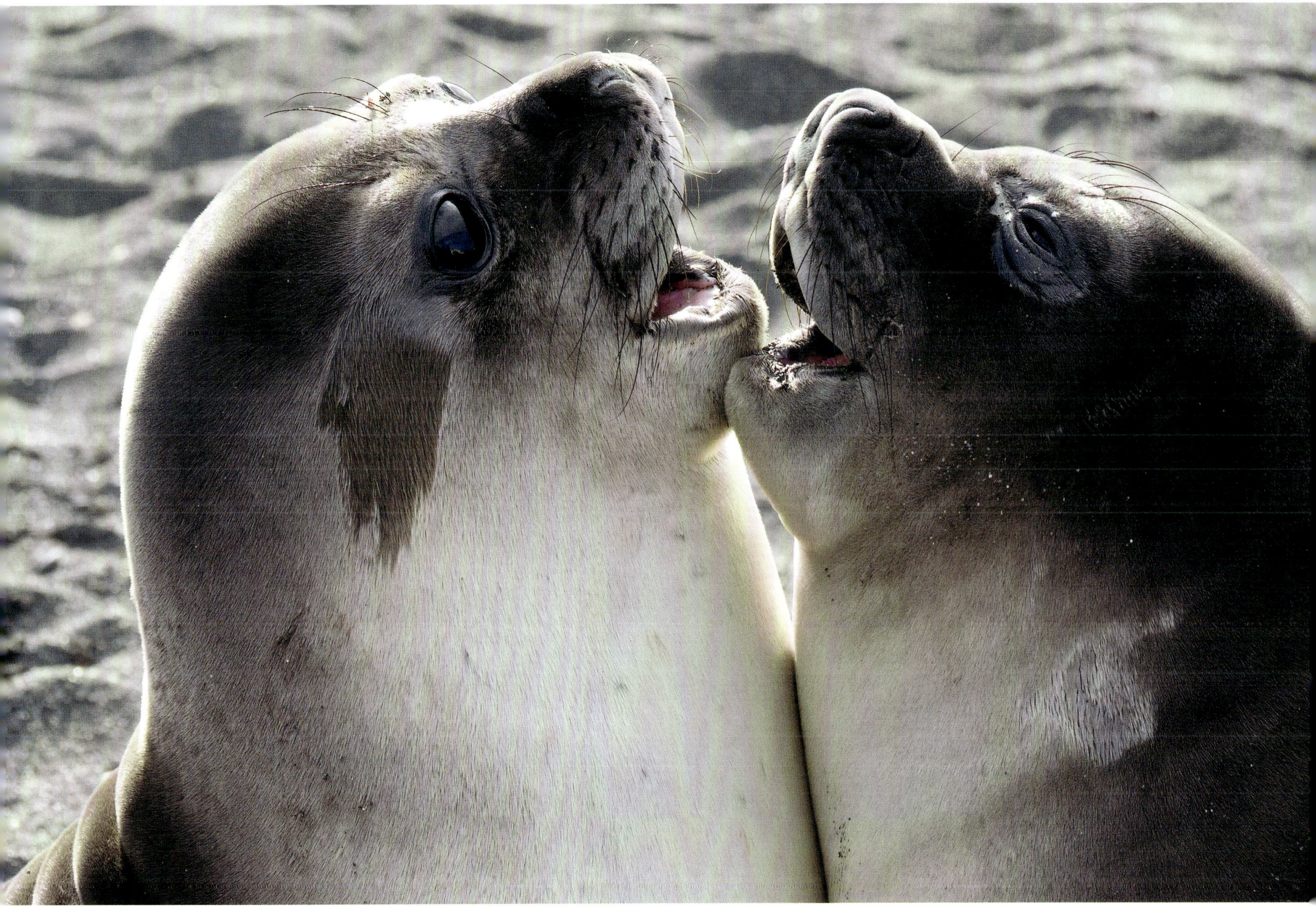

Vorherige Doppelseite links: Spielende junge See-Elefanten am Strand von Gold Harbour, Südgeorgien.

Rechts: Diese jungen See-Elefanten wurden von der Mutter verlassen und haben nur noch sich selbst, bevor sie sich schließlich vom Hunger getrieben ins Meer aufmachen, Gold Harbour, Südgeorgien.

Oben: Südlicher See-Elefant, dessen aufblasbarer, schallverstärkender Rüssel noch wachsen wird. Die ersten Wunden von Kämpfen mit männlichen Artgenossen sind noch nicht verheilt.

Unten: Junge See-Elefanten

Rechte Seite oben links: See-Elefant, Gold Harbour, Südgeorgien

Oben rechts: Ein etwa drei Wochen alter See-Elefant.

Unten: See-Elefanten am dunklen Sandstrand von Gold Harbour.

69

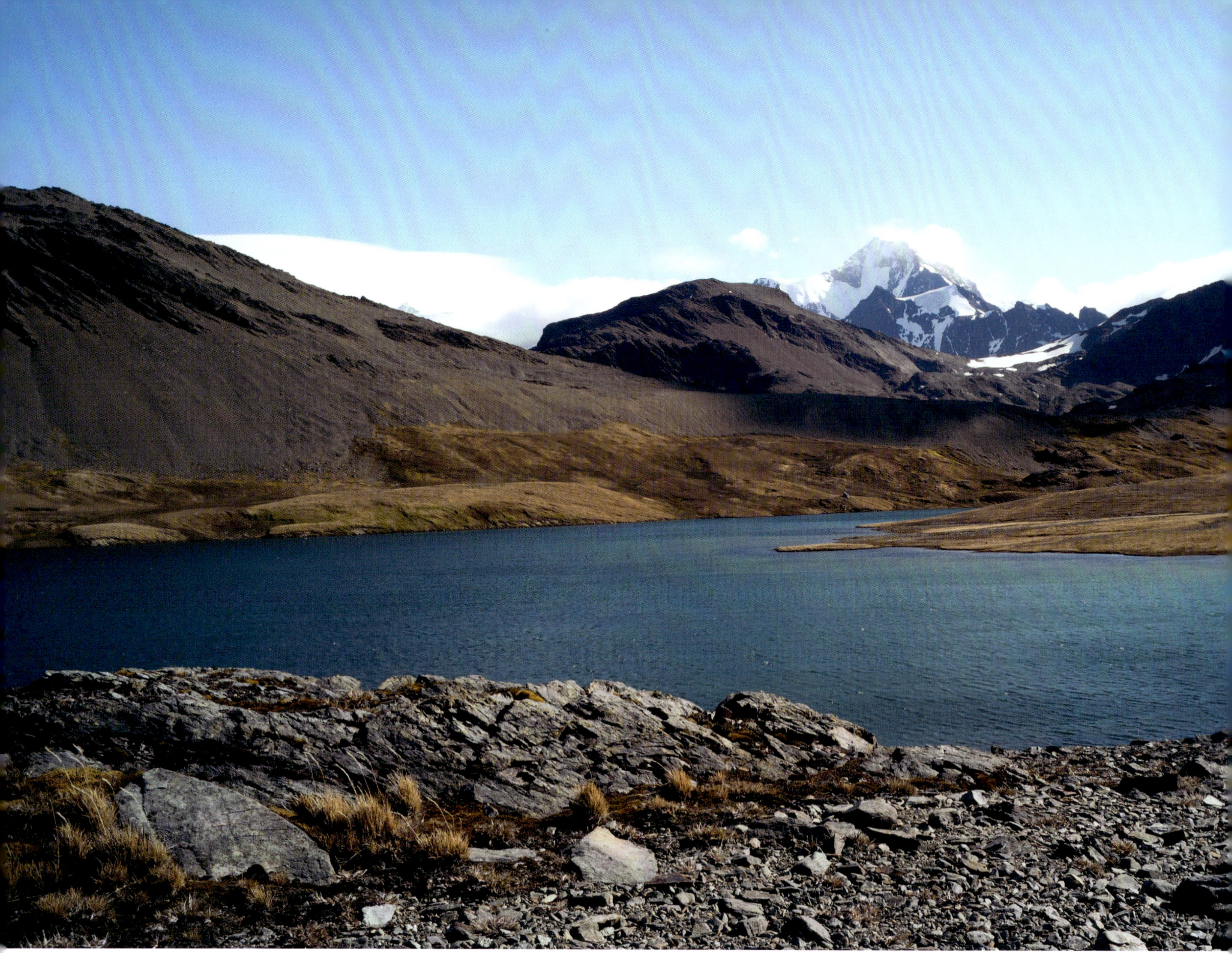

71

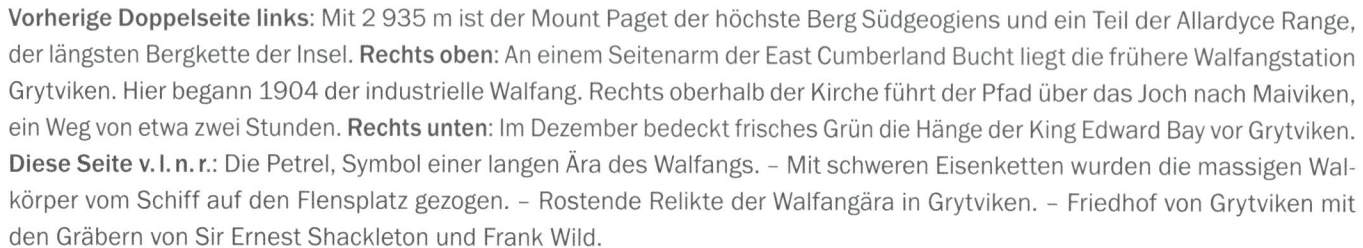

Vorherige Doppelseite links: Mit 2 935 m ist der Mount Paget der höchste Berg Südgeogiens und ein Teil der Allardyce Range, der längsten Bergkette der Insel. **Rechts oben**: An einem Seitenarm der East Cumberland Bucht liegt die frühere Walfangstation Grytviken. Hier begann 1904 der industrielle Walfang. Rechts oberhalb der Kirche führt der Pfad über das Joch nach Maiviken, ein Weg von etwa zwei Stunden. **Rechts unten**: Im Dezember bedeckt frisches Grün die Hänge der King Edward Bay vor Grytviken. **Diese Seite v. l. n. r.**: Die Petrel, Symbol einer langen Ära des Walfangs. – Mit schweren Eisenketten wurden die massigen Walkörper vom Schiff auf den Flensplatz gezogen. – Rostende Relikte der Walfangära in Grytviken. – Friedhof von Grytviken mit den Gräbern von Sir Ernest Shackleton und Frank Wild.

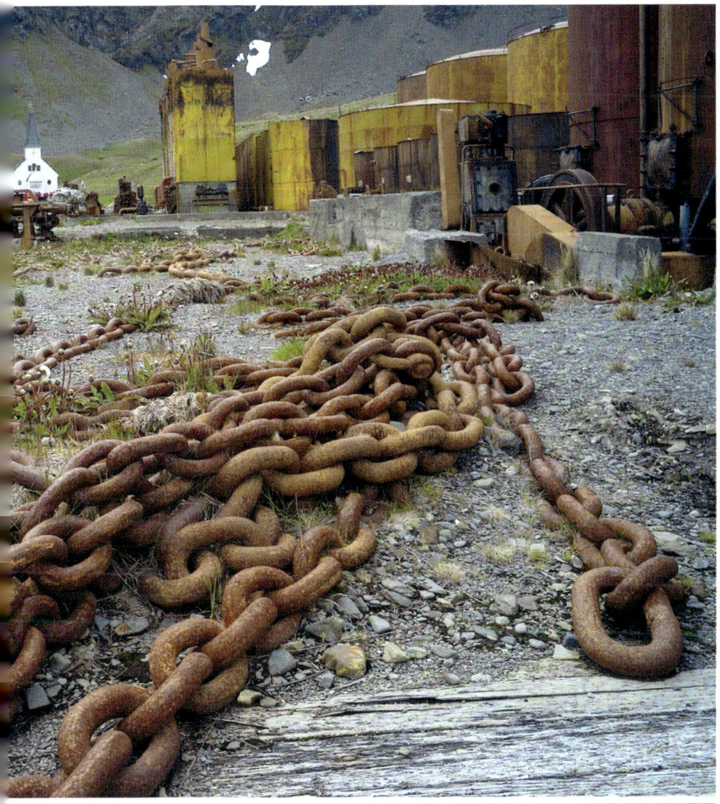

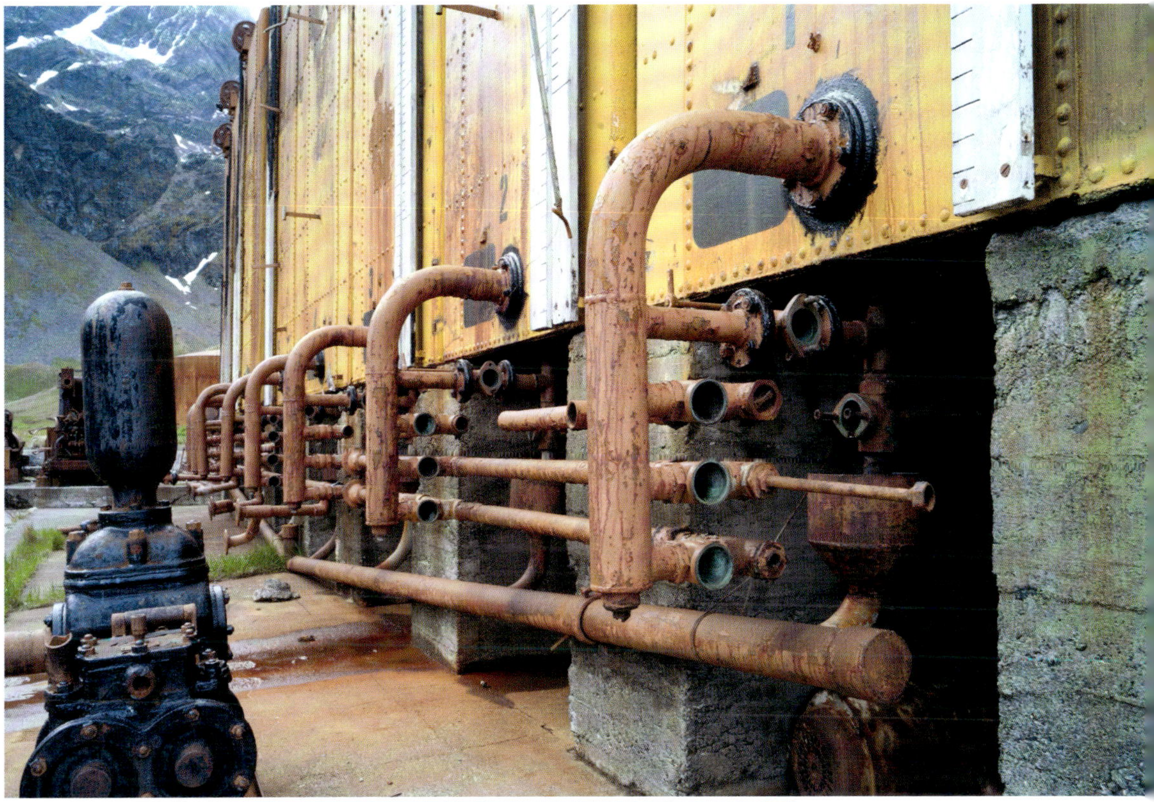

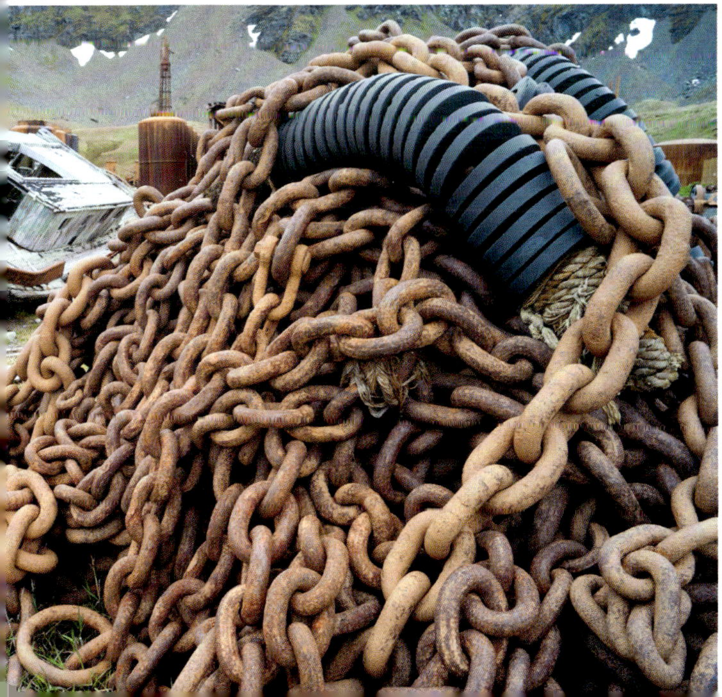

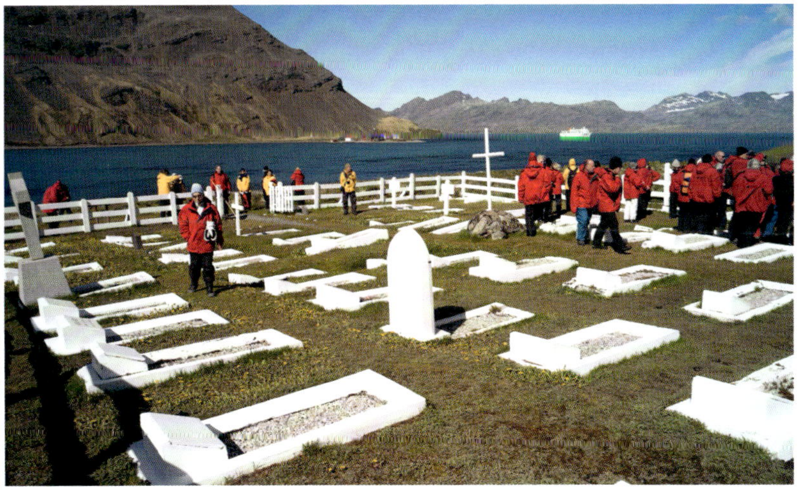

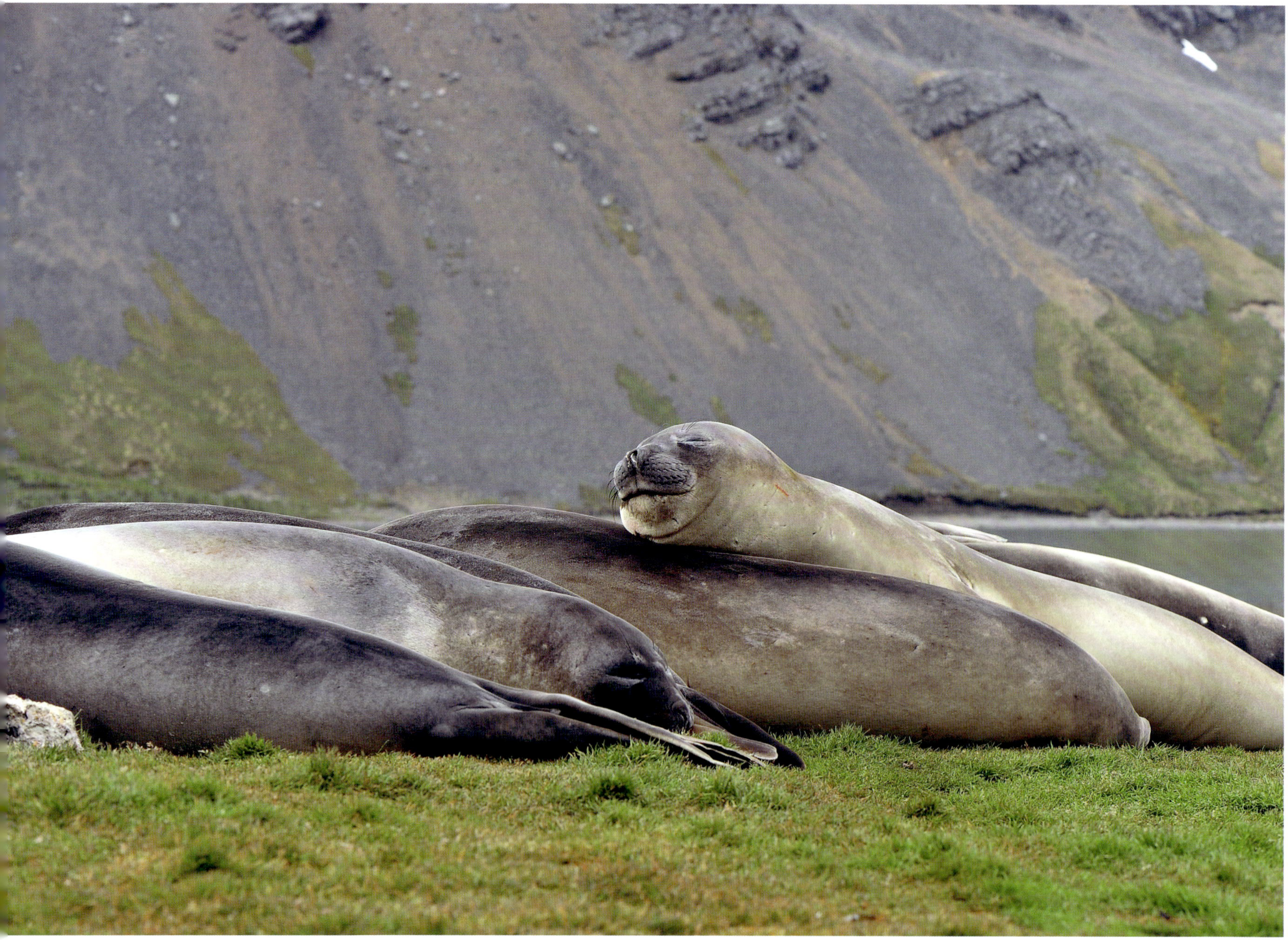

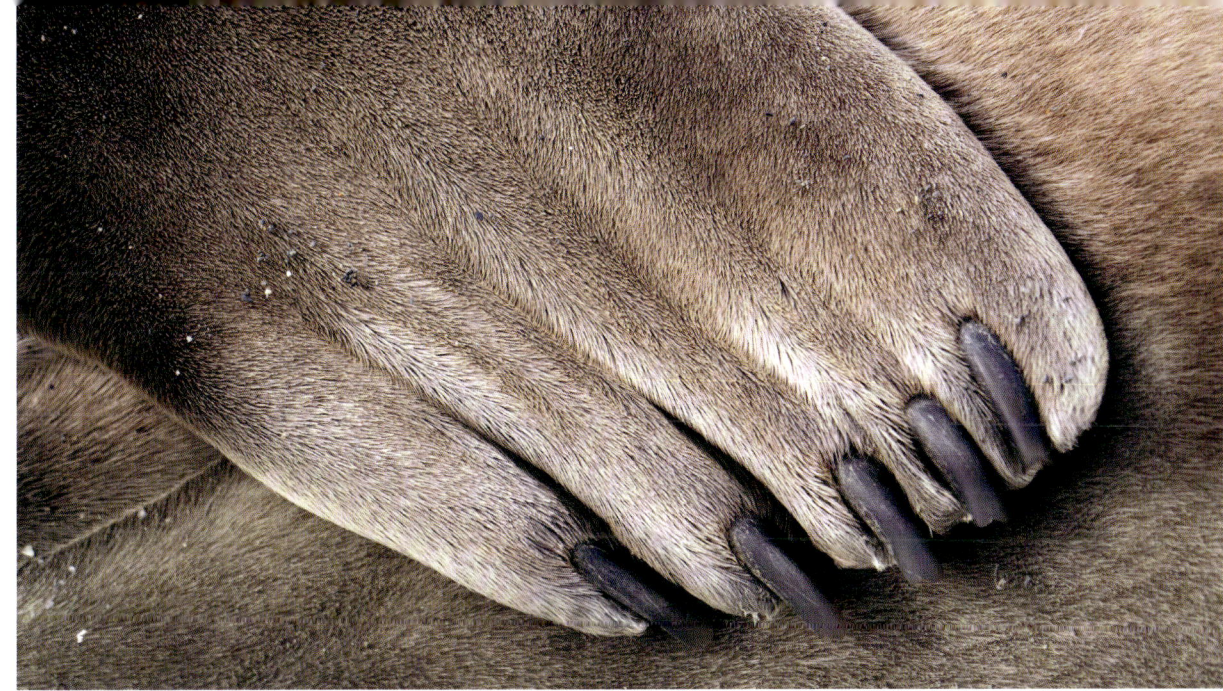

Linke Seite: Südliche See-Elefanten unweit des Friedhofs von Grytviken.

Links oben: Seitenflosse eines weiblichen Südlichen See-Elefanten.

Links unten: Lange dauert es nicht mehr, bis der junge Königspinguin sein jugendliches Federkleid gegen die eng anliegenden Federn getauscht hat und endlich den Eltern ins Meer folgen darf.

Südliche Orkneyinseln, Südliche Shetlandinseln, Antarktische Halbinsel

Rechte Seite: Zügelpinguine mit Aussicht – Ein vergängliches Eiskunstwerk treibt vor der argentinischen Station Orcadas, Südliche Orkneyinseln.
Nächste Doppelseite: Riesige Eis-Nuggets südlich von Coronation Island, Südliche Orkneyinseln.

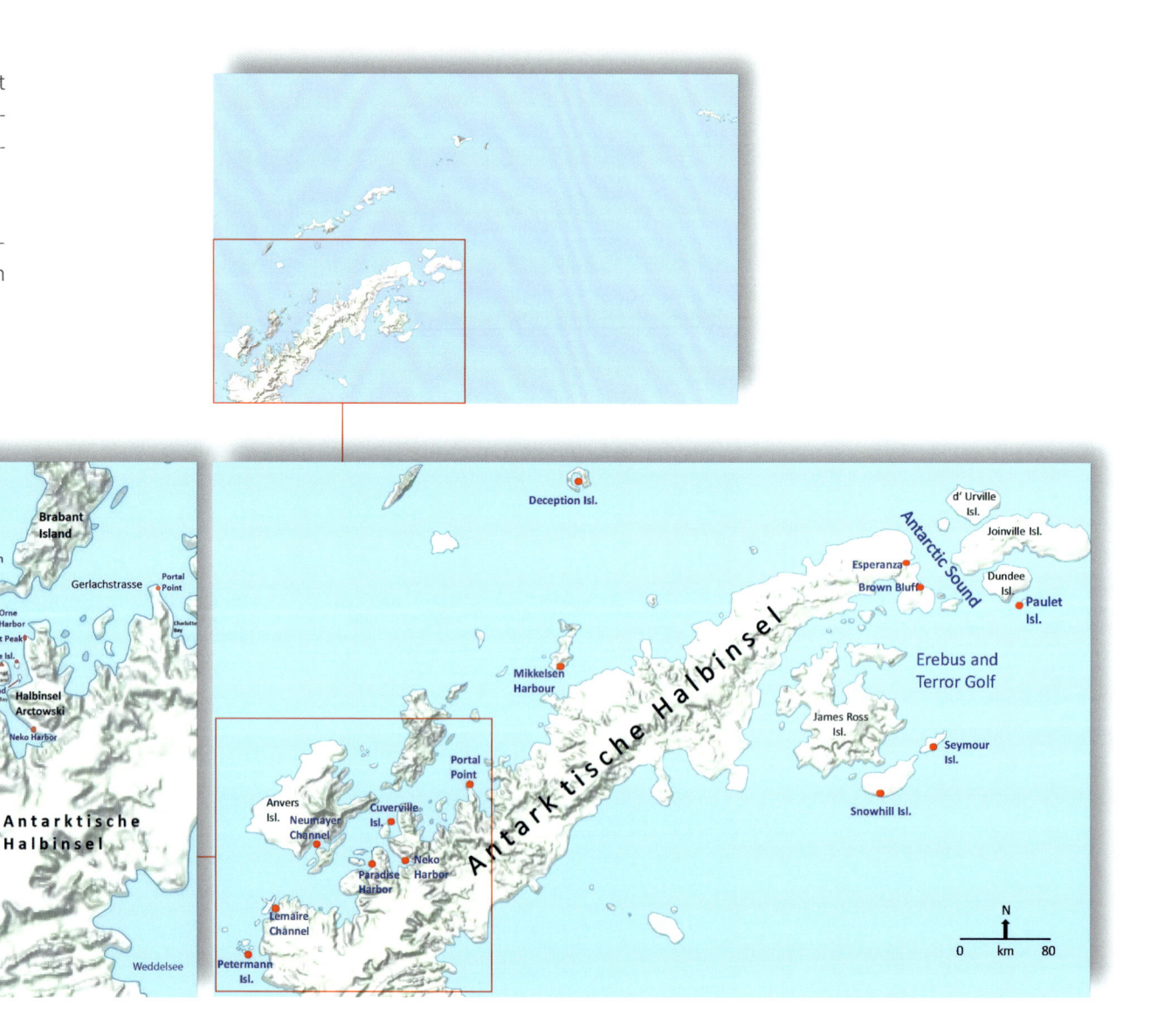

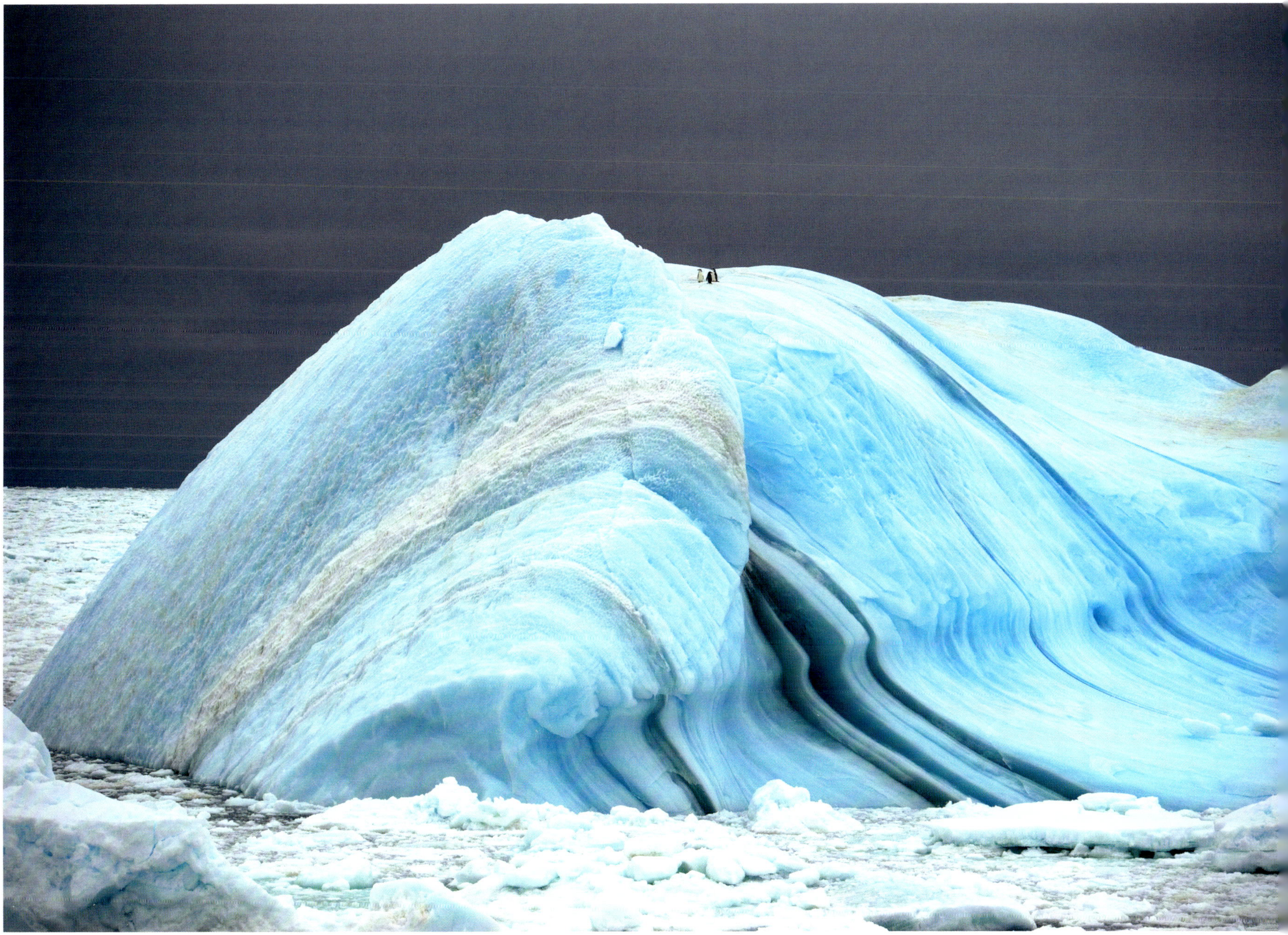

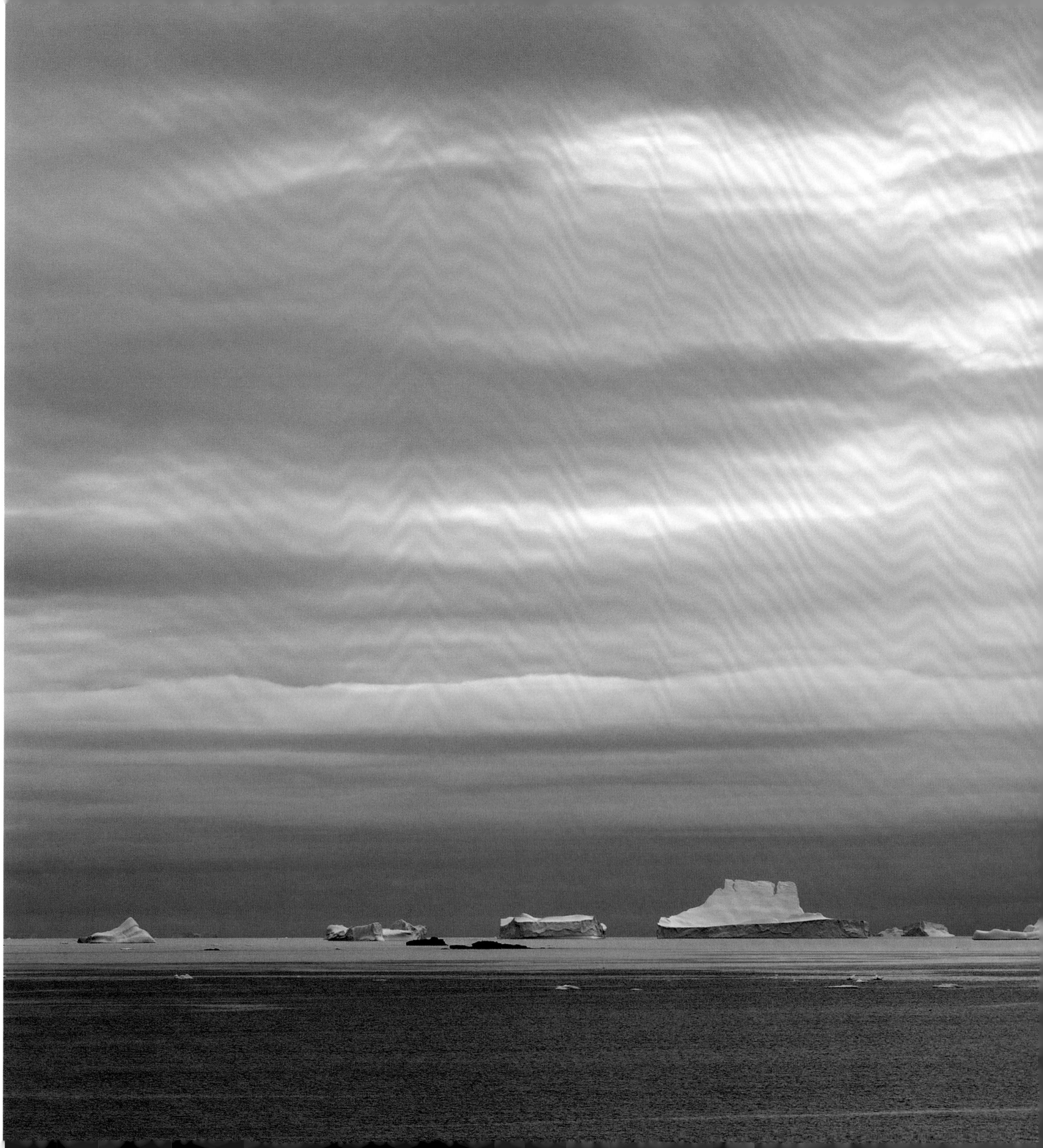

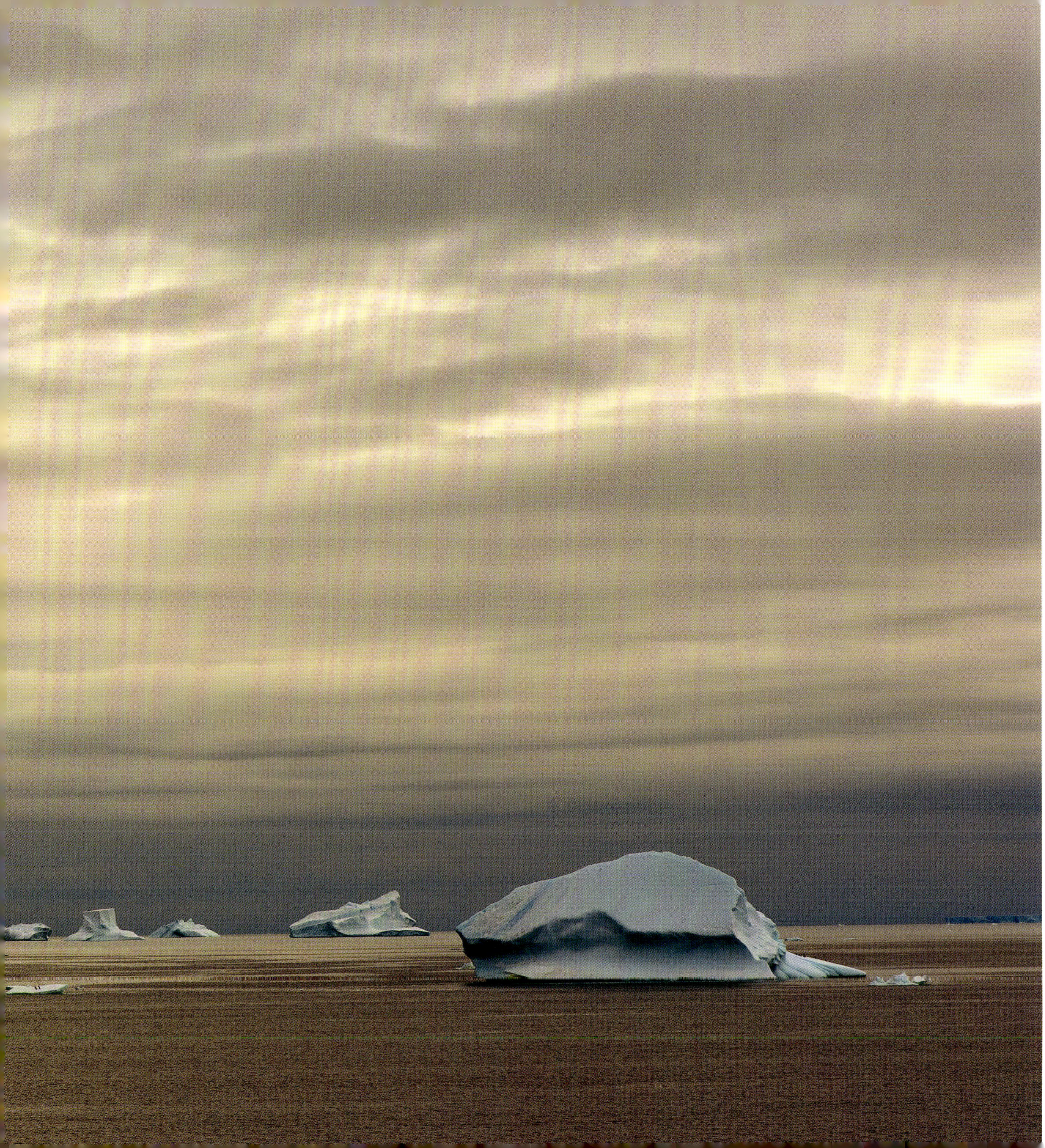

Der von der frühen Sonne beleuchtete Tafeleisberg wurde durch Wind und Strömung aus der Weddellsee in den Antarctic Sound getrieben. Er ragt etwa zehn Meter aus dem Meer heraus.

Brown Bluff im Antarctic Sound.

Oben: Gestrandete Growler vor Brown Bluff im Antarctic Sound.

Rechts: Die Frühtemperaturen sind antarktisgemäß, und die spärliche Wärme der Morgensonne schafft es noch nicht, die Haut zu verwöhnen.

Lichtspiele

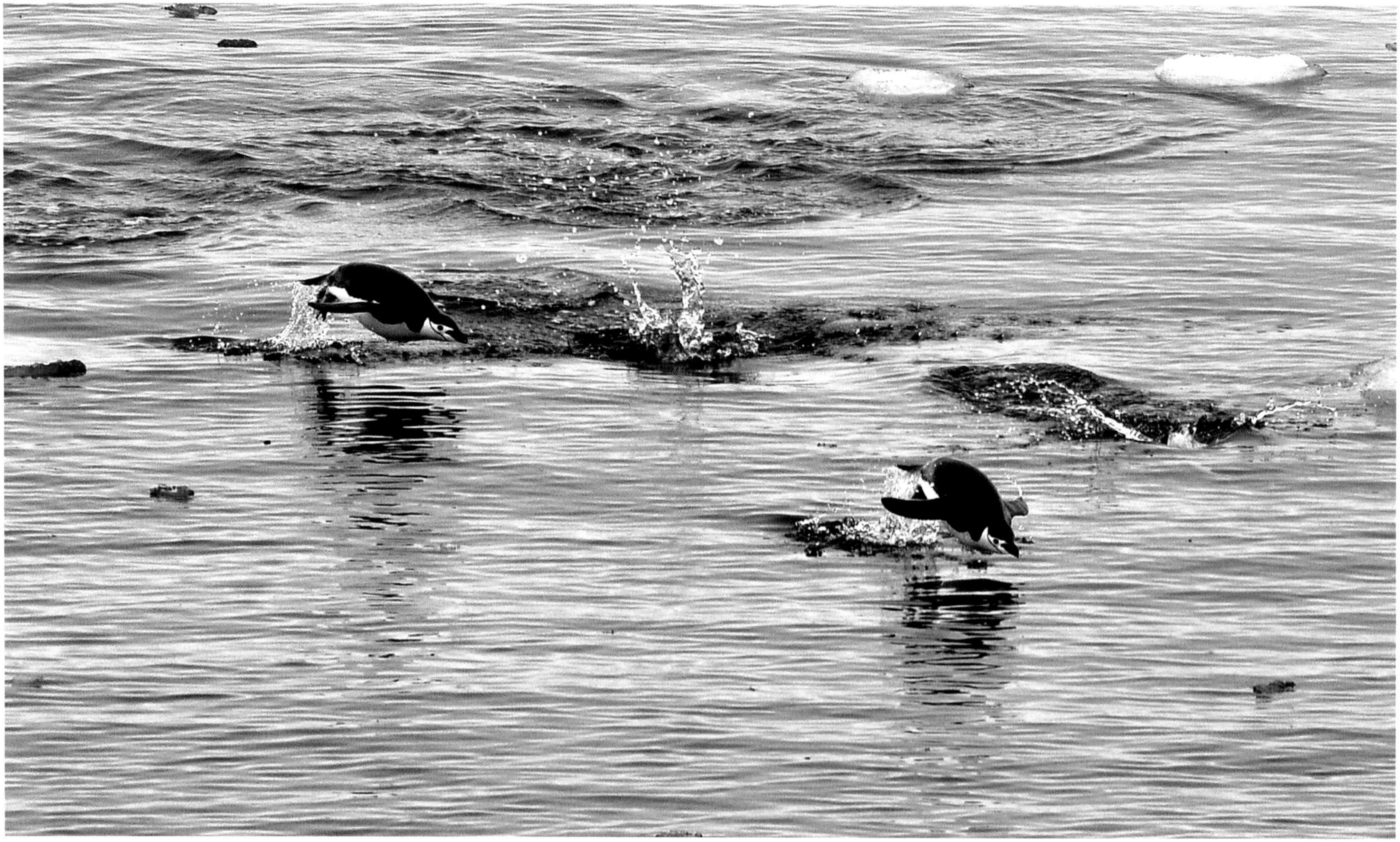

Linke Seite: Besonders im Januar/Februar, wenn die Küken größer sind und mehr Nahrung brauchen, sind die Eltern ständig auf der Suche nach Krill, Fisch und Kalmaren. Zügelpinguine in der Hope Bay, Antarktik-Sound.

Links: Aero- und Aquadynamik von Adéliepinguinen, Brown Bluff.

Oben: Nach kurzem Betteln hat das Küken seiner Mutter ein großes Stück Krill abgerungen.

Rechts: Erst wenn sich der erste Pinguin ins Wasser traut, werden auch die anderen mutig.

Oben links: Adéliepinguin mit den typisch weißen Augenringen. Nach den Kaiserpinguinen bevorzugen sie die kältesten Regionen der Antarktis.

Oben rechts: Mit dem Fett der Bürzeldrüse wird das Gefieder gepflegt und bleibt für künftige Tauchgänge wasserdicht.

Links: Dominikanermöwe am oberen Rand einer vulkanischen Bombe, Brown Bluff, Antarctic Sound.

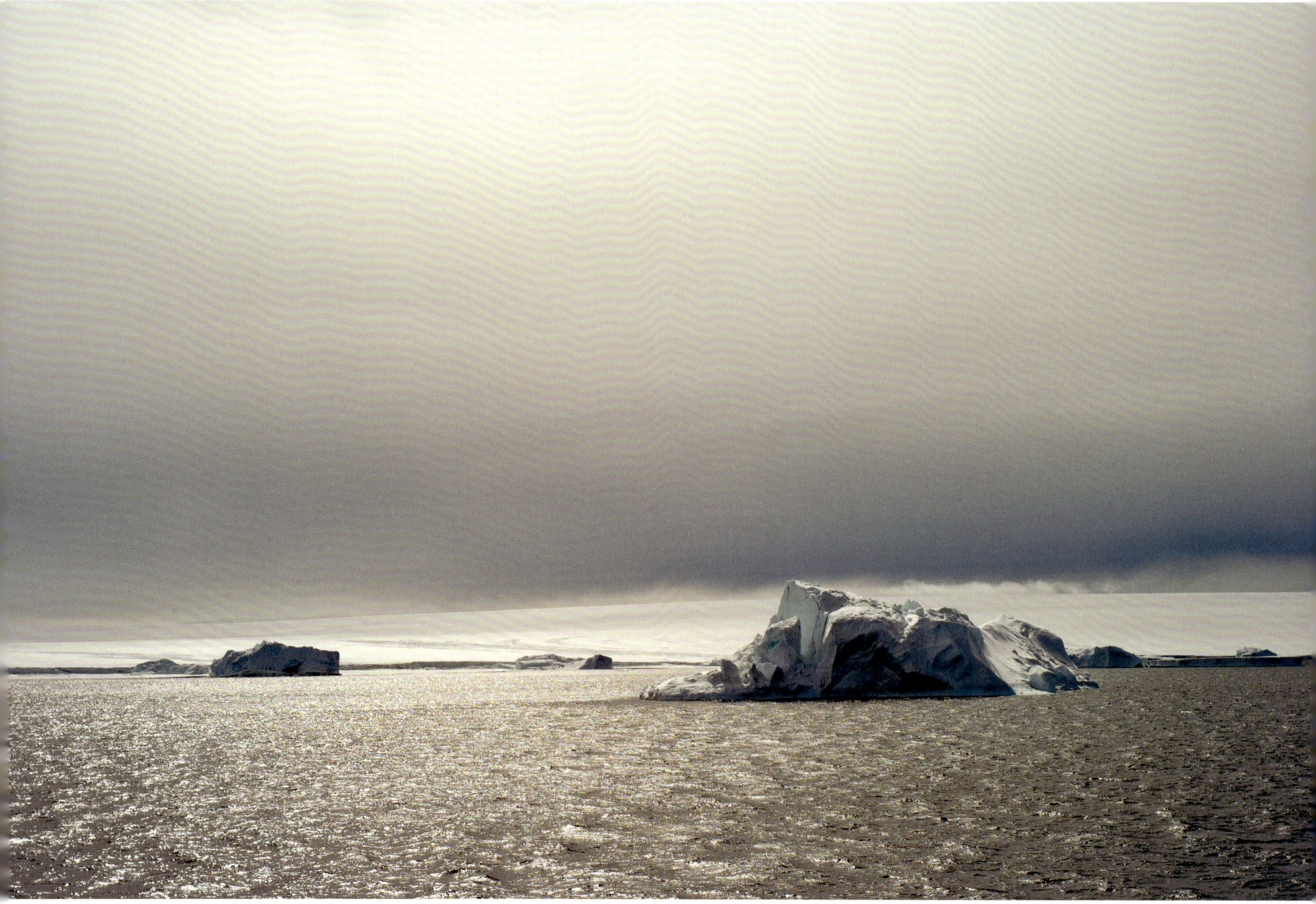

Linke Seite: Der Nordhang von Snowhill Island ist eine flache weiße Eiswüste an der Ostküste der Antarktischen Halbinsel, Südlicher Erebus- und Terrorgolf.

Links: Schlauchboote, die idealen Transportmittel zur Erreichung der Anlandungsstellen.

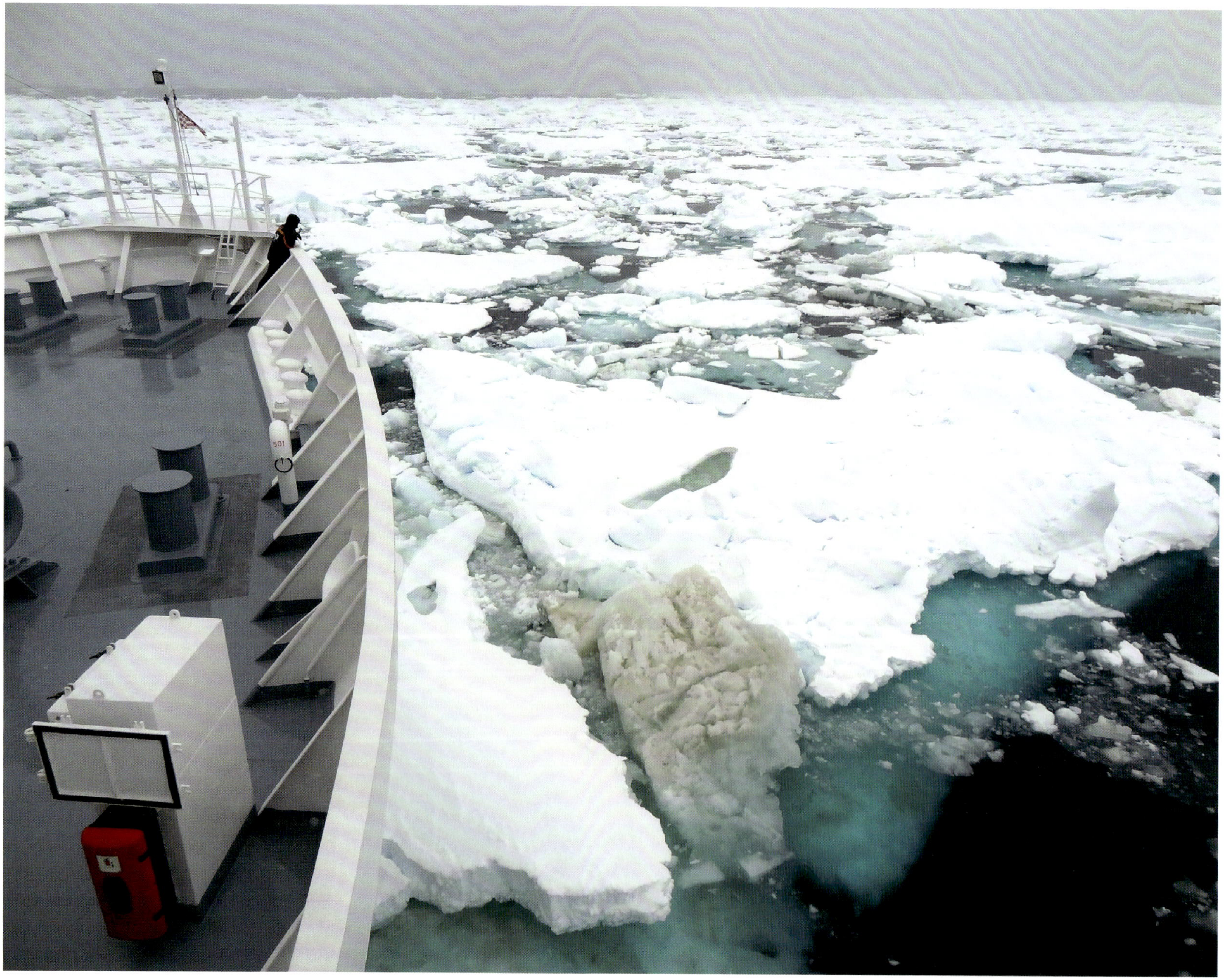

Linke Seite: Am frühen Morgen war der Ausgang des Antarctic Sound noch eisfrei. Jetzt, etwa neun Stunden später, kämpft sich das Schiff langsam durch eine zu 70 bis 80 Prozent geschlossene Eisfläche.

Oben links: Das Ziel erfolgreicher Nahrungssuche.

Oben rechts: Adéliepinguin

Links: Adéliepinguine bereiten sich gemeinsam auf die Nahrungssuche vor. Die Gruppe macht sie stark, Brown Bluff im Antarktik-Sound.

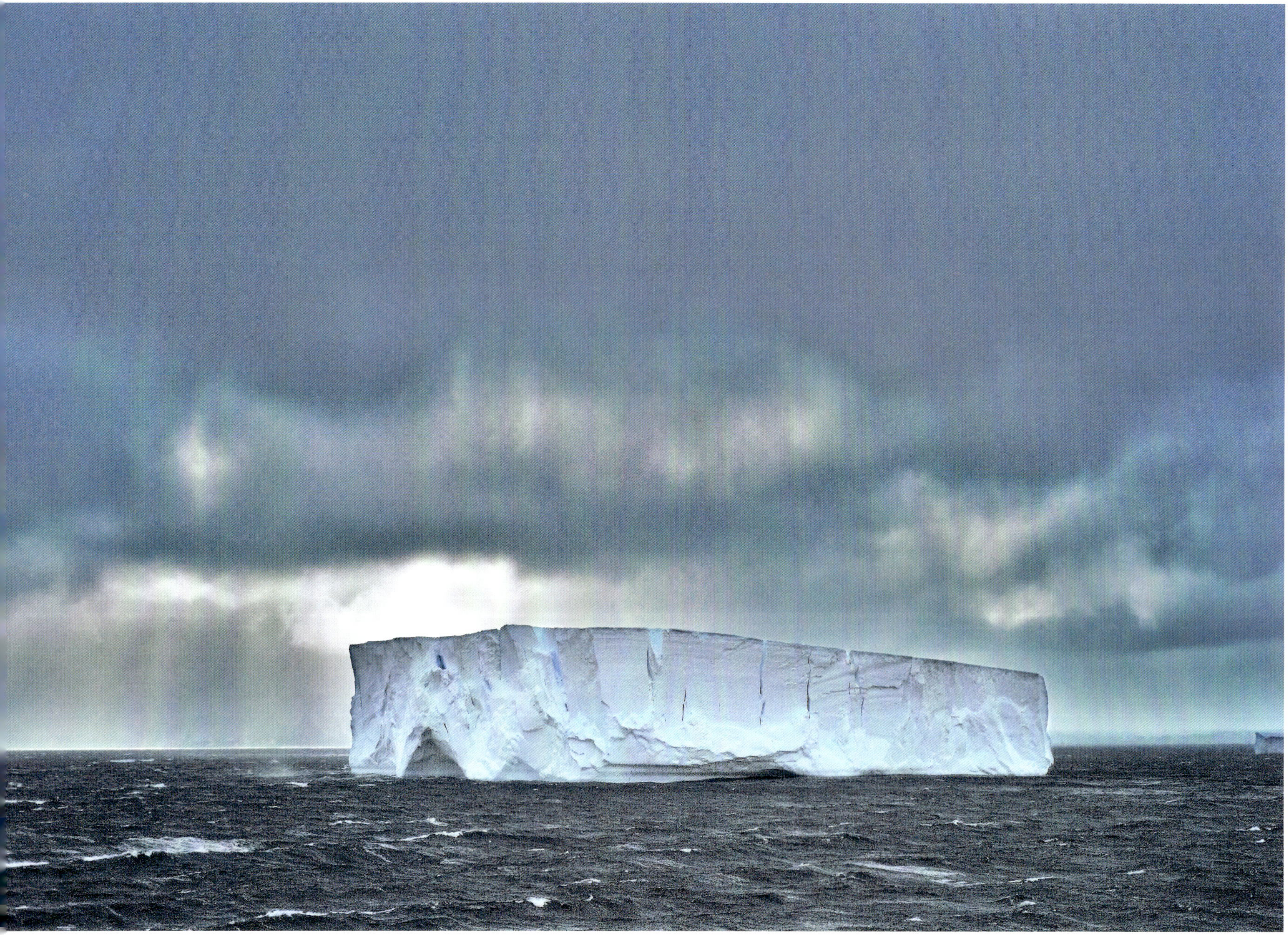

Linke Seite: Treibender Tafeleisberg.

Oben: Meereisgrenze in der Weddellsee vor Snow Hill Island. Ab hier herrscht nur noch Eis, das den antarktischen Kontinent bedeckt.

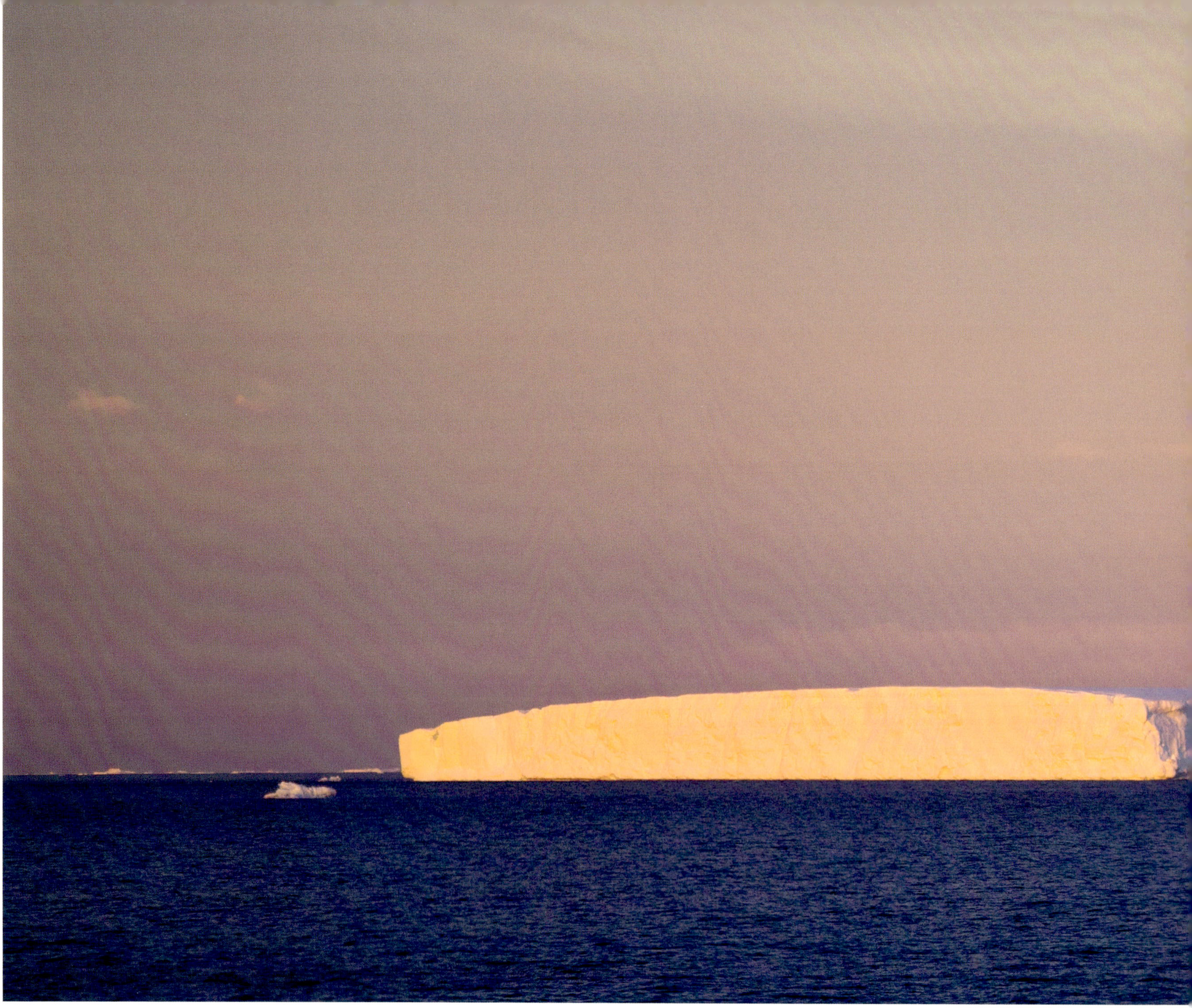

Tafeleisberge bestehen nicht aus Meereis. Ihr Eis ist durch Niederschlag über dem Festland entstanden und gleitet langsam zum Meer hinab. Dort bricht es in riesigen Stücken von der Schelfeisfläche ab. Der Schmelzprozess der Eiskolosse kann Jahre dauern.

Nächste Doppelseite:
Links: Adéliepinguine auf Nahrungssuche im krill- und algenreichen Wasser des Antarctic Sound.

Rechts: Adéliepinguine leben in kleinen Gruppen auf Warften zum Schutz vor dem Schmelzwasser des Frühlings, Seymour Island.

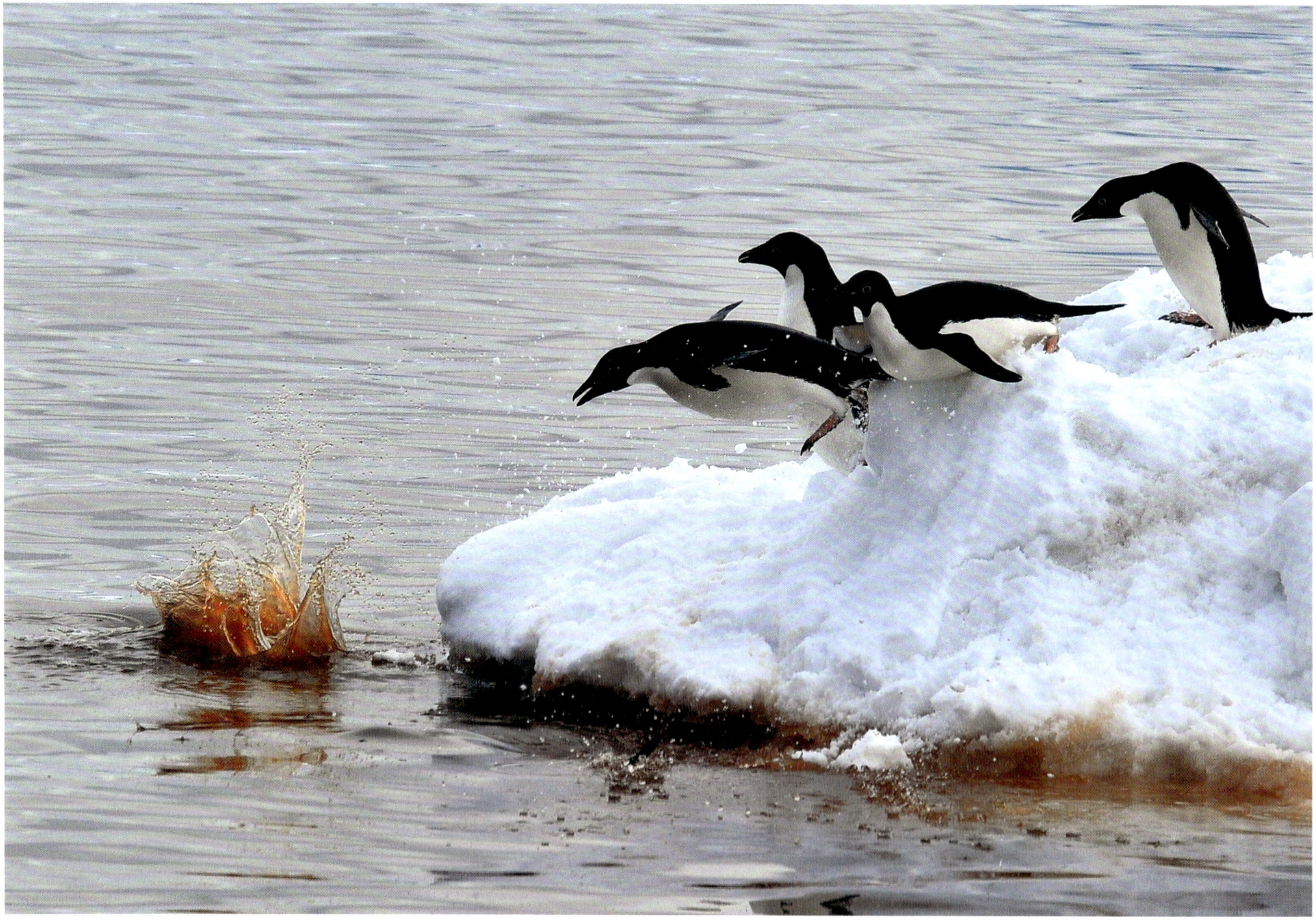

97

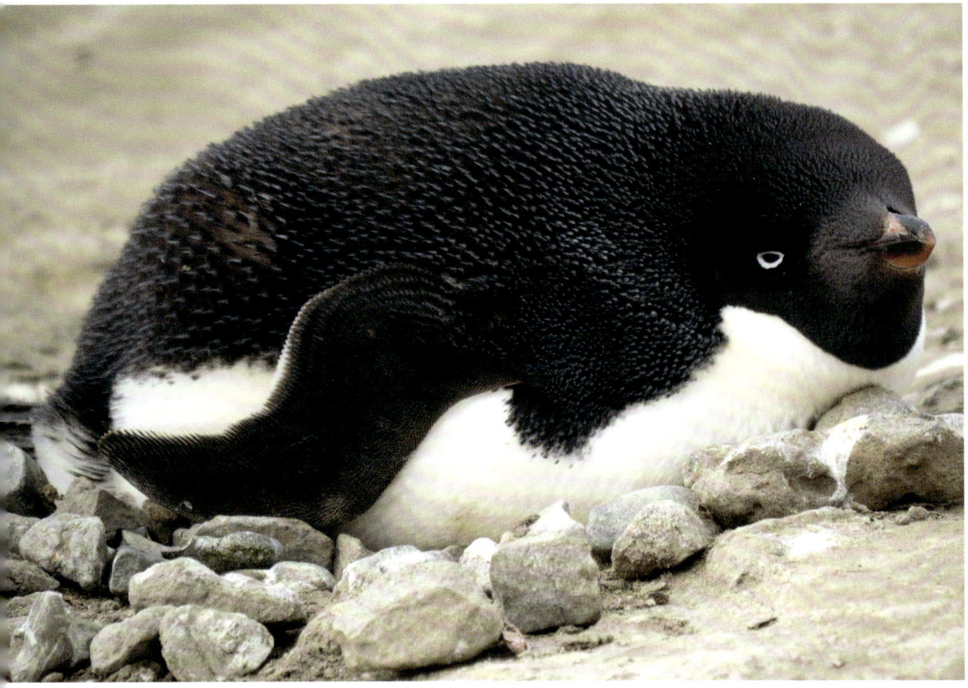
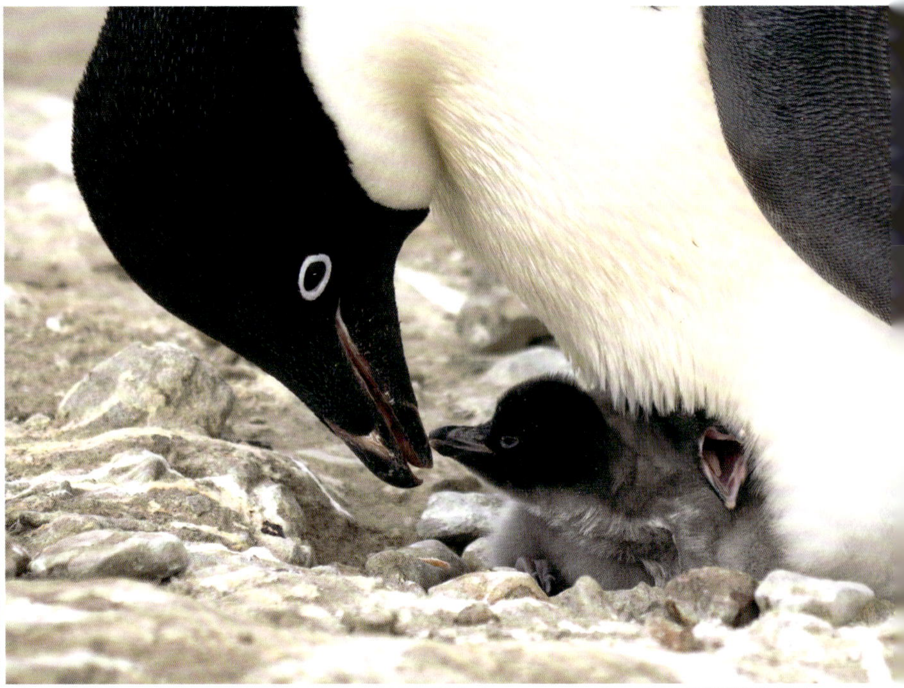
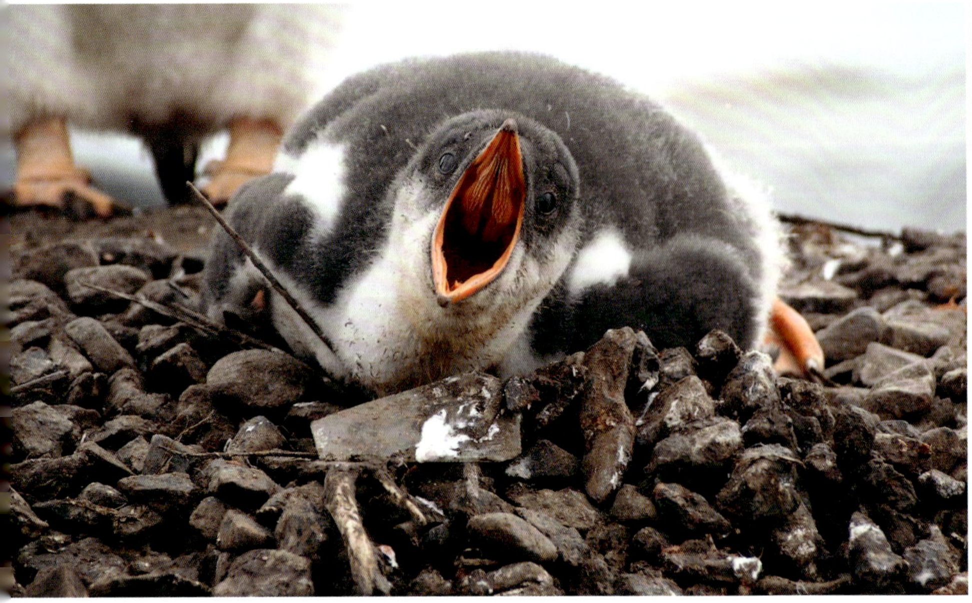
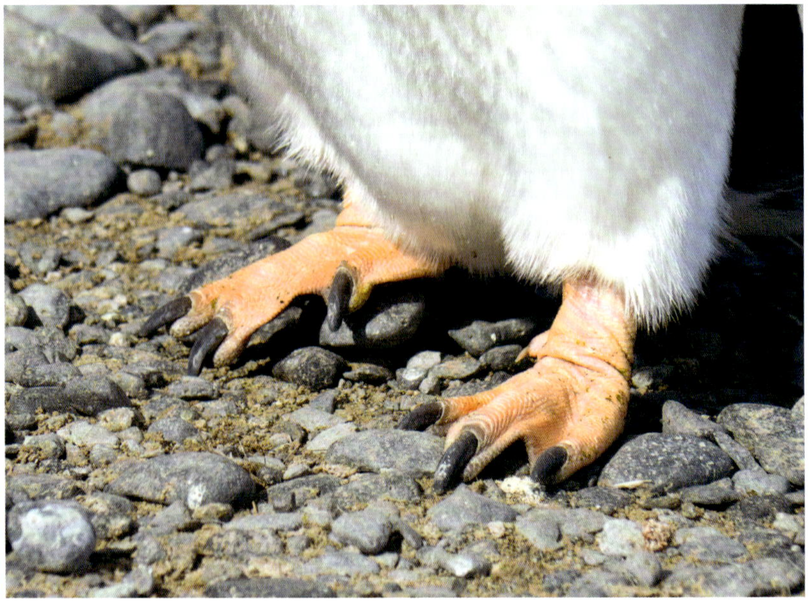

Linke Seite oben: Offensichtlich sind die Steinnester bequemer als sie aussehen. Adéliepinguin auf Seymour Island im Erebus- und Terrorgolf.

Unten links: Junger Eselspinguin

Unten rechts: Die für Adéliepinguine typischen rötlichen Füße mit kleinen Krallen an der Innenseite.

Oben: Zügelpinguine nisten an den schroffen Felsen von Half Moon Island. Im Hintergrund die Gletscher-Kulisse von Livingston Island, Südliche Shetlandinseln.

Oben: Zügelpinguin, Südliche Shetlandinseln

Oben rechts: Zügelpinguin am Strand der Whalers Bay, Deception Island, Südliche Shetlandinseln.

Unten rechts: Zügelpinguin mit dem markanten schwarzen Streifen unter den rotbraunen Augen.

Rechte Seite: Wind treibt bizarre Growler in die Bucht von Half Moon Island, Südliche Shetlandinseln.

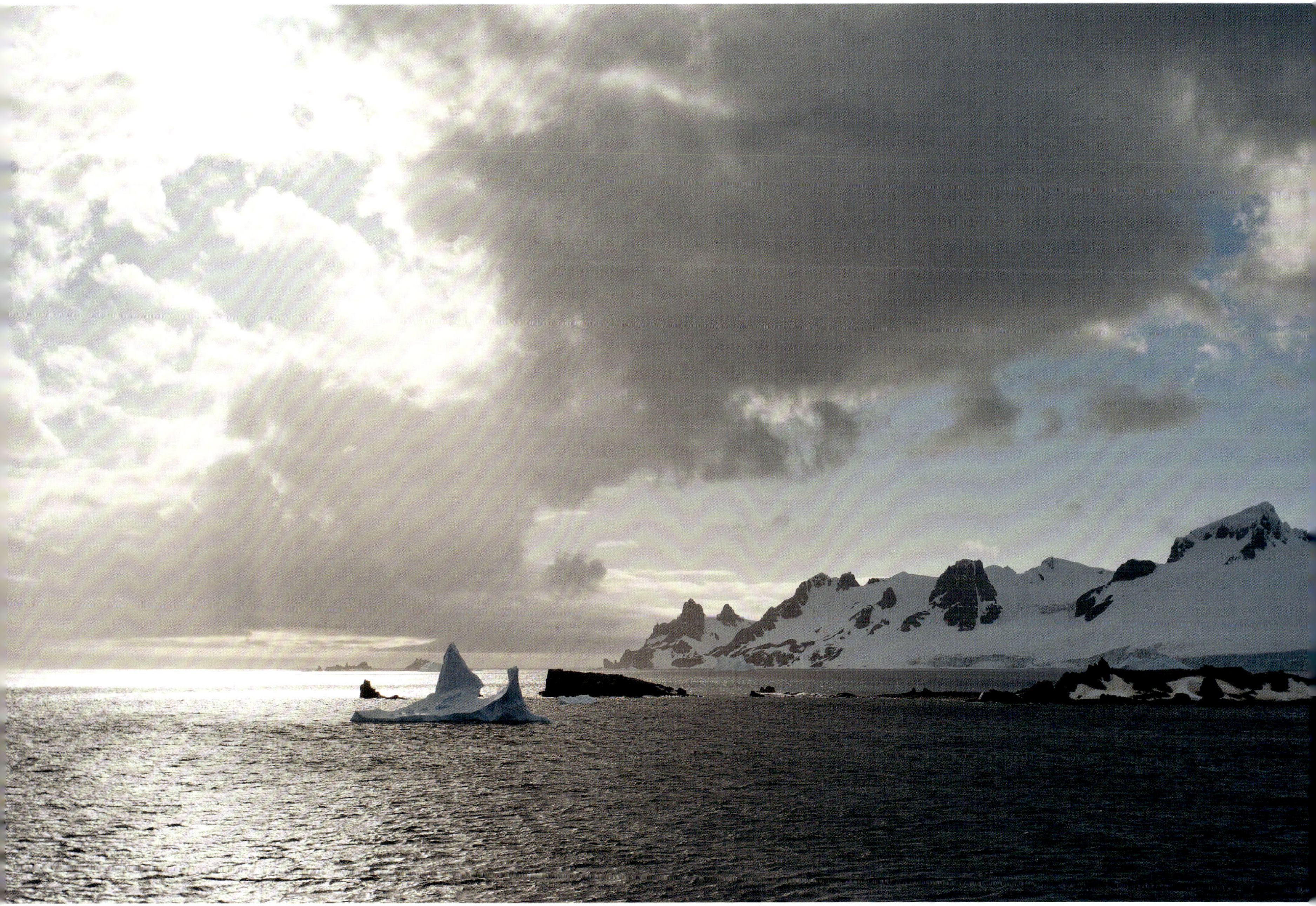

Rechts oben und unten: Morgenstimmung in der Gerlachstraße, Solvay Mountains, südöstlicher Teil von Brabant Island

Rechte Seite: Panoramafahrt durch die Oscar Cove in der Paradise Bay. Die Spalten quer zur Fließrichtung des Gletschers entstehen, wenn das Eis über einen Absatz im Gletscherbett rutscht. Eine Längsspalte entsteht durch einen in Fließrichtung befindlichen Grat, der die Eismasse teilt.

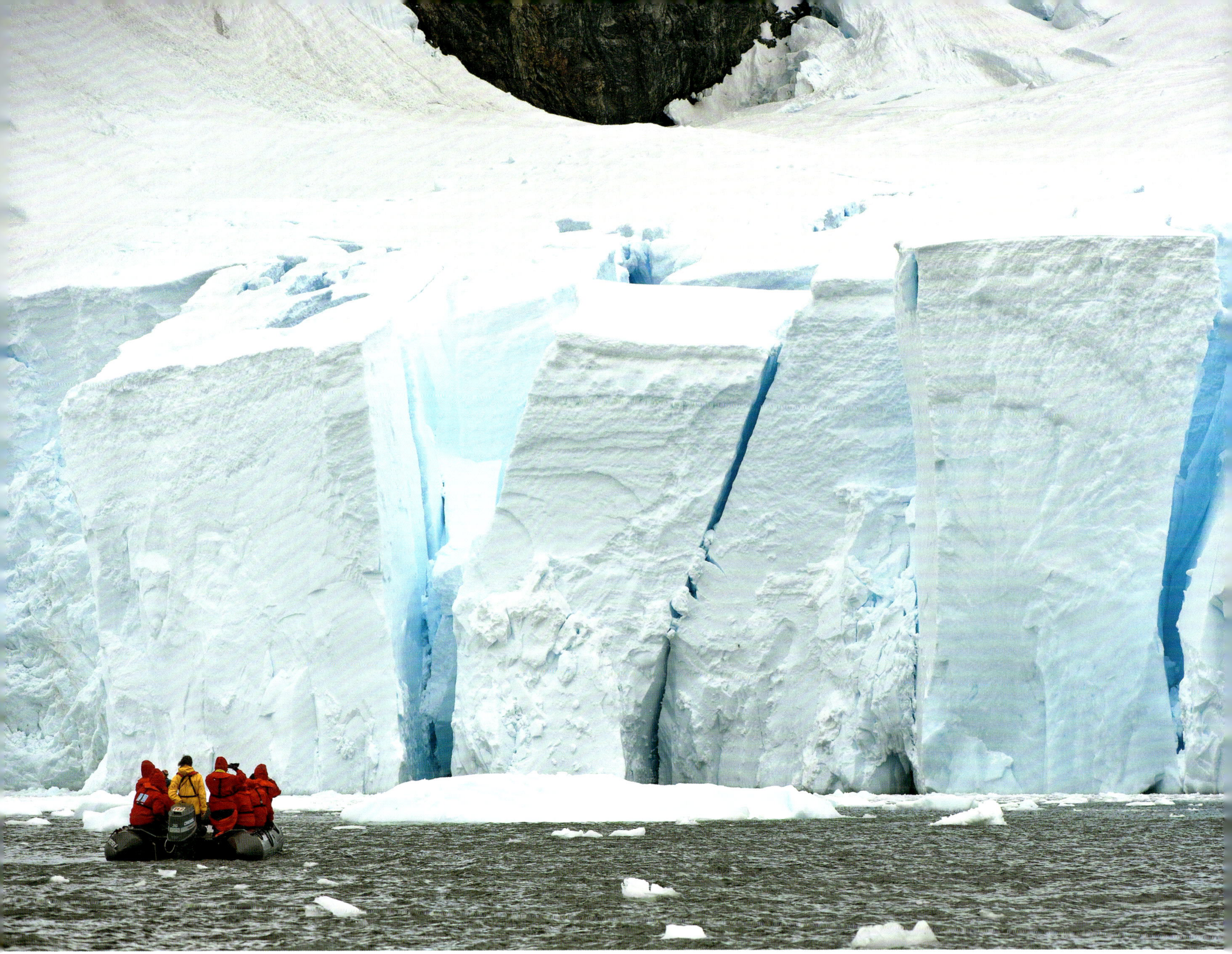

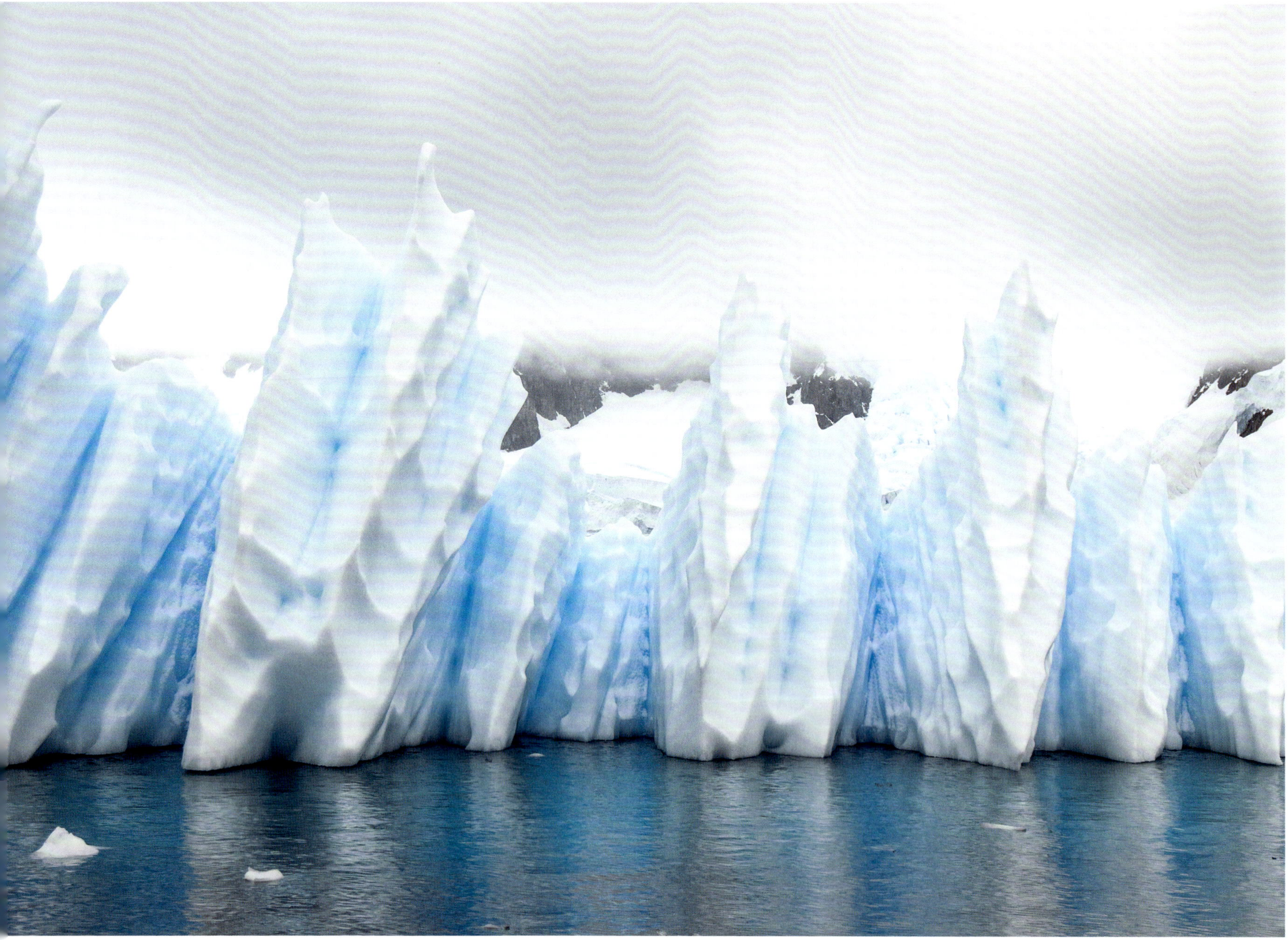

Kunstwerke aus Gletschereis

Nächste Doppelseite links:
Mitternacht am Lemaire-Kanal

Rechts: Die Zwillingsgipfel an der nördlichen Einfahrt des Lemaire Kanals (Cape Renard).

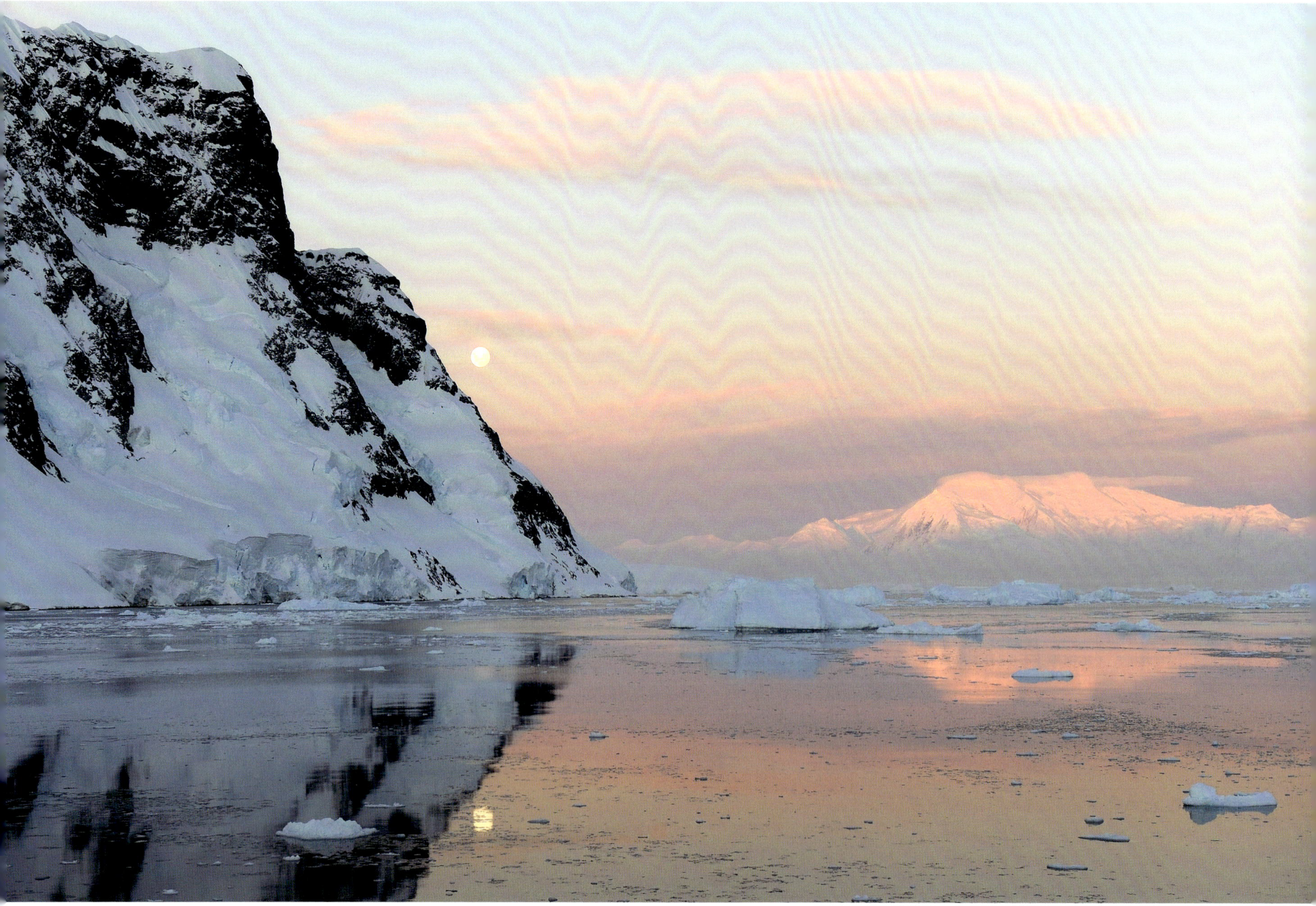

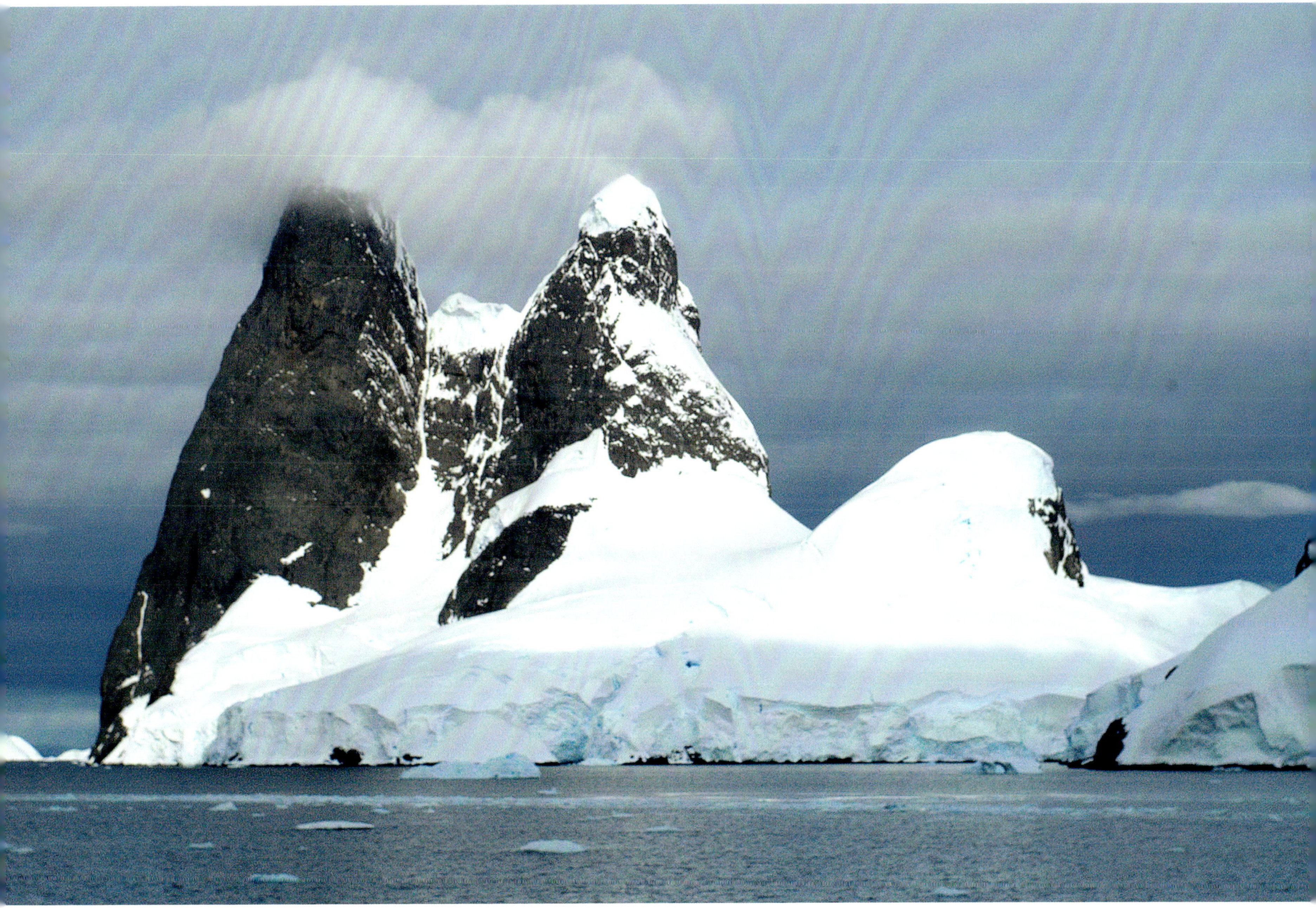

Oben: Ein Seeleopard, der größte Feind der Pinguine im Südlichen Ozean.

Rechts: Krabbenfresserrobbe – die häufigste Robbenart der Welt.

Rechte Seite: Schwarzdelfine vor dem Beagle-Kanal.

109

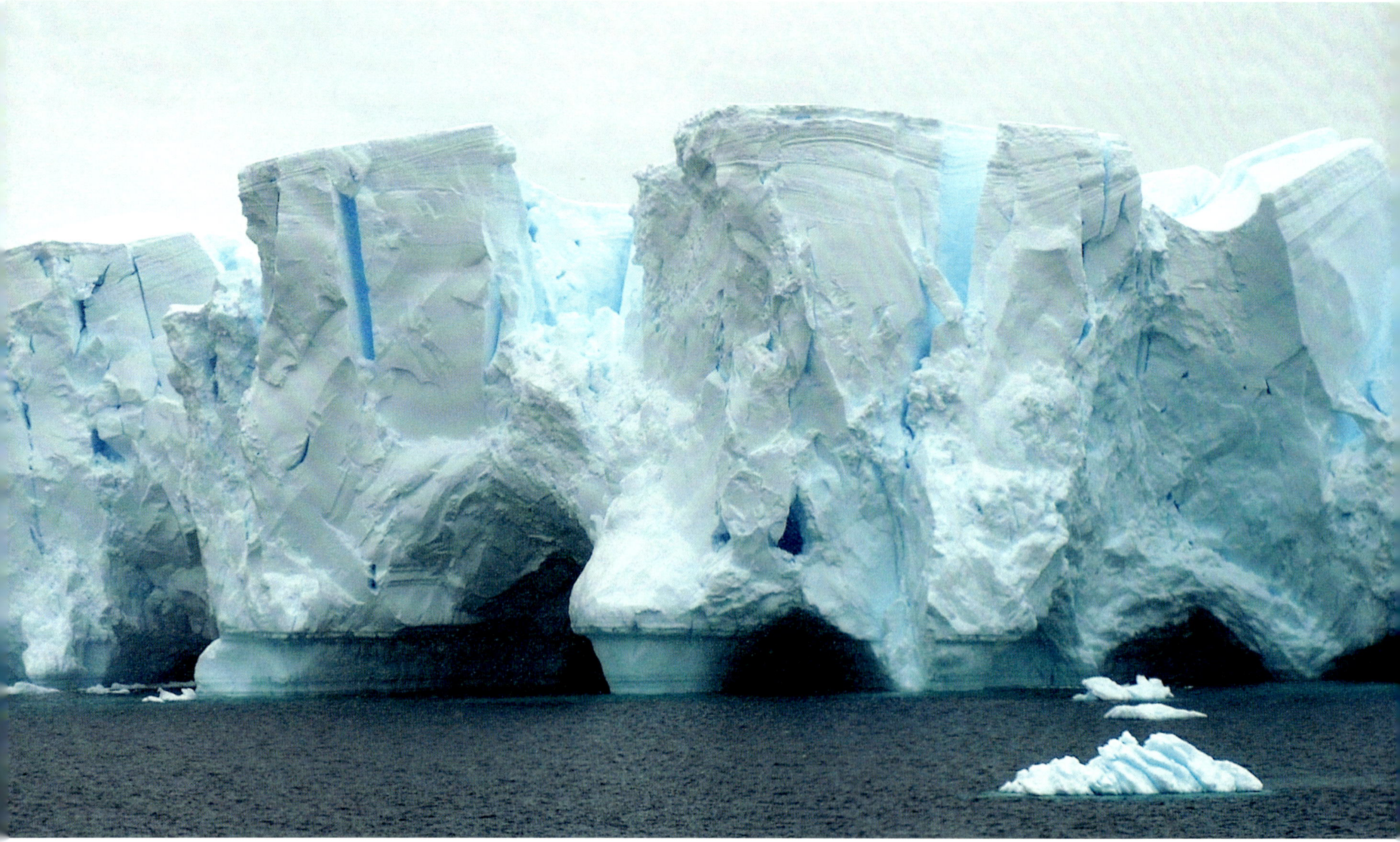

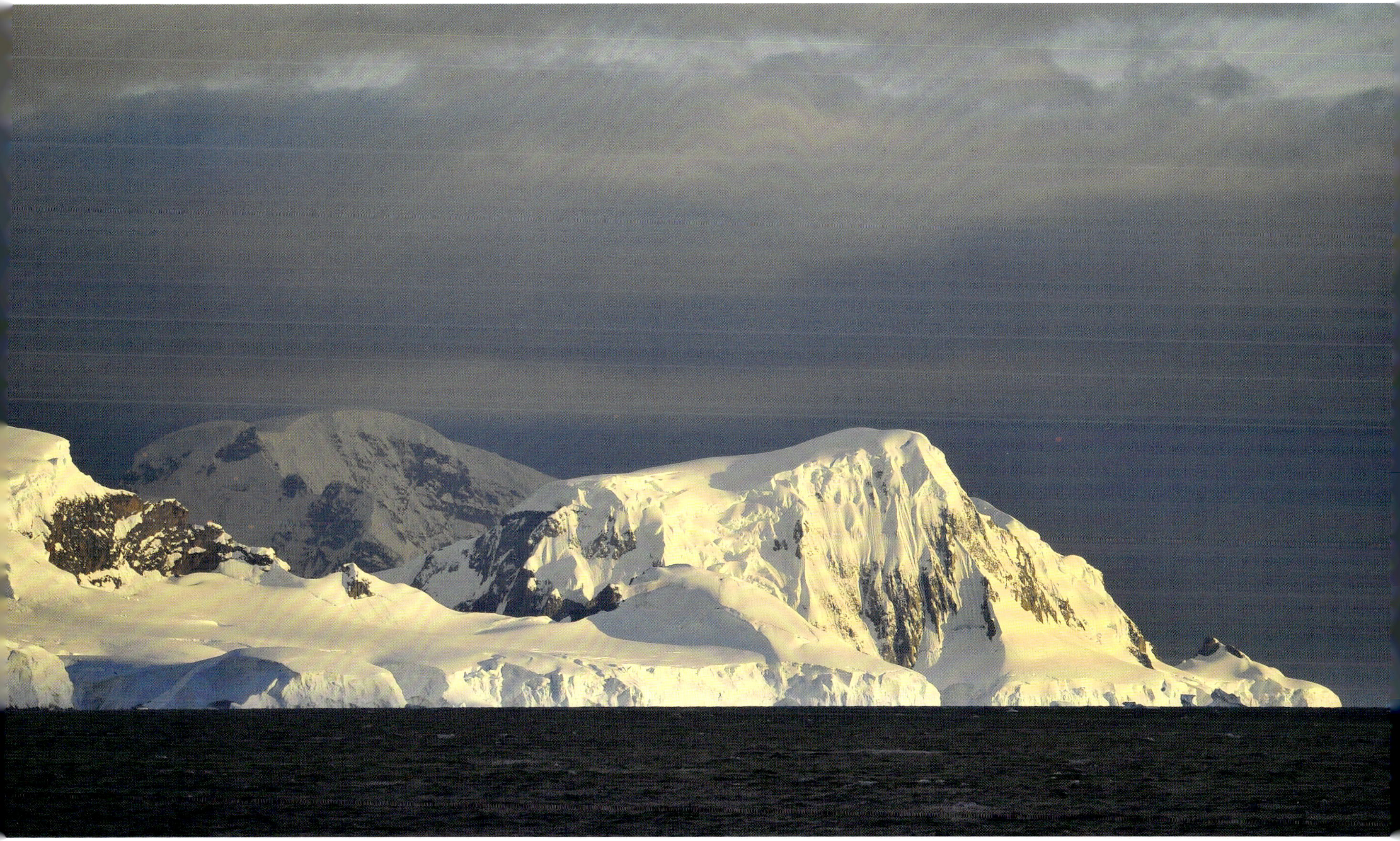

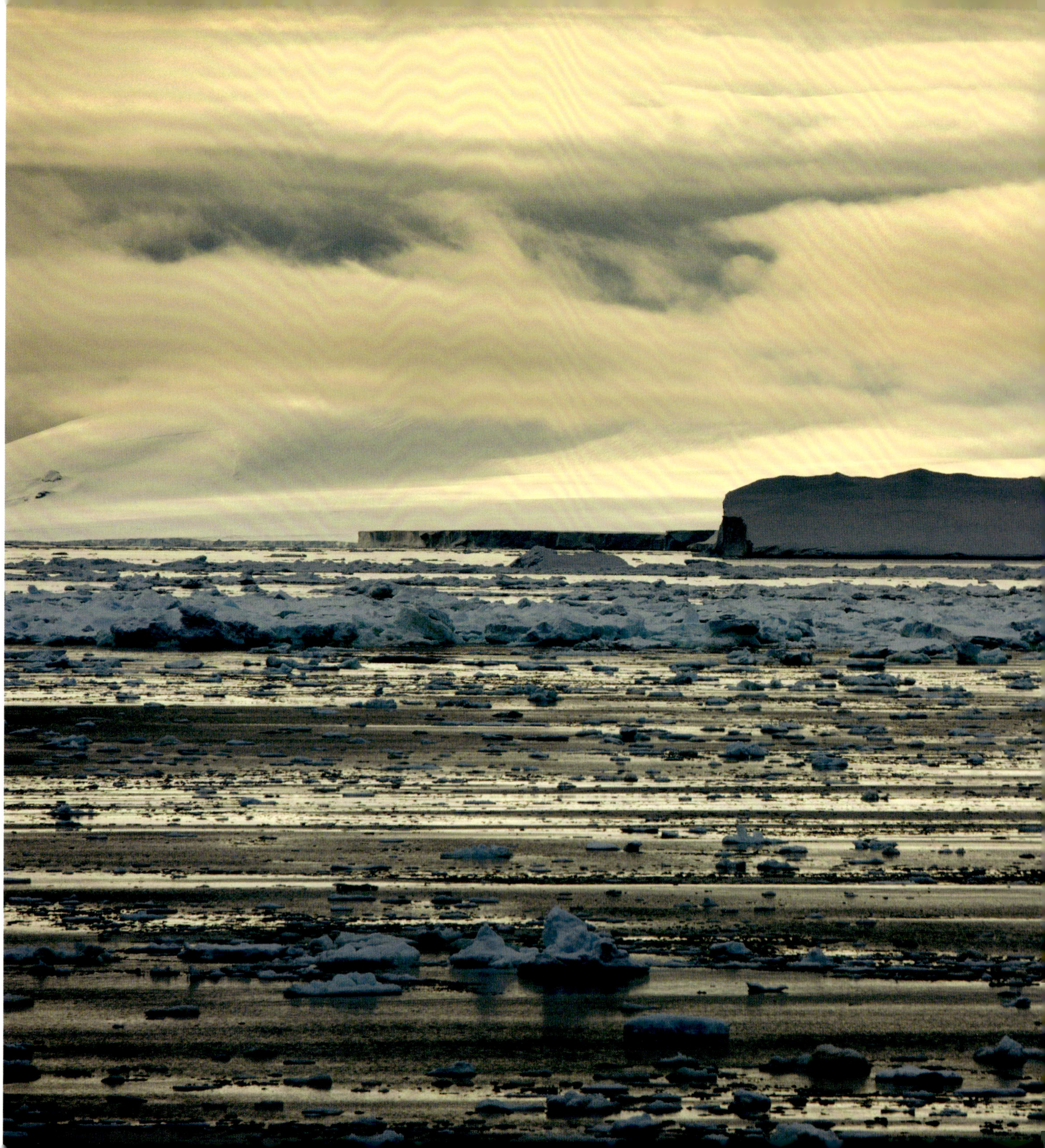

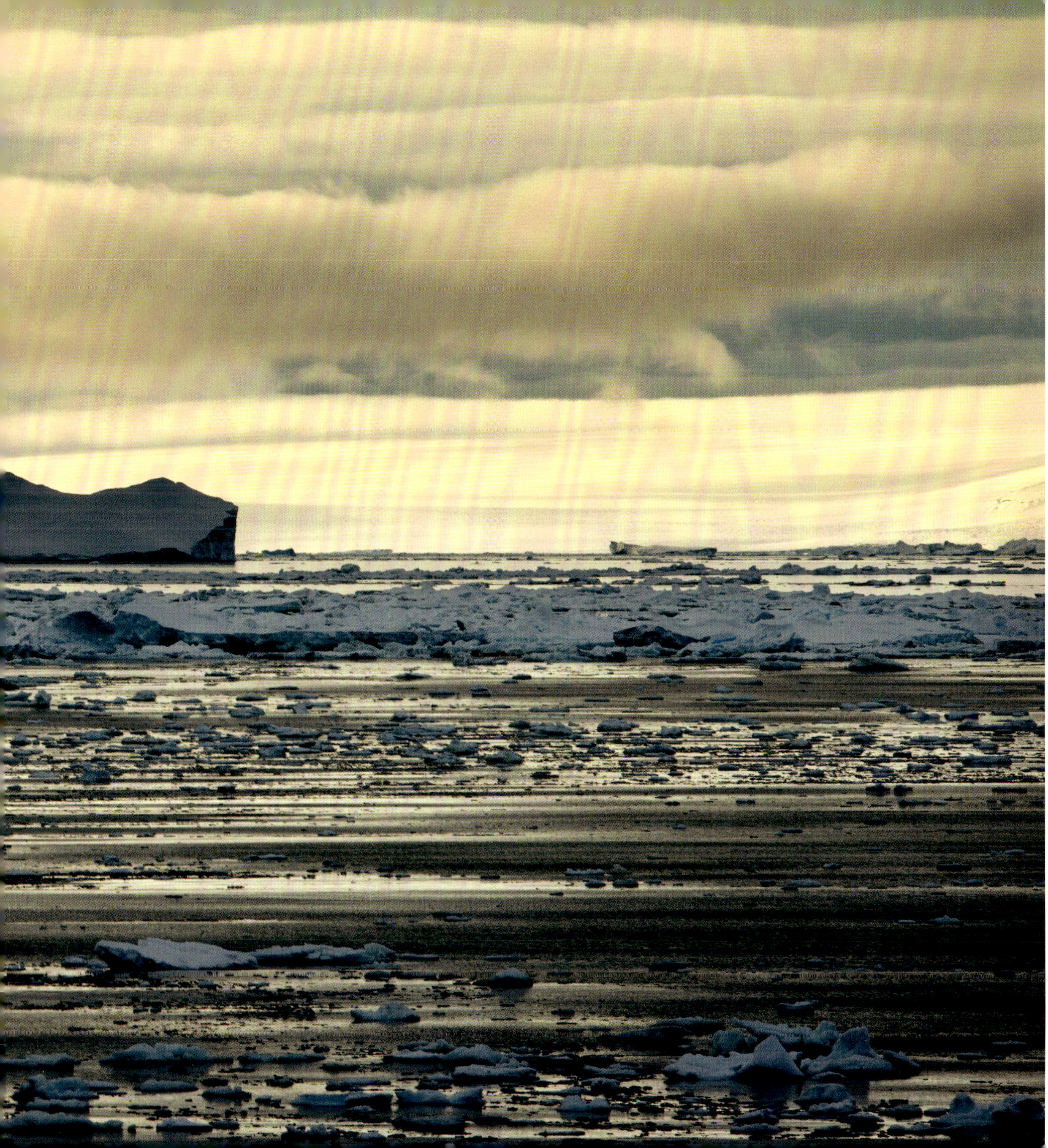

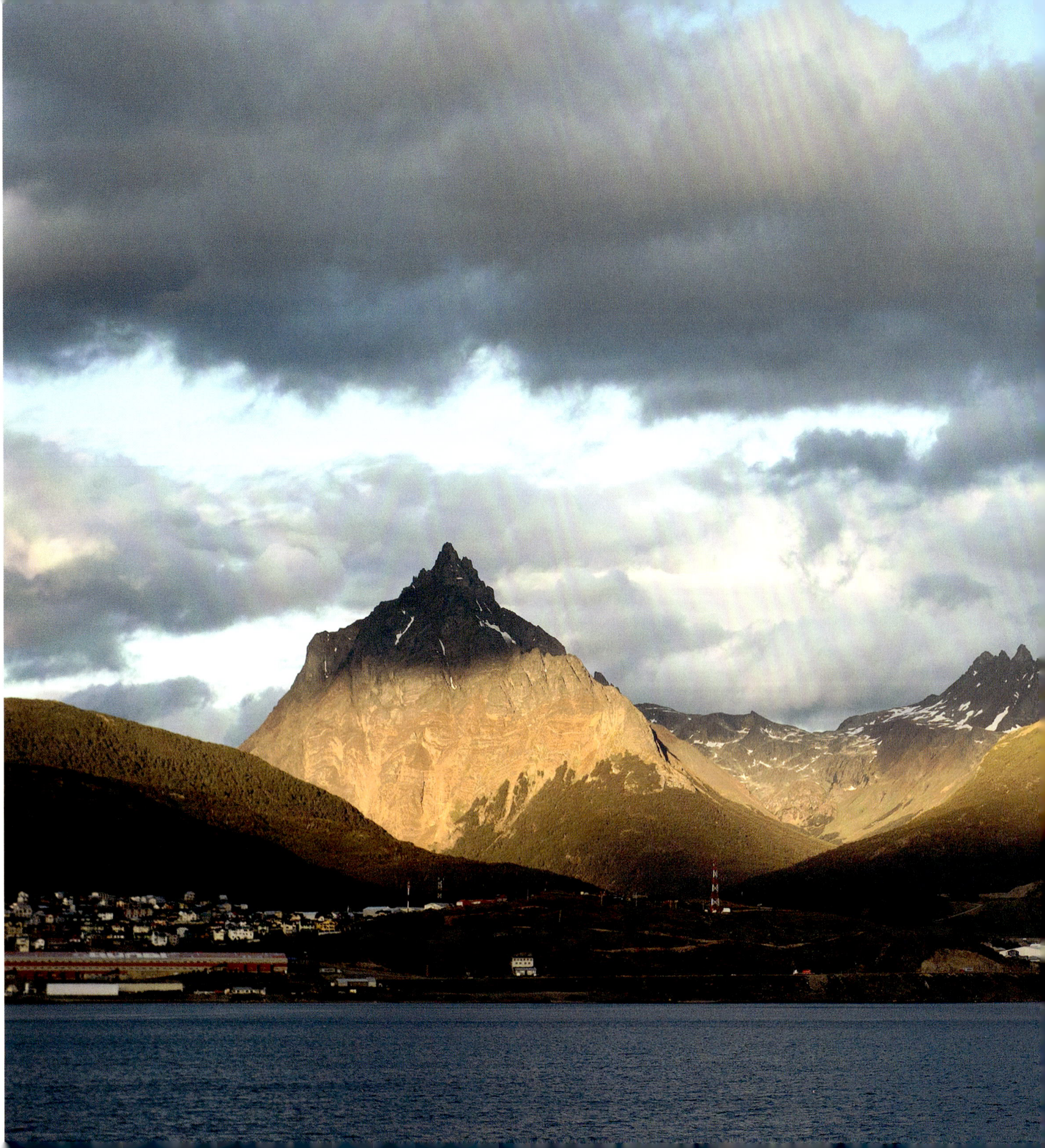

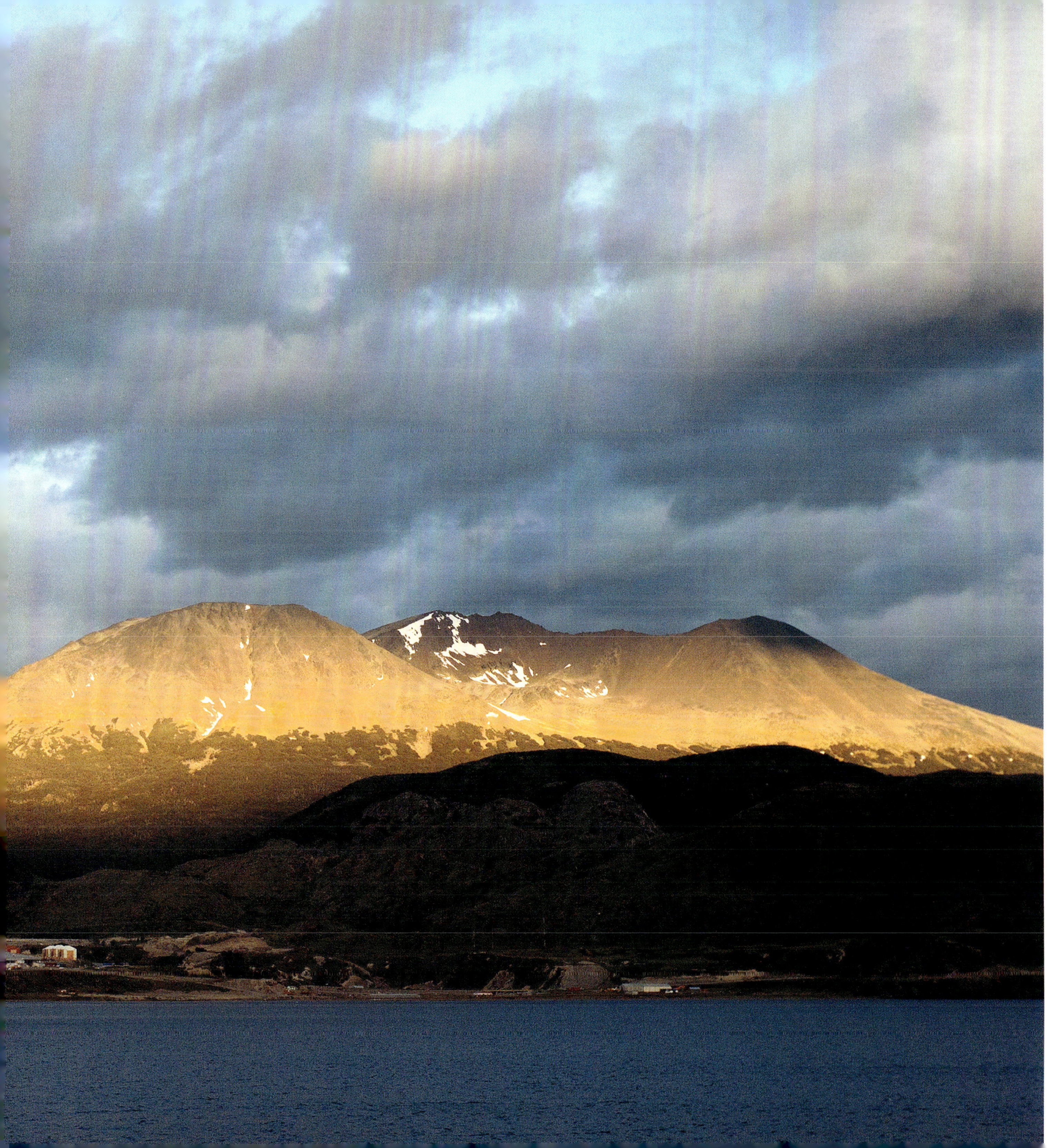

Vorherige Doppelseite: Bergkulisse am Beagle-Kanal unweit von Ushuaia, Feuerland.

Oben: Mit der Sturmstimmung zwischen den Bergen und Gletschern der Antarktis endet die Fotoreise durch den Südlichen Ozean.

Schutzmaßnahmen für die Antarktis

Quelle: Umweltbundesamt Dessau

Diese Rubrik umfasst im ersten Teil die Aktivitäten, die – international gesteuert – für den Schutz der Antarktis als Region südlich des 60. Breitengrades vereinbart wurden. Im zweiten Teil werden einerseits die Verhaltensweisen zum Schutz der Umwelt und der Tiere aufgeführt, andererseits werden Hinweise gegeben, wie wir uns selbst schützen können.

Teil 1: Antarktisvertrag und Umweltschutzprotokoll

James Cook, der 1772 bis 1775 Antarktika umrundete, meinte „Die Welt wird keinen Nutzen aus diesem Land ziehen". Doch die Weltgemeinschaft glaubte zu Beginn des 20. Jahrhunderts, auf dem kalten Kontinent hoheitliche, wissenschaftliche und vor allem wirtschaftliche Ziele verfolgen zu müssen, die noch reizvoller durch die enormen Anstrengungen der Erkundung zu sein schienen. Gold und Platin, Kohle und Eisen, Öl und Erdgas sind immer wirtschaftlich attraktive Reize. Geologen hatten diese Bodenschätze nachgewiesen, jedoch ohne zu erklären, wie diese unter dem bis zu vier Kilometer dicken Eis gehoben werden können.

Beide Weltkriege reduzierten das Interesse an der Antarktis, das erst Ende der 1950er Jahre wieder erwachte. Statt einer Konkretisierung der Vorkriegsinteressen wurde die Antarktis nun zu einer Region, in der eine friedliche Zusammenarbeit auf wissenschaftlicher Ebene in den Vordergrund rückte.

Die Antarktis soll zum „Ideal der Brüderschaft aller Völker" werden, so der Wunsch des amerikanischen Admirals Richard Byrd, der die Flaggen aller UN-Staaten über dem Südpol abwerfen ließ. Der Ehrgeiz, wohlstandsrelevante Rohstoffe zu heben, wich einer primär wissenschaftlichen und forschungsrelevanten Zusammenarbeit aller beteiligten Staaten.

1957/1958 verschärfte sich der Kalte Krieg durch die erste Interkontinentalrakete der UdSSR und die erfolgreiche Sputnik-Mission. Mit der Eisenhower-Doktrin und der Gründung der NASA konterten die USA die Beteuerungen des Ostblocks, alle Maßnahmen dienen ausschließlich der friedlichen Koexistenz. Die Weltwirtschaftskrise 1958 trug ebenfalls nicht zur Beruhigung der internationalen Spannungen bei.

Genau in dieser politisch und wirtschaftlich brisanten Phase zeigten Forscher aus 67 Staaten im Rahmen des Internationalen Geophysikalischen Jahres (IGJ), dass ein gemeinsames internationales Agieren über politische Interessenlagen hinweg möglich ist. Sie setzten sich für den Schutz der Antarktis ein.

Die auf diese wissenschaftlichen Initiativen folgenden politischen Beratungen verliefen so erfolgreich, dass am 1. Dezember 1959 von zwölf Signatarstaaten der Antarktisvertrag unterzeichnet wurde und am 23. Juni 1961 in Kraft trat. Diese zwölf Staaten besitzen Konsultativstatus (s. unten):
- Staaten mit Gebietsansprüchen in der Antarktis: Argentinien, Australien, Chile, Frankreich, Großbritannien, Neuseeland und Norwegen,
- Staaten ohne Gebietsansprüche in der Antarktis: Belgien, Japan, Russland (damals Sowjetunion), Südafrika und USA.

Folgende Ziele wurden vereinbart:
- friedliche Nutzung der Antarktis,
- freie internationale Zusammenarbeit in der Forschung mit ungehindertem Informationsaustausch,
- Zurückstellung der Gebietsansprüche von Ländern mit Gebietsansprüchen sowie keine Geltendmachung neuer Gebietsansprüche,
- Verbot militärischer Aktivitäten und
- Beseitigung und Einfuhrverbot radioaktiver Abfälle in der Antarktis.

Nachdem sich die Kooperation in den Folgejahren bewährte, kamen weitere Staaten hinzu. Seit 1961 haben sich 54 Staaten mit einer Unterzeichnung des Vertrages zur Unterstützung der Antarktis verpflichtet. 17 von ihnen wurden ebenfalls zu Konsultativstaaten, jedoch ohne territoriale Ansprüche: Brasilien, Bulgarien, Deutschland, Ecuador, Finnland, Indien, Italien, Niederlande, Peru, Polen, Schweden, Spanien, Südkorea, Tschechien, Ukraine, Uruguay, Volksrepublik China. Weitere Staaten, die nicht Konsultativstaaten sind, fördern die Ziele des Vertrages (Unterzeichnerstaaten ohne Konsultativstatus): Dänemark, Estland, Griechenland, Guatemala, Kasachstan, Island, Kanada, Kolumbien, Kuba, Mongolei, Malaysia, Monaco, Neuguinea, Nordkorea, Österreich, Pakistan, Portugal, Rumänien, Schweiz, Slowakei, Slowenien, Türkei, Ungarn, Venezuela, Weißrussland.

Konsultativstatus bedeutet, dass diese 29 Staaten an dem einzigen Steuerungsgremium des Vertrages teilnehmen können, der Konsultativtagung (Antarctic Treaty Consultative Meeting). Bis 1994 gab es in zweijährigem Rhythmus ein ATC, seit 1994 finden die Beratungen jährlich statt. Teilnahmeberechtigt sind, neben den politischen Vertretern, auch Repräsentanten der Tourismusindustrie und von Umweltorganisationen.

Die gute internationale Zusammenarbeit beim Antarktisvertrag motivierte die beteiligten Staaten zu Folgeverträgen, die spezifische Themen aus Flora und Fauna der sensiblen Region aufgreifen:
- 1964 – Vereinbarte Maßnahmen zur Erhaltung der antarktischen Fauna und Flora (Agreed Measures for the Conservation of the Antarctic Flora and Fauna)
- 1972 – CCAS – Übereinkommen zur Erhaltung der antarktischen Robben (Convention on the Conservation of Antarctic Seals)

- 1980 – CCAMLR – Übereinkommen über die Erhaltung der lebenden Meeresschätze der Antarktis (Convention on the Conservation of Antarctic Marine Living Resources)

Ende der 1980er Jahre sahen sich das Vertragswerk und die Zusammenarbeit der Konsultativstaaten einer ernsthaften Prüfung ausgesetzt. Bei der Frage der zukünftigen Gewinnung mineralischer Rohstoffe stimmten einige Staaten einem begrenzten, durch strenge Auflagen limitierten Abbau südlich des 60. Breitengrades zu, während andere für einen kompletten Verzicht auf jegliche Bergbauaktivitäten plädierten.

1989 mündeten die Meinungsunterschiede schließlich in einem von allen Staaten angenommenen Umweltschutzprotokoll zum Antarktisvertrag (USP), welches am 4.10.1991 unterzeichnet wurde und schließlich nach Ratifizierung durch alle damaligen Konsultativstaaten am 14. Januar 1998 in Kraft trat.

Dieses Umweltschutzprotokoll verbietet jeglichen Abbau von Bodenschätzen und stellt Regelungen für eine sorgfältige Prüfung von Umweltauswirkungen aller – so auch wissenschaftlicher und touristischer – Aktivitäten auf. Die Bestimmungen des USP gelten auf unbestimmte Zeit. Fünfzig Jahre nach Inkrafttreten des USP kann dessen Wirkungsweise auf Ersuchen eines Konsultativstaates überprüft werden. Kein bisheriges internationales Abkommen enthält so umfangreiche und scharfe Umweltschutzregeln wie das USP.

Informationen für Antarktisbesucherinnen und Antarktisbesucher
(vgl. aktuellste Infos auf www.uba.de)

Um die Zielsetzungen des Umweltschutzprotokolls weiter zu konkretisieren, haben die Konsultativstaaten des Antarktisvertrages Empfehlungen zum Schutz der antarktischen Tier- und Pflanzenwelt erarbeitet (XVIII. ATCM, Kyoto, 1994; Recommendation XVIII-1). Sie werden im Leitfaden für Besucher der Antarktis (Verhaltensrichtlinien) vorgestellt. Dieser Leitfaden enthält neben praktischen Tipps und Verhaltensregeln auch Hintergrundinformationen zur Antarktis. Er soll sicherstellen, dass Bestimmungen und Empfehlungen zur Antarktis bekannt sind und von den Besuchern eingehalten werden. Der Leitfaden kann auf der Homepage des Umweltbundesamtes heruntergeladen werden (www.uba.de).

Des Weiteren widmet sich die International Association of Antarctica Tour Operators (IAATO) dem Schutz der Antarktis. Die internationale Vereinigung der Antarktisreiseveranstalter (IAATO) wurde 1991 gegründet, um einen sicheren und umweltverträglichen Tourismus in der Antarktis zu fördern und zu gewährleisten. Die IAATO setzt sich heute aus mehr als 80 Mitgliedern zusammen, die sich freiwillig dazu bereit erklären, die Richtlinien dieser internationalen Vereinigung zum Schutz und zum Erhalt der Antarktis zu befolgen und zu unterstützen. Die aktuellen Regeln sehen zum Beispiel vor, dass sich jeweils nur 100 Menschen gleichzeitig an Land aufhalten und Schiffe mit mehr als 500 Fahrgästen nicht anlanden dürfen. Sofern Sie als Reiseveranstalter eine organisierte Reise in die Antarktis veranstalten möchten, setzen Sie sich bitte mit der IAATO rechtzeitig in Verbindung und bereiten Sie Ihr Personal und die Besucher durch Ausbildungs- und Informationsprogramme bereits vor dieser Reise auf die Besonderheiten und Bestimmungen des Antarktis-Vertragssystems vor.

Verhaltensregeln für Antarktisbesucher
Nachdem bereits 1979 erste, für die gesamte Antarktis geltende, Verhaltensregeln für Besucher von der ATCM beschlossen wurden, verabschiedeten die Konsultativstaaten 1994 erneut Richtlinien für den Antarktis-Tourismus, die „Guidance for Visitors to the Antarctic"

Verhaltensregeln – Informationsblatt des Government of South Georgia and the South Sandwich Islands (Stand: April 2009; weitere Infos unter www.sgisland.gs).

- Stellen Sie sicher, dass Ihr Schuhwerk gereinigt ist und dass Erdreste und Pflanzensamen entfernt sind.
- Vergewissern Sie sich, dass ihre gesamte Kleidung frei von Erdrückständen, Samen und Insekten ist. Achten Sie bitte besonders auf Ärmel und Hosenaufschläge, Taschen, Nähte, Kapuzen und alle Klettverschlüsse.
- Stellen Sie sicher, dass Ihre komplette Ausrüstung und das Gepäck, das Sie auf die Insel mitführen, sauber und frei von Erdresten und Samen sind. Dazu gehören auch Gehstöcke, Skistöcke und Stative für Kameras.
- Bewahren Sie die Inseln vor fremden Erdresten, Samen und Insekten in jeglichen Behältnissen.

Mitte der 1990er Jahre wurden durch ein privates Unternehmen und unterstützt durch den Tourismusverband Daten zu den meistbesuchten Anlandestellen zusammengetragen, die sich schließlich in Site-specific Guidelines für diese Anlandestellen wiederfanden. Die ATCM hat diese Richtlinien mehr oder weniger übernommen und 2005 die ersten Visitor Site Guidelines verabschiedet. Jährlich kamen dann neue dazu, bzw. ältere wurden aktualisiert. Zuletzt hat die ATCM 2011 eine generelle Besucherrichtlinie verabschiedet, die auf den Regelungen von 1994 aufbaut und ebenfalls für alle Besuchenden und an allen Anlandestellen in der Antarktis gilt.

Teil 2: Umweltbewusstes Verhalten von Besuchern

Quelle: Umweltbundesamt (UBA, Leitfaden für Antarktisbesucher) und IAATO

Seit Inkrafttreten des Umweltschutzprotokolls ist das Berühren, Stören, Fangen, Verletzen oder Töten von Pinguinen sowie anderen Vögeln, Robben und Walen, die in der Antarktis heimisch sind, verboten. Zudem ist alles untersagt, was schädliche Auswirkungen auf die Fauna und Flora nach sich ziehen könnte – sei es durch Lärm, Annäherung oder Trittschäden. Um weiterhin die Einzigartigkeit des Kontinents zu erhalten, dürfen weder Pflanzen noch Tiere oder Teile davon aus der Antarktis entfernt werden. Nicht heimische Arten – etwa Hunde – dürfen nicht in die Antarktis eingeführt werden. Was wir als Touristen in der Antarktis richtig machen können, wie wir durch unser Verhalten zum Schutz dieser Region beitragen können, ist im Folgenden kurz und knapp zusammengefasst:

Einige Regeln zum Schutz von Flora und Fauna:
- Halten Sie eher mehr Abstand, als es den Empfehlungen entspricht, vor allem dann, wenn Sie die Tierart nicht spontan identifizieren können.
- Bewegen Sie sich auch beim Fotografieren so, dass Sie keine Tiere zu einer Änderung ihres Verhaltens veranlassen.
- Lassen Sie Tieren immer Vorfahrt.
- Berühren Sie keine Tiere.
- Versperren Sie niemals den Fluchtweg zum Wasser oder zwischen Einzeltier und Kolonie.
- Achten Sie auf Bodenbrüter.
- Halten Sie sich nur am Rande von Kolonien auf.
- Umringen Sie als Menschengruppe keine Tiere. Für eine Störung reichen schon zwei Personen, die ein Tier von zwei Seiten bedrängen, um beispielsweise ein Bild mit sich und dem Tier zu machen.
- Tiere bitte nie mit Blitz fotografieren.
- Genießen Sie die Stille und meiden Sie jeglichen Lärm und lautes Rufen und Pfeifen.
- Schonen Sie die Vegetation wie Gras- und Moospolster sowie Flechten, denn von Trittschäden erholt sie sich oft erst nach vielen Jahrzehnten.
- Bleiben Sie auf bestehenden Wegen oder Pfaden und betreten Sie möglichst keine Vegetation.

- Bringen Sie keine nicht heimischen Tiere und Pflanzen oder Pflanzenreste in die Antarktis.

Schutz der Unberührtheit der Antarktis:
- Beseitigen Sie Abfall und Müll nicht an Land. Offenes Feuer ist untersagt.
- Malen oder ritzen Sie keine Graffiti oder Namen auf Gebäude oder Steine.
- Beschädigen, entfernen oder zerstören Sie keine historischen Stätten und Denkmäler.
- Beachten Sie die geltenden Einschränkungen und limitierten Zugänge an Anlandungsstellen.
- Rauchen Sie nicht an Land und verzichten Sie dort – außer in Notfällen – auch auf Essen und Trinken.

Zu Ihrer Sicherheit:
- Achten Sie zu Ihrer eigenen Sicherheit auf Pelzrobben. Sie sind oft aggressiv und greifen zur Verteidigung auch Menschen an.
- Setzen Sie sich nie in Ufernähe. Pelzrobben können plötzlich aus dem Wasser auftauchen und auf Sie zustürmen, weil Sie als Konkurrenten in ihrem Revier betrachtet werden.
- Schätzen Sie Ihre Fähigkeiten in der für Sie fremden Umgebung realistisch ein. Bewerten Sie Ihr Verhalten stets unter Beachtung Ihrer eigenen Sicherheit.
- Folgen Sie stets den Anweisungen der Guides, Lektoren und Zodiacfahrer.
- Bleiben Sie in der Nähe der Gruppe.
- Achten Sie auf sichere Schritte, insbesondere auf verschneiten, eisigen oder steinigen Pfaden.

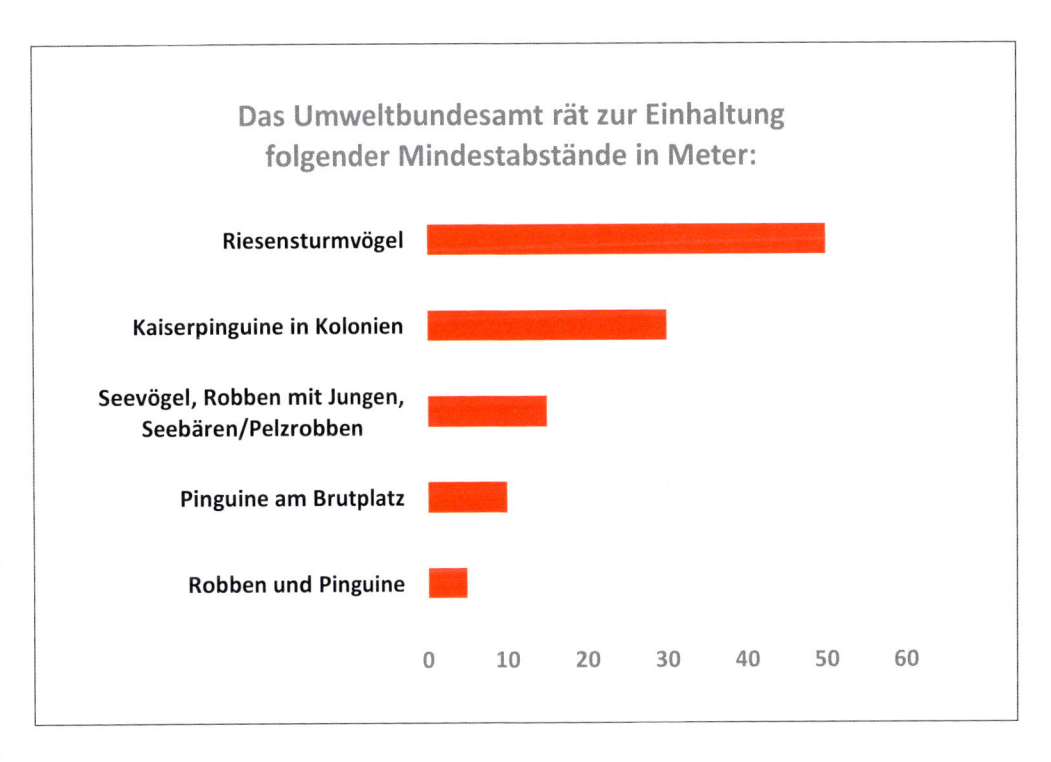

Das Umweltbundesamt rät zur Einhaltung folgender Mindestabstände in Meter:

Tierart	Mindestabstand (m)
Riesensturmvögel	50
Kaiserpinguine in Kolonien	30
Seevögel, Robben mit Jungen, Seebären/Pelzrobben	15
Pinguine am Brutplatz	10
Robben und Pinguine	5

Mindestdistanzen bei der Annäherung an bestimmte Tierarten (Quelle: UBA)

Warum ist eine Mindestdistanz so wichtig?
Aus Versuchen an Adéliepinguinen haben sich bemerkenswerte Erkenntnisse ergeben. Forscher hatten brütenden Tieren Herzfrequenzmessgeräte angelegt und Temperaturfühler an den im Nest liegenden Eiern angebracht. Anschließend erfasste man die Daten bei unterschiedlichen Distanzen zu Forschern. Bei einer Distanz zwischen 15 und 30 m zeigten sich bei den Tieren keine erheblichen Veränderungen der Herzfrequenz. Die Ruhefrequenz von 82 Schlägen je Minute erhöhte sich lediglich auf 96 Schläge/min. Bei einer Distanz

Einen umfangreichen Überblick über Aktivitäten zum Schutz der Antarktis bietet die Homepage des Umweltbundesamtes (www.umweltbundesamt.de/antarktis). Hier gibt es vor allem detailliertes Material über den Antarktisvertrag, die Konsultativstaaten, das Umweltschutzprotokoll und die Rolle des Umweltbundesamtes bei Antarktisreisen.

von 5 m zeigten sich jedoch deutliche Reaktionen: Die Herzfrequenz steigerte sich auf 126 Schläge/min. und 68 Prozent der Tiere erhoben sich von ihrem Nest. Erst 50 Sekunden nachdem sich die Forscher wieder auf eine größere Distanz zurückgezogen hatten, begaben sich die Pinguine wieder in die die Eier wärmende Ruheposition. Allerdings hatte sich die Temperatur der Eier zwischenzeitlich bereits um 2,8 bis 3,9 °C abgekühlt. Diese Ergebnisse sind einerseits Beleg dafür, dass die Nähe von Menschen bereits physiologische Reaktionen beim Tier auslösen kann, auch schon bevor wir Reaktionen auf die Störung erkennen können. Andererseits gilt es das Verlassen des Elterntieres vom Nest unbedingt zu vermeiden, da die Brut dann leicht an Räuber verloren gehen kann.

Wie zeigen Tiere, dass sie sich gestört fühlen?
- Robben oder See-Elefanten heben den Kopf.
- Seeschwalben und Raubmöwen stoßen Warnrufe aus oder fliegen Angriffe.
- Riesensturmvögel speien Magenflüssigkeit oder verlassen sogar die Brutstätte.
- Pinguine u. a. Vögel unterbrechen die Brut und verlassen ihre Jungen.
- See-Elefanten unterbrechen die Milchabgabe.

Tourismus in der Antarktis

Bis Ende der 1950er Jahre begegneten die Tiere der Antarktis ausschließlich Wal- und Robbenfängern sowie Forschern, deren wissenschaftliches Interesse der Erkundung und Beschreibung dieser für Menschen lebensfeindlichen Region galt. Von Argentinien aus begannen in diesen Jahren die ersten Touren mit zahlenden Gästen in die Antarktis. Ziel dieser ersten touristischen Reisen, die bereits von Forschern begleitet wurden, waren die Südlichen Shetlandinseln.

Die heute angebotenen Reisen, bei denen den Gästen statt einer Bühnenshow und Animationen fundierte wissenschaftliche Vorträge angeboten werden, war die Idee von Lars-Eric Lindblad, einem schwedisch-amerikanischen Reiseunternehmer. Ihm ist es auch zu verdanken, dass bei den Anlandungen motorisierte Schlauchboote eingesetzt werden, die die Gäste zwischen Schiff und Ufer im Shuttle-Service transportieren.

Mittlerweile fahren etwa fünfzig Schiffe aus allen Kontinenten während des Südsommers in die Antarktis, wobei vorwiegend die Antarktische Halbinsel und die Region um das Rossmeer angesteuert werden. Starthäfen aus dem atlantischen Seegebiet sind das argentinische Buenos Aires und Ushuaia am Beagle-Kanal, Punta Arenas (Chile) an der Magellanstraße und Port Stanley (Falklandinseln). Auf pazifischer Seite starten die Touren in Hobart auf Tasmanien und Bluff in Neuseeland.

Etwa zweihundert Anlandungsstellen stehen den polartauglichen Schiffen zur Verfügung, wobei es zwischen den Veranstaltern enge Kooperationen bezüglich der Abstimmung gibt, wer wann wo ankert. Darüber hinaus ist jeder Veranstalter verpflichtet, seine Touren bei der jeweiligen nationalen Genehmigungsbehörde anzumelden. Für Deutschland liegt diese Verantwortung beim Umweltbundesamt (UBA) in Dessau-Roßlau. Hier muss für jegliche, in Deutschland organisierte oder von deutschem Hoheitsgebiet ausgehende Tätigkeit in der Antarktis eine Genehmigung beantragt werden. Das UBA beurteilt nach §4 Abs. 3 AUG (Gesetz zur Ausführung des Umweltschutzprotokolls vom 4.10.1991 zum Antarktisvertrag), ob die Tätigkeit

I. weniger als geringfügige oder vorübergehende Auswirkungen,
II. geringfügige oder vorübergehende Auswirkungen oder
III. mehr als geringfügige oder vorübergehende Auswirkungen auf die in §3 Abs. 4 AUG genannten Schutzgüter besorgen lässt.

Lässt die Tätigkeit Auswirkungen nach I. besorgen, erteilt das UBA eine Genehmigung. Bei II. muss der Antragsteller dem UBA i.d.R. eine Umwelterheblichkeitsstudie bzw. bei III. eine Umweltverträglichkeitsstudie vorlegen, auf deren Grundlage eine Umwelterheblichkeits- bzw. Umweltverträglichkeitsprüfung durchgeführt und eine Genehmigung mit Auflagen und Bedingungen erteilt wird. Ein Beispiel für Kategorie II ist eine klassische Kreuzfahrt entlang der Antarktischen Halbinsel und der vorgelagerten Inseln mit Anlandungen, und ein Beispiel für III ist die Errichtung der Forschungsstation Neumayer III auf dem Festlandeis von Antarktika.

Die Entwicklung der Touristenzahl in der Antarktis erlebt seit 1993 einen Boom. Waren in dem Jahr noch 6 700 Gäste unterwegs, hat sich die Zahl bis zur Saison 2018/2019 auf 56168 erhöht. Nach ihrer Herkunft kommen die meisten Kreuzfahrer aus den USA, gefolgt von China und Australien. Deutschland liegt hinter Großbritannien an fünfter Stelle.

Einen umfangreichen Überblick über Aktivitäten zum Schutz der Antarktis bietet die Homepage des Umweltbundesamtes (www.umweltbundesamt.de/antarktis).

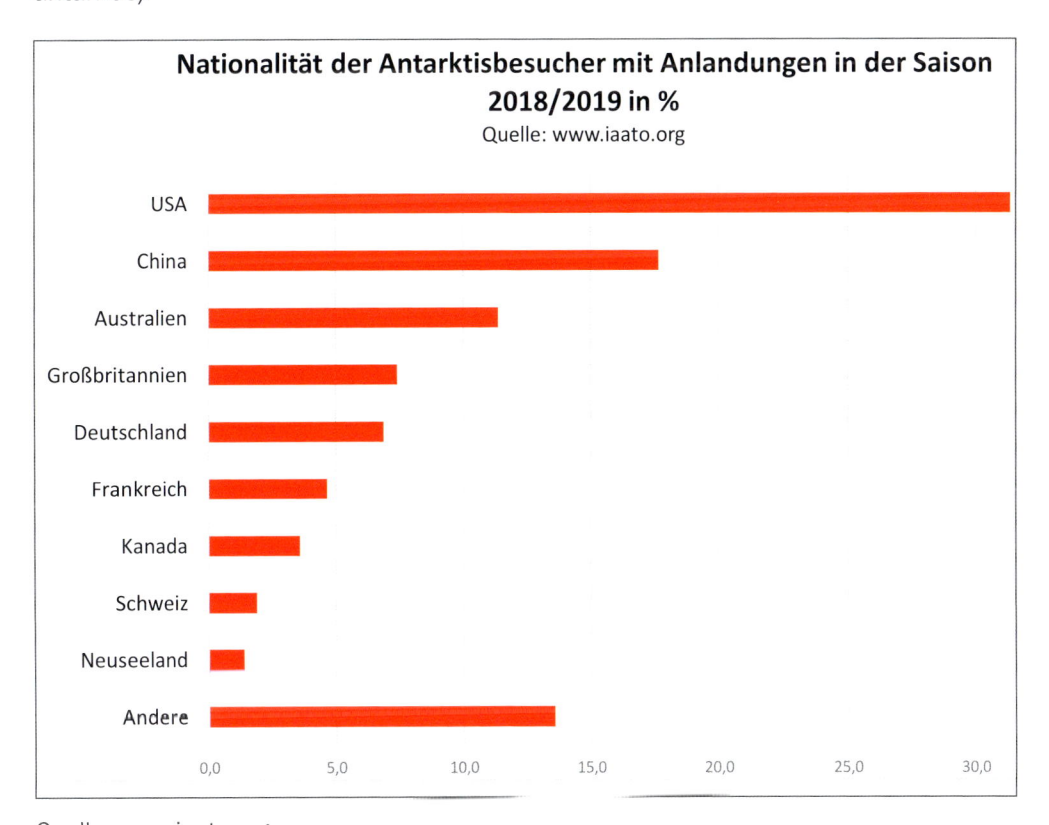

Nationalität der Antarktisbesucher mit Anlandungen in der Saison 2018/2019 in %
Quelle: www.iaato.org

Quelle: www.iaato.org

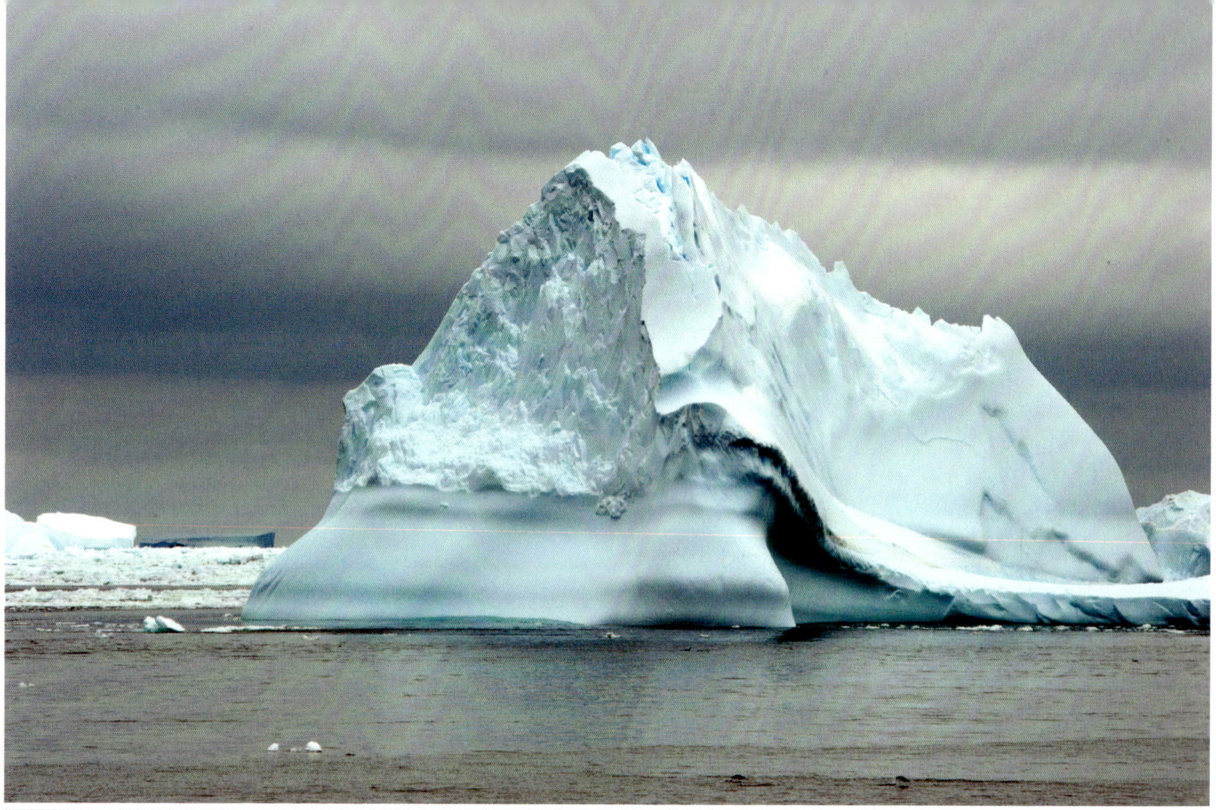

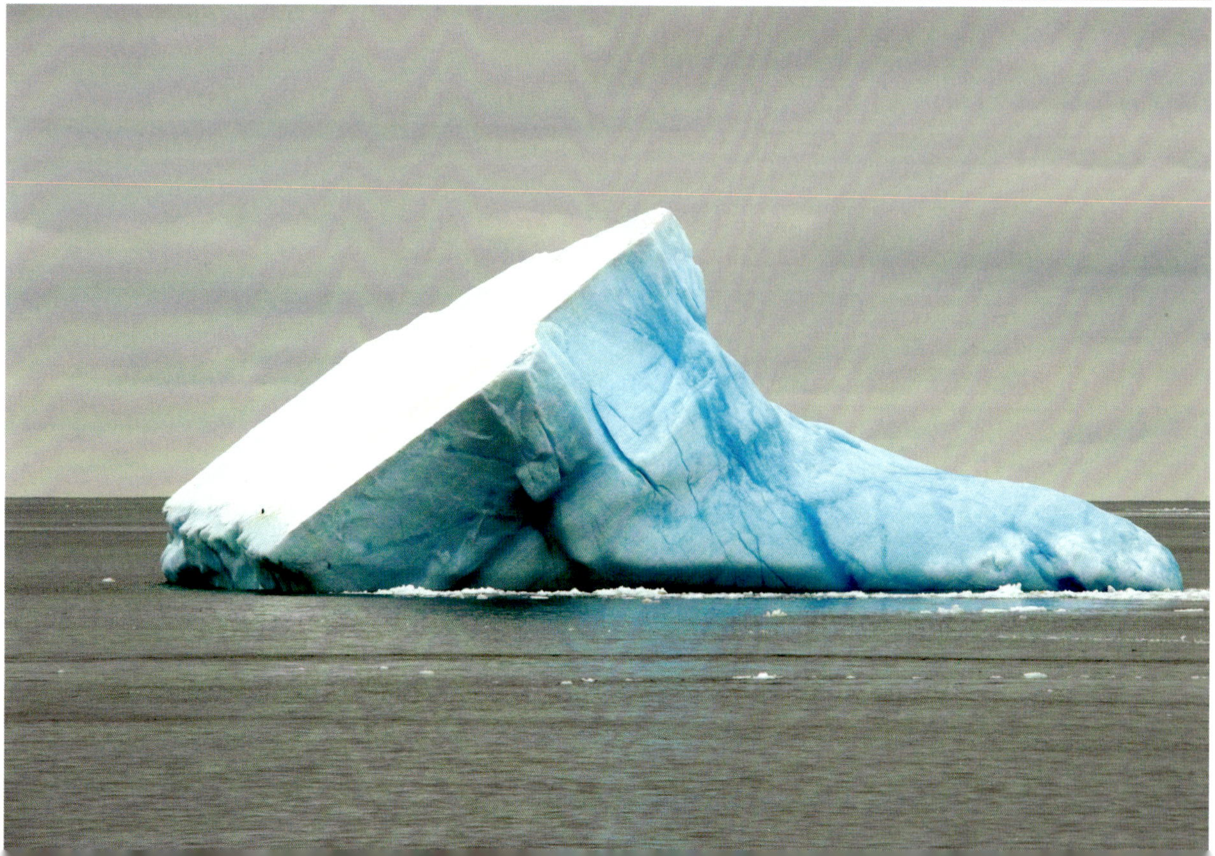

Gut zu wissen

Informationen und nützliche Hinweise für eine Reise in den Südlichen Ozean

Auch wenn die landschaftliche Szenerie in der Antarktischen Region bereits genügend Anlass zum Staunen bietet, sind die Besuche an Land und die Tierbeobachtungen oft der eigentliche Grund für eine solche Reise.

Worauf zu achten ist, welche Tipps sich als nützlich erweisen könnten und was schon vor der Reise interessant sein könnte, wird in diesem Abschnitt beschrieben.

Während der gesamten Reise werden Sie durch Lektoren betreut. Lektoren sind fachkundige Experten für das jeweilige Reisegebiet, die von guten Reedereien eingesetzt werden, um die Gäste zu informieren und für die Antarktis zu begeistern. Als Gast erlebt man die Lektoren bei Vorträgen zur Vor- und Nachbereitung bestimmter Reiseziele, zur Geschichte, Geologie, Biologie, Ethnologie, Ornithologie, Fotografie etc. oder zur Begleitung bei allen Landgängen. Das Lektorenteam und einige Crewmitglieder fahren mit dem ersten Zodiac hinaus, erkunden die aktuellen Bedingungen einer Anlandungsstelle und suchen die beste Stelle aus, an der die Gäste an Land gehen können. Gute Lektoren sind Fachleute und Partner zugleich. Sie stehen für Fachgespräche und persönliche Fragen der Gäste gern zur Verfügung.

Reisezeit

Es gibt keine beste Reisezeit, da jede Zeit zwischen November und März ihre spezifischen und faszinierenden Merkmale hat. Das Wetter kann in allen Wochen sonnig, regnerisch, verschneit oder stürmisch sein. Selten herrschen durchgängig gleiche Bedingungen. Ein wenig von allem ist meist dabei und seien wir ehrlich: Gehört Schneefall nicht zu einer Antarktisreise dazu?

November

Im November, dem ersten Monat der antarktischen Kreuzfahrten nach dem Südwinter, sind Pinguine, See-Elefanten und Pelzrobben bereits wieder an Land und haben ihre Plätze besetzt. Für die Pinguine beginnt die Phase des Nestbaus und der Eiablage. Besucher erleben die Pinguine jetzt in ruhiger Atmosphäre. Sie müssen Nahrung nur für sich und noch nicht für die Jungtiere suchen.

In den Kolonien der Königspinguine, deren Brutzyklus 14 Monate dauert, sind während der gesamten Reiseperiode von November bis März immer Jungtiere unterschiedlicher Entwicklungsstadien zu beobachten.

Wer Wale sehen will, hat bereits im November gute Chancen, denn die Tiere kehren jetzt aus den wärmeren Meeresgebieten in die nahrungsreichen Regionen des Südlichen Ozeans zurück.

Bei den Sturmvögeln ist der November ebenfalls die Zeit des Nestbaus und der Eiablage. Es ist eine sensible Zeit für die Tiere, in der der Fluchtinstinkt

Im Dezember können die Temperaturen auf Südgeorgien tagsüber schon über dem Gefrierpunkt liegen. Dann gehen die Königspinguine gern ins Wasser, um ihre Füße zu kühlen.

durch das Brutgeschäft verändert wird, d. h. die Tiere verharren länger an ihrem Platz als außerhalb der Brutzeit. Hier ist besondere Vorsicht bei der Annäherung an die brütenden Tiere geboten. Mitte bis Ende November ist die Zeit der Geburten bei den See-Elefanten. Im Dezember sind sie bereits Jugendliche, werden von den Müttern verlassen und tummeln sich zwischen den Kreuzfahrern auf der Suche nach Nahrung.

Dezember

Im Dezember setzt sich die Brutzeit bei den Pinguinen und Sturmvögeln fort, aber in vielen Nestern schauen auch schon die winzigen roten Schnäbel der geschlüpften Pinguine unter dem wärmenden Bauchspeck des Elterntieres hervor und sorgen für ein sehr emotionales Spektakel an den Stränden der subantarktischen Inseln oder der Antarktischen Halbinsel. Jetzt, wo der Familienzuwachs unersättlich nach Nahrung verlangt, werden auch die gerade nicht mit dem Schutz der Nestlinge beschäftigten Pinguineltern aktiver und sind immer häufiger im Wasser auf der Suche nach Krill, Kalmaren und kleinen Fischen.

Der Dezember ist auch die Zeit der Geburten bei den Pelzrobben, auf deren Jungtiere die Raubmöwen lauern. Die männlichen Pelzrobben verhalten sich nicht selten aggressiv, weil sie gestresst sind von den Kämpfen zur Verteidigung ihres Harems. Die tonnenschweren Männchen der See-Elefanten haben im November nach anstrengenden Tagen der Haremsverteidigung und den nachfolgenden Anstrengungen neuer Familiengründung das Weite gesucht und sind wieder auf hoher See. Die meisten ihrer Weibchen mussten sich noch drei bis vier Wochen mit extrem nahrhafter Milch um die Kinder kümmern und haben sich nun ins Meer aufgemacht, um selbst Nahrung aufzunehmen. Zurück bleiben die Jungtiere, die, von der Mutter verlassen, am Strand herumrobben und schließlich ins Wasser gehen, um wieder Nahrung zu bekommen. Im Dezember begegnen Reisende den subadulten Männchen, die zum Fellwechsel noch einmal an Land gehen. Friedliche und neugierige Kreuzfahrer werden dabei gerne aufgesucht, und es passiert nicht selten, dass die Tiere auf einen Strandgast zukommen und mit ihren verlangenden großen, schwarzen Augen hochblicken und voller Hoffnung auf Nahrung warten. Es sind wohl die emotionalsten Momente einer Antarktisreise. Ganz risikolos sind diese Begegnungen jedoch nicht, denn die Tiere knabbern schon mal an Beinen und Knöcheln, was schmerzhaft sein kann. Also lassen Sie die Tiere möglichst gar nicht erst an sich herankommen.

Januar

Im Januar ist es im Schnitt zwei bis drei Grad wärmer als im Dezember, die Jungtiere aller Tierarten sind bereits deutlich größer. Das führt zu einer sichtbar steigenden Aktivität der Elterntiere, die nun deutlich mehr Nahrung beschaffen müssen.

Die jungen See-Elefanten sind bereits im Meer, die männlichen Pelzrobben haben sich beruhigt und die flauschigen jungen Pinguine verzücken das Kreuzfahrerherz. Zum Teil kehren auch die männlichen See-Elefanten wieder auf die subantarktischen Inseln zurück und beeindrucken mit ihren massigen, von einer dicken Fettschicht isolierten Körpern.

Die Albatrosse auf den Falklandinseln sind ständig unterwegs, um die nimmersatten Küken in den Topfnestern zu füttern. Die Pinguine auf den subantarktischen Inseln und auf der Antarktischen Halbinsel sind dauernd im Wasser auf der Suche nach allem, was dem Nachwuchs schmeckt. Die Felsenpinguine auf den Falklandinseln sowie die Zügelpinguine auf der Antarktischen Halbinsel haben den schwersten Job, weil ihre Nester hoch über dem Meer liegen. Jeden Weg zu den hungrigen Küken müssen sie sich kletternd und mit vollem Bauch erarbeiten.

Die Pelzrobbenmännchen sind nun zur Ruhe gekommen. Noch vor einigen Wochen wurden sie recht ungemütlich, wenn sie glaubten, dass ein Zweibeiner ihnen ein Weibchen abspenstig machen will. Das kommt im Dezember nicht selten vor und erfordert erhöhte Wachsamkeit.

Dafür sind die kleinen Jungtiere der Pelzrobben, die wie Knäuel aussehen, oft ganz schön mutig, wenn man ihnen zu nahe kommt. Fauchend und zischend robben sie den Strandgästen entgegen, merken jedoch frühzeitig, dass sie sich etwas zu viel zugetraut haben und kehren schleunigst wieder um in die Schutzzone der Mutter, die das Spektakel der Jungen gelassen hinnimmt.

Februar

Im Februar läuft die Brutzeit der Albatrosse und Sturmvögel weiter und die kleinen Pelzrobben bewegen sich noch im Einflussbereich der Mütter. Die jungen Pinguine haben jetzt eine Größe erreicht, die es den Eltern immer schwerer macht, genügend Nahrung zu beschaffen. Aber sie können nicht in tiefes Wasser, da ihr Federkleid noch flauschig ist und sie so in kürzester Zeit untergehen würden. Außerdem lauert der Seeleopard, der größte Feind der Pinguine, auf die Jungtiere. Denn auch die Seeleoparden haben jetzt Nachwuchs und müssen entsprechend mehr Nahrung als sonst beschaffen: Das macht die Nahrungssuche für die Pinguine noch gefährlicher.

Pelzrobben haben auch im Februar noch mit der Aufzucht der Jungtiere zu tun, während die jungen

Vorsichtige Adéliepinguine vor dem Sprung ins Wasser. Während sie an Land keine Feinde haben, kann im Wasser der gefürchtete Seeleopard lauern.

See-Elefanten die Strände schon längst verlassen haben, um ihren Nahrungsbedarf im Meer zu decken.

In den Monaten November bis Februar, also im antarktischen Sommer und damit der Hauptreisezeit im Südpolarmeer, liegen die Temperaturen auf den Falklandinseln um die 10 °C bis 12 °C und etwa in Gefrierpunktnähe auf Südgeorgien oder auf der Antarktischen Halbinsel. Die Monate Januar und Februar sind um etwa zwei bis drei Grad wärmer als der November und der Dezember.

Auf der antarktischen Halbinsel können – bedingt durch den Windchill – an einzelnen Tagen auch leicht Temperaturen um −5 °C bis −8 °C erreicht werden. Doch es kann auch sein, dass die Temperatur in den Vormittagsstunden bereits über 0 °C liegt. Nur an den äußersten Küstenstreifen ist der Schnee schon geschmolzen und Reste von Eisblöcken dekorieren die Kiesstrände.

Wer eher die „wärmeren" und klimatisch ruhigen Monate sucht, findet im Januar und Februar gute Wochen, wobei zu den frostfreien Zeiten auch eine gesteigerte Geruchsbildung in den Pinguinkolonien gehört. Die Temperaturen liegen nördlich der Antarktischen Halbinsel meist über dem Gefrierpunkt. Wer weiter südlich ankommt, in Richtung Polarkreis, kann windabhängig durchaus Temperaturen von −5 °C und weniger erleben.

Das Temperaturempfinden wird auch von den Winden bestimmt. Der Windchill kann aus einer real positiven Temperatur schnell eine gefühlt negative Temperatur machen. Vorbeiziehende Tiefdruckgebiete, die sich auf der Südhalbkugel im Uhrzeigersinn um Antarktika drehen, bringen im Reisegebiet häufig Ostwind und etwas wärmere Temperaturen. Die kalten Südwinde können ihre Wirkung jetzt nicht entfalten. Zwischen den Tiefdruckgebieten, wenn die Sonne mit klar blauem Himmel und nächtlichen Frösten ihre Chance bekommt, schlägt die Stunde der katabatischen Winde (siehe die Ausführungen Bd. I, S. 16). Das bedeutet: Sehr klare Sicht und kalte, heftige Winde vom südlichen Eisschelf oder den ausgedehnten Gletscherflächen auf den antarktischen und subantarktischen Inseln.

Kleidungsempfehlungen

Das Zauberwort heißt „Zwiebeltechnik". Sie ermöglicht die schnelle Anpassung an unterschiedliche Temperatur- und Windverhältnisse. Jeder Mensch hat ein individuelles Kälte- und Wärmeempfinden. So ist die Wahl der Materialien von eigenen Erfahrungen, Vorlieben und Bewegungsintensitäten abhängig.

Fleece oder Wolle/Baumwolle?

Auch das ist dem eigenen Wohlbefinden und dem individuellen Körperklima überlassen. Im Zweifel empfiehlt sich eher die Fleece-Variante, weil diese Fasern die Körperfeuchtigkeit nicht binden und schneller nach außen transportieren. Dieser Vorteil wirkt sich insbesondere bei der eher feuchten Seeluft aus. Die Anoraks vieler Reedereien unterstützen mit ihrem atmungsaktiven Material den Transport der Feuchtigkeit nach außen.

Kopfbedeckung

Nach einer einfachen Weisheit erzeugt ein kalter Kopf auch kalte Füße. Da beides unangenehm ist, empfiehlt sich eine warme Mütze, über die man situativ die Kapuze des Anoraks stülpt.

Anorak

Es sollte schon ein wasser- und winddichter, atmungsaktiver Anorak mit Kapuze sein. Bei vielen Reedereien werden den Gästen gute Anoraks zur Verfügung gestellt. Bitte bei Buchung fragen.

Wasserdichte Überhose und Gummistiefel

Sie bewährt sich besonders für nasse Anlandungen oder spritzige Fahrten im Zodiac, wenn man auf den nassen Luftwülsten sitzt. Zudem werden die Hosen bei der Rückkehr aufs Schiff bis über die Waden nass, wenn alle Gäste durch das feuchtfröhliche Desinfektionsbad müssen. Bei kalten Temperaturen, nassen Anlandungen und im Desinfektionsbad zeigt sich die Qualität guter Gummistiefel. Bei vielen Schiffen können sie zu Reisebeginn ausgeliehen werden. Fragen Sie einfach bei der Reisebuchung nach diesen Details. Obwohl viele der Stiefel mit einer isolierenden Filzschicht ausgekleidet sind, empfiehlt es sich – auch aus Hygienegründen – zusätzlich warme Wollsocken anzuziehen. Also: Nie eine zu kleine Stiefelgröße wählen, lieber eine Nummer größer. Wem das nicht reicht, kann sich gut isolierende Einlegesohlen von zu Hause mitnehmen.

Handschuhe

Lieber Fäustlinge als Fingerhandschuhe! Fäustlinge sind einfach wärmer, weil sich ein größeres Luftpolster um die Hände bildet. Fotografen allerdings mögen keine Fäustlinge, weil der Zeigefinger kein Gefühl für den Auslöseknopf der Kamera hat. Hier gibt es inzwischen Spezialhandschuhe, die dem Zeigefinger mehr Freiraum lassen.

Bordgarderobe

Dem Charakter einer Expeditionskreuzfahrt angemessen kommen Krawatten, Querbinder und Smokings bei den meisten Schiffen nicht zum Ein-

Weitere wichtige Ausrüstungsgegenstände:

Reisewecker

Taschenöfen als Handwärmer wirken manchmal Wunder

kleine Taschenlampe

persönliche Medikamente in ausreichender Menge mitnehmen

Ersatzbrille oder Ersatz-Kontaktlinsen

Faltblatt des Umweltbundesamtes für Antarktisreisende

Sonnenbrille mit gutem UV-Schutz

Lippencreme mit hohem Lichtschutzfaktor

Sonnencreme mit hohem Lichtschutzfaktor (mindestens Faktor 30)

wasserdichte Fototasche oder kleiner Rucksack

Fernglas

Kamera- und Objektivschutz gegen Regen oder Spritzwasser

satz. Eine sportlich-legere und gepflegte Kleidung ist für die wenigen Wochen an Bord der passende Kleidungsstil. Beim Kapitänsdinner zeigen sich die meisten Gäste schon ein wenig förmlicher mit Anzug oder Kleid, aber auch hier wird niemand weniger geachtet, wenn er im Sakko und dunkler Hose erscheint. Es bestehen allerdings Unterschiede zwischen einzelnen Schiffen. Sie sollten sich also vor Reiseantritt über die Gepflogenheiten an Bord informieren.

Falls Sie doch etwas vergessen haben, sollten Sie wissen, dass Expeditionsschiffe keine Shoppingparadiese sind. Es gibt kleine Shops, die über Sweatshirts, Polohemden, Postkarten, Sonnenschutzmittel und weitere nützliche Artikel verfügen. Die Auswahl ist insgesamt aber sehr begrenzt.

Die letzte Chance, auf ein größeres Angebot auf der Reise zu treffen, gibt es in Stanley auf den Falklandinseln. Hier laden diverse Souvenirläden zum Stöbern ein, wobei es kaum einen Artikel gibt, der nicht durch ein Pinguinbild „verschönert" wird. Bezahlen können Sie hier mit dem Falkland-Pfund, dem Britischen Pfund oder mit allen gängigen Kreditkarten. Auf Südgeorgien gibt es nur einen kleinen Museumsshop in Grytviken, der dann besetzt ist, wenn ein Kreuzfahrer vor Anker liegt. Hier gibt es auch für lange Zeit die letzte Gelegenheit, Postkarten, Briefmarken, Bücher und Landkarten zu kaufen. Sie müssen jedoch damit rechnen, dass Sie selbst früher wieder zu Hause sind, als die Postkarten ihren Empfänger erreichen. Bezahlen können Sie mit dem Britischen Pfund und Kreditkarten. Sehr beliebt ist der Shop in Port Lockroy am südlichen Ende des Neumayer-Kanals. Allein hier am Ende der Welt einen Shop wie diesen zu finden, ist schon ein besonderes Einkaufserlebnis. Gute, meist englischsprachige Bücher, hervorragendes Kartenmaterial zum Südlichen Ozean, Postkarten, Briefmarken, Schmuck und natürlich eine Unmenge an Souvenirs werden zu horrenden Preisen verkauft. Und tatsächlich werden hier nicht nur Euros, Dollars und Pfund akzeptiert, sondern auch Kreditkarten.

Medizinische Hilfe an Bord

Auf den meisten Expeditionsschiffen in der Antarktis ist mindestens ein erfahrener Schiffsarzt an Bord. Manche Schiffe verfügen sogar über ein Bordhospital, wo verletzte oder kranke Personen fachkundig betreut werden können. Die Leistungen des Schiffsarztes oder des medizinischen Personals sind kostenpflichtig. Dazu gehört auch die Verabreichung von Medikamenten zur Vorbeugung gegen Seekrankheit.

See- und Reisekrankheit

Die See- und Reisekrankheit (Kinetose) ist, wie die allgemeine Übelkeit (Nausea), eine Reaktion des Gleichgewichtsorgans auf äußere Wahrnehmungen und eine innere Disposition. Dabei muss nicht einmal der Horizont mit seinen subjektiv wahrgenommenen Auf- und Abbewegungen sichtbar sein. Bei vielen Menschen reicht schon die pure Präsenz an Bord eines Schiffes.

Interessanterweise wirken sich die Art der Welle und die Größe eines Schiffes auf das Empfinden von Wohl- oder Unwohlsein aus. Manche Menschen können die kurze steile Welle eines Segeltörns besser vertragen als das leichte Schwanken eines Ozeanriesen in der langen Dünung des Atlantiks.

Etwa 10–15 Prozent der Menschen auf Schiffen zeigen starke Symptome bis hin zur Apathie oder Selbstaufgabe. 65 Prozent aller Seefahrer spüren leichten Schwindel, ein flaues Gefühl im Magen, Probleme mit dem Kreislauf oder sogar Erbrechen. 15–20 Prozent der Menschen haben keine Probleme. Übrigens: Auch berufstätige Seeleute sind nicht gefeit vor unterschiedlichsten Symptomen. Interessant ist, dass Frauen häufiger unter Beschwerden klagen als Männer und jüngere Menschen eher als ältere. Kinder werden seltener seekrank als Erwachsene.

Nun ist eine echte Seekrankheit nicht mit dem mulmigen Gefühl im Magen bei einer mehrstündigen Fährfahrt auf der Ostsee zu vergleichen. Wirkliche Seekrankheit ist eine ernst zu nehmende Symptomatik des Körpers. Müdigkeit, nachlassende Reaktionsfähigkeit, Initiativlosigkeit, aufsteigender Brechreiz und Sodbrennen in einer Situation mangelnder Selbstbestimmung. Man kann dem Moment und den Bedingungen nicht entfliehen. Starken Einfluss auf die Schwere der Beeinträchtigungen hat die Dauer der Schiffsreise. Wenn man weiß, dass die Präsenz an Bord nur ein bis zwei Tage dauert, bevor wieder fester Boden unter die Füße kommt, ist das Empfinden der Unbeholfenheit weniger stark. Expeditionsschiffe im atlantischen Südpolarmeer erreichen meist nach maximal zwei Seetagen wieder Landnähe. Wer sich mit Segelschiffen oder Segelyachten in diese Region wagt, muss sich auf längere Seepassagen einstellen.

Der Südliche Ozean bietet mit seinen häufigen Tiefdruckgebieten, die im Uhrzeigersinn um Antarktika kreisen, gute Voraussetzungen für eine bewegte See. Wie stark der Wellengang auf dem Schiff spürbar ist, hängt aber nicht nur von den Druckverhältnissen ab, sondern in hohem Maße vom Timing der gebuchten Schiffstour und vom Kurs des Kapitäns.

Die berüchtigte Drake-Passage kann ein gemütlicher Blauwassertörn sein, wenn sich das Schiff genau zwischen zwei Tiefdruckgebieten, die in hohem Abstand voneinander ihre Runde drehen, hindurchmogelt. Kreuzt man jedoch in unmittelbaren Randbereichen der Zyklone, kann es munter zur Sache gehen.

Für die Kapitäne ist es wichtig, den Gästen einen angenehmen Aufenthalt an Bord und eine sichere Fahrt zu bieten. Sie entscheiden häufig kurzfristig über eine Optimierung der geplanten Route und versuchen – auch im Interesse des Schiffes – die Wetterbedingungen in den Kurs einzubeziehen. Damit verbunden ist auch gelegentlich ein kleiner Umweg, um die schlimmsten Wetterkapriolen zu meiden.

Um der ungeliebten Übelkeit oder Seekrankheit vorzubeugen, gibt es eine Reihe von Maßnahmen oder Medikamenten. Wem was hilft, ist nicht vorhersehbar.

Medikamente

Bei den Tabletten handelt es sich vornehmlich um Antihistaminika. Sie schwächen oder blockieren die Wirkung des Botenstoffs Histamin. Schon vor dem Beginn der Reise sollte man sich bei seinem Hausarzt informieren und diese Mittel schon an Land einnehmen, also mindestens eine Stunde vor Beginn der Fahrt. Zwar hat auch der Schiffsarzt solche Medikamente an Bord, aber die Begegnung mit ihm/ihr findet erst an Bord statt, was häufig einen Tick zu spät sein kann.

Auch Reise-Pflaster sollten schon vor der Abfahrt des Schiffes an unbehaarte Hautstellen geklebt werden. Häufig werden die Pflaster hinter das Ohr geklebt. Der Wirkstoff nimmt Einfluss auf das Gleichgewichtsorgan. Viele Kreuzfahrer haben damit bereits gute Erfahrungen gesammelt. Sie sind allerdings nur auf Rezept erhältlich.

Nach dem Aufkleben des Pflasters oder dem Einnehmen der Medikamente kann es zu gelegentlichen Störungen der Wahrnehmung und zu seltenen Halluzinationen kommen. Es sind starke Medikamente, und man sollte sich überlegen, ob man auf diese Alternativen nicht zugunsten harmloser verzichtet. Die Wirkung eines Pflasters hält etwa 72 Stunden an. Eine zeitgleiche Anwendung des Pflasters und die Einnahme von Tabletten wird von Medizinern nicht empfohlen. Bitte sprechen Sie am besten vorher mit einem Arzt, denn eine falsche Selbsttherapie kann unter Umständen schlimmere Folgen haben als eine zeitweise Übelkeit an Bord. Eine Alternative zu Tabletten und Pflastern ist die Injektion. Sie enthält den gleichen Wirkstoff wie der in den Tabletten vorhandene und sollte selbstverständlich nur von einem Arzt verabreicht werden. Psychologisch gesehen ist das Vertrauen Betroffener in die Wirkung einer Injektion sehr hoch.

Weitere hilfreiche Tipps

Hier sind weitere Vorschläge zusammengetragen, die sich als hilfreich erwiesen haben:
- Vor der Fahrt empfiehlt sich leichte und verdauliche Nahrung mit wenig Fett und wenig Säure.
- Verzicht auf Alkohol, Zigaretten und Kaffee.
- Verzicht auf Gespräche über die Seekrankheit.
- Vermeidung von Zigaretten-, Küchen- oder Toilettengeruch.
- Spaziergang an frischer Luft, soweit es die Sicherheit an Bord erlaubt.
- Aktiv sein und nicht an das Gefühl im Magen denken.
- Verzehr von Ingwerstäbchen, Tabletten oder im Tee.
- Akkupressur: Der geeignete Punkt liegt etwa fünf Zentimeter oberhalb des Handgelenks an der Innenseite des Armes zwischen den Sehnen.
- Kaugummi oder Gummibärchen.
- Den Magen immer ein wenig mit trockenem Brot, Zwieback oder anderen leicht bekömmli-

chen Kleinigkeiten beschäftigen.
- Viel Ruhe und die Wellenbewegungen liegend bewältigen.
- Einnahme von Vitamin C: Diese Idee geht zurück auf Professor Dr. Reinhart Jarisch aus Wien. Nach seinen Erkenntnissen verursacht Wellengang bei den Menschen auf See eine höhere Ausschüttung von Histamin, das wiederrum zum gesteigerten Verbrauch von Vitamin C und damit zu einer Mangelerscheinung führt (Quelle aus 2019: www.apotheke-adhoc.de).

Anlandungen

Eine der wichtigsten Regeln für Kreuzfahrer: Kein Landgang ohne Bordausweis. Der Bordausweis ist eine Plastikkarte in der Größe einer Kreditkarte, die Sie stets mit sich führen sollten. Ohne diese Legitimation ist ein Verlassen des Schiffes nicht möglich, denn der elektronisch lesbare Bordausweis gibt der Schiffsführung Klarheit, welcher Passagier an Bord ist und wer nicht.

Die meisten Landgänge sind von Lektoren oder Crewmitgliedern organisierte und geführte Touren. Insbesondere im Geltungsbereich des Antarktisvertrages gibt es klare Erfordernisse, wie viele Gäste von einer/m Expertin/en begleitet werden müssen. In Orten wie Stanley (Hauptstadt der Falklands) oder Grytviken (Südgeorgien) können sich die Gäste nach der Anlandung relativ frei bewegen und selbst die Sehenswürdigkeiten erkunden.

Die meisten Anlandungsstellen bieten jedoch wenig Auslauf, weil die Lektoren den Bewegungsbereich der Gäste mit Markierungspfählen begrenzen, um den Lebensraum der Tiere zu respektieren oder um gefährliche Begegnungen mit männlichen Pelzrobben zu verhindern.

Bis auf wenige Ausnahmen gibt es nur nasse Anlandungen. Das heißt, die Gäste werden mit Schlauchbooten, zumeist der Marke Zodiac, vom Expeditionsschiff an Land gebracht. Ohne die stabilen, aus mehreren Luftkammern bestehenden Schlauchboote ist heute keine Expeditionskreuzfahrt in die Antarktis denkbar. Diese wendigen Flitzer schaffen die Nähe zu den Tieren durch die Anlandungsmöglichkeiten an flachen, steinigen oder sandigen Küstenabschnitten. Auf großen Schiffen mit über 500 Gästen sind sie oft nicht an Bord, weil bei dieser Schiffsgröße keine Passagiere anlanden dürfen. Um sicher zu gehen, ob bei der geplanten Reise Anlandungen durchgeführt werden, schauen Sie bitte unter www.iaato.org in das Mitgliederverzeichnis und prüfen, ob die Reederei teil der IAATO ist. IAATO bedeutet: International Association Antarktica Tour Operators.

Die Organisation setzt sich für sicheres und ökologisch verantwortungsbewusstes Reisen in der Antarktis ein. Bei Expeditionskreuzfahrten mit kleinen und flexiblen, häufig eisgängigen Schiffen sind sie unabkömmlich, um die wenigen Gäste bis an die tierreichen oder historisch interessanten Anlandungsstellen bringen zu können. Nun bedeutet Expeditionsschlauchboot nicht gleich Zodiac. Es

Leopard Beach auf Carcass Island

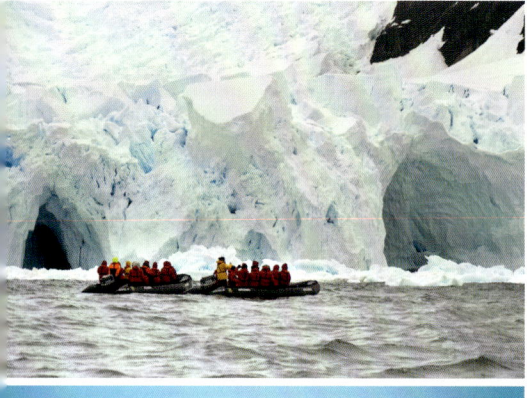

gibt mehrere Hersteller. Zodiac ist nur eine Marke, die jedoch häufig zum Einsatz kommt. Deswegen wird in diesem Buch auch nur der Begriff Zodiac verwendet. Zudem ist der Markenname mittlerweile zum generischen Begriff für stabile und belastungstaugliche Schlauchboote geworden.

Auch wenn die Boote mit ihrem Bug auf den meist flachen Stränden aufsetzen, bedarf es noch weniger Schritte durch das Wasser, um ins Trockene zu kommen. Helfende Hände der Crew oder Lektoren unterstützen das Ein- und Aussteigen. Bei den meisten in der Antarktis eingesetzten Zodiacs haben bis zu zwölf, bei einigen sogar 14 Personen Platz. Je nach Bauart gibt es Boote, die im Bugbereich über ein beidseitiges Geländer verfügen, sodass man bequem über den vorderen Wulst ein- oder aussteigen kann.

Viele Gäste steigen beim ersten Mal mit einer besonderen Vorsicht in die Zodiacs ein. Die Vorsicht ist angemessen, schließlich bewegt sich das Zodiac wellenabhängig an der Bordwand des Schiffes auf und ab. Mit zunehmender Erfahrung weicht die Vorsicht einer Routine und übrig bleibt der Spaß an einem spritzigen Wellenritt.

Fahrten im Zodiac

Für eine möglichst sichere Fahrt vermittelt die Crew vor der ersten Fahrt mit dem Zodiac hilfreiche Tipps, die ich hier gerne wiedergebe:

Sicherheit
Zodiacs bestehen aus vielen separaten Luftkammern. Die Beschädigung einer oder mehrerer dieser Kammern führt nicht zwangsläufig zum Sinken des Schlauchbootes. Am oberen Rand der seitlichen Luftwülste ist eine Gummileiste mit dicken Leinen angebracht. Sie ermöglichen einen stabilen Haltegriff während der manchmal ruckeligen Fahrt.

Kleidung
Zodiac fahren kann auch bedeuten, dass man nass wird. Das kann auf drei verschiedene Arten passieren. Zum einen durch Regen oder Schnee, zum anderen durch Spritzwasser – was insbesondere die vorn Sitzenden am meisten spüren – und schließlich beim Ein- und Aussteigen.

Als Kleidung empfiehlt sich folglich ein wasserdichter Anorak mit Kapuze und eine wasserdichte Überhose, die für die Ein- und Aussteigemanöver über den möglichst langen Schaft der Gummistiefel gestülpt wird. Die Crew besteht darauf: Keine Zodiacfahrt ohne Schwimmweste. Falls Sie einen Rucksack mitnehmen möchten, wird er hinten über den Gurten der Schwimmweste getragen. Die Luftkammern der Schwimmweste müssen frei bleiben.

Einsteigen vom Schiff aus
Im Zodiac warten beim Einsteigen zwei helfende Hände, die Sie mit einem Seemannsgriff anfassen, d. h. Sie umfassen gegenseitig die Unterarme und müssen dafür beide Hände frei haben. Dieser Griff ist fester und stabiler als der pure Handgriff.

Persönliche Gegenstände wie Rucksack, Stativ, Fotoapparat, Tasche etc. geben Sie bitte vor dem Einsteigen ab oder binden Sie sie um. Nach dem behutsamen Betreten des Bootes weist Ihnen der Zodiacpilot, der hinten sitzt und den Außenbordmotor bedient, ihren Platz zu. Nehmen Sie zügig und bequem Platz, lassen sich dann Ihre persönlichen Gegenstände zurückgeben und suchen sich die passenden Griffleinen zum Festhalten.

Verhalten während der Fahrt

Es versteht sich von selbst, dass ein Aufstehen während der Fahrt nicht ratsam ist. Das gilt nicht für den Piloten, der das Zodiac im Stehen, insbesondere bei Anlegemanövern, so besser beherrschen kann. Halten Sie sich einfach gut fest und Sie werden jede Fahrt genießen und sich auf die nächste freuen. Sichern Sie ihre persönlichen Gegenstände, insbesondere empfindliche technische Geräte, gegen salziges Spritzwasser.

Bitte lassen Sie ihre Zigaretten in der Kabine, denn das Rauchen ist weder im Zodiac noch an den Anlandungsstellen gestattet.

Aussteigen an Land

Nachdem die vorn Sitzenden zuerst das Zodiac verlassen haben, rücken die hinteren Passagiere immer weiter auf, setzen sich rücklinks auf den seitlichen Wulst und drehen die Beine nach außen. Achten Sie bei diesen Manövern auf den Wellenrhythmus und setzen Sie die Füße erst dann ins Wasser, wenn gerade eine Welle ausläuft. Wenn höhere Wellen an den Strand spülen, zeigt der Bug des Zodiacs beim Anlegen Richtung See und Sie steigen über den seitlichen Gummiwulst nahe des Heckmotors aus. Crewmitglieder werden Ihnen bei allen Anlandungen helfend zur Seite stehen.

Da die Zeit an Land begrenzt ist, merken Sie sich bitte auf jeden Fall die Abfahrtzeit des letzten Zodiacs.

Stille Örtchen an Land

Auf den Falklandinseln ist das Thema eher unkompliziert, weil es hier keine formalen Regeln gibt. Hier besteht eher das Problem, dass es auf den baum- und strauchlosen Inseln wenig Deckung gibt. Auf Südgeorgien oder im Gebiet der Antarktis südlich des 60. Breitengrades werden alle Besucher gebeten, den Shuttle-Service der Zodiacs zu nutzen, um die Toiletten an Bord zu benutzen. Lediglich in Grytviken und in einigen Forschungsstationen gibt es Toiletten.

Fragen Sie bitte vorher an Bord, welche Regelung an der nächsten Anlandungsstelle besteht oder verzichten Sie einfach auf Ihren Kaffee, bevor es von Bord geht.

Wissenswertes rund ums Schiff

Backbord oder Steuerbord, Bug, Heck und Mittschiff

Die in Fahrtrichtung linke Seite eines Schiffes heißt Backbord, die rechte Seite des Schiffes nennt man

Steuerbord. Der vordere Teil eines Schiffes heißt Bug, das Heck ist das hintere Teil des Schiffes, der mittlere Teil wird als Mittschiff bezeichnet.

Brücke

Von hier aus führt der nautische Offizier das Schiff. „Brücke" ist nur die Kurzform von Kommandobrücke. Anders als bei der herkömmlichen Vorstellung von einer Brücke verbindet die Kommandobrücke keine durch Wasser oder Luft getrennten Bereiche. Der Begriff „Brücke" für den Kommandostand eines Schiffes resultiert aus der Zeit der Raddampfer, die von seitlichen Schaufelrädern angetrieben wurden. Zwischen den Radkästen gab es damals einen Steg bzw. eine Brücke, von dem der Schiffsführer seine Kommandos gab.

Auf einigen Schiffen wird das „Open-Bridge-Konzept" angewandt. Das bedeutet, dass die Passagiere jederzeit die Brücke betreten dürfen, wenn nicht aufgrund aktueller Manöver der Zutritt verwehrt wird.

Beliebter Aussichtspunkt bei Passagieren: die Brückennock.

Brückennock

Die Brückennocks sind die seitlichen Verlängerungen des Ruderhauses. Es sind offene Decks, die bis an die Bordwand des Schiffes ragen. Von der jeweiligen Nock an Steuer- oder Backbord hat der nautische Offizier oder ein Lotse bei An- und Ablegemanövern oder bei Schleusenfahrten einen sehr guten Blick entlang der Bordwand. An den Enden der Nock befindet sich ein Fahrstand, von dem aus das Schiff manövriert werden kann.

Bugstrahlruder

Bei An- und Ablegemanövern nutzen Schiffsführer oftmals die Unterstützung von Bug- und Heckstrahlrudern. Diese quer zur Längsachse eines Schiffes montierten Propeller oder Düsen erlauben das seitliche Versetzen des Schiffes. Große Schiffe verfügen über eingebaute Seitenstrahlruder, während kleinere Yachten auf Geräte zurückgreifen, die außenbords angebracht werden.

Stabilisatoren

Mit Stabilisatoren können durch Wind und Welle bedingte Eigenbewegungen eines Schiffes deutlich gemindert werden. Da die Stabilisatoren seitlich am Schiffsrumpf unter der Wasseroberfläche angebracht sind, richtet sich die Wirkung dieser Technik vorwiegend auf die Bewegung um die Längsachse des Schiffes, die als „Rollen" bezeichnet wird. Expeditionsschiffe in der Antarktis sind mit dieser Technik ausgestattet.

Distanzen, Geschwindigkeiten und Temperatureinheiten

International ist die Seemeile (sm) das Maß für Distanzen auf See. Die für uns Autofahrer so krumme Zahl von 1,852 Kilometer je Seemeile hat eine einfache und logische Ursache: Der Erdumfang am Äquator beträgt nahezu 40 000 km. Nun werden in der Seefahrt Vollkreise in 360 Bogengrad (kurz: Grad) geteilt. Das bedeutet: Ein Bogengrad am Äquator hat eine Distanz von 40 000 km/360 = 111,111111 km. Diese Zahl ist jedoch als Einheit für Entfernungsangaben nicht praktikabel. Deswegen wird nicht mit dem Bogengrad, sondern mit der Bogenminute gearbeitet, die ein 60tel eines Bogengrades ist.

Falls noch geringere Distanzen als eine Seemeile relevant werden, nutzt man den zehnten Teil einer Seemeile und arbeitet mit dem Begriff „Kabel".

Geschwindigkeiten werden in Knoten (kn) oder Seemeilen (sm) pro Stunde angegeben:

Die Wassertiefe wird mit dem Echolot gemessen, einem elektroakustischen Gerät, das Hochspannungsimpulse aussendet, die in Schallwellen umgewandelt werden. Mit Hilfe der reflektierten Impulse kann dann die Wassertiefe berechnet werden. Wassertiefen misst man in Fuß (ft) oder Faden.

Wer mit deutschen, französischen oder holländischen Reedereien unterwegs ist, wird an Bord über die Temperaturen in Grad Celsius informiert. Auf britischen oder US-Schiffen ist die Temperaturangabe in Fahrenheit (F) üblich.

Die Umrechnung von Fahrenheit in die für uns gewohnte Einheit Grad Celsius ist nicht sehr kompliziert: Wer es grob wissen will, rechnet einfach so: Von der Temperatur, beispielsweise 50°F, die Zahl 32 abziehen und dann den Wert halbieren (50 °F – 32 = 18/2 = 9 °C).

Eis und Schnee

Meereis kann nach Eisklassen unterschieden werden. Das sind Kategorien, die angeben, wie dick das Eis ist. Es gibt nationale Eisklassen und international gültige Polarklassen (PC). Die nationalen Eisklassen basieren auf der deutschen Unterteilung der Schiffsgutachter des „Germanischen Lloyd" (s. u.).

Die Länder Norwegen, Finnland und Schweden verwenden zwar andere Bezeichnungen, aber die

1 Bogengrad / 60 = 1 Bogenminute oder 111,111111 km / 60 = 1,852 km = 1 sm
1 sm = 1,852 km
1 Kabel = 185 m
1 Knoten = 1 sm/Stunde
1 ft = 30,48 cm
1 Faden = 1,83 m

Eisklasse	Eisdicken
E	Eisdicken bis 0,15 m
E1	Eisdicken bis 0,40 m
E2	Eisdicken bis 0,60 m
E3	Eisdicken bis 0,80 m
E4	Eisdicken bis 1,00 m

Unten: Polarklassen gemäß der „International Association of Classification Societies"

Darunter: Schneearten und deren Gewichte sowie vergleichbare Beispiele

Eisdickenangaben entsprechen den deutschen Kategorien. Für Russland gilt eine andere Unterteilung, wobei in deren höchster Eisklasse „Eisbrecher 9" das Eis eine Stärke von bis zu 4,00 m hat.

Für die USA gelten ebenfalls nationale Eiskategorien, wobei deren höchste Eisklasse „A3" für Eisdicken von mehr als einem Meter angegeben wird. Bei den global gültigen Polarklassen der International Association of Classification Societies in London gelten sieben verschiedene Eisklassen.

Es vergeht keine Antarktisreise, jedenfalls nicht auf der klassischen Route Falklandinseln – Südgeorgien – Antarktische Halbinsel, ohne Kontakt mit Schnee. Auch wenn dieser nicht immer als Niederschlag in Form großer oder kleiner frischweißer Eiskristalle fällt, so gibt es zumindest Bodenkontakt mit Schnee. Bei der bewussten Wahrnehmung diverser Schneearten wird man höchst unterschiedliche Schneefestigkeiten und -gewichte erleben. Beeinflusst werden diese Kriterien primär durch die Außentemperaturen.

Sobald Schnee den Boden berührt, verringert sich die Oberfläche der Eiskristalle. Schnee am Boden wird folglich immer schwerer und dichter.

PC1	ganzjähriger Einsatz in allen Polargewässern	
PC2	ganzjähriger Einsatz in moderaten mehrjährigen Eisbedingungen	
PC3	ganzjähriger Einsatz in zweijährigem Eis mit mehrjährigen Einschlüssen	
PC4	ganzjähriger Einsatz in dickem einjährigen Eis mit älteren Einschlüssen	
PC5	ganzjähriger Einsatz in mittlerem einjährigen Eis mit älteren Einschlüssen	
PC6	Sommereinsatz in mittlerem einjährigen Eis mit älteren Einschlüssen (entspricht der dt. Klasse E4)	
PC7	Sommereinsatz in dünnem einjährigen Eis mit älteren Einschlüssen (entspricht der dt. Klasse E3)	

Schneearten	Schneegewichte in Kilogramm pro Kubikmeter (kg/m^3)	Beispiel
trockener Pulverschnee	35–55 kg/m^3	wie der Powdersnow in den Rockys
normaler Neuschnee	55–100 kg/m^3	Temperatur knapp unter dem Gefrierpunkt
nasser Neuschnee	100–200 kg/m^3	Temperatur um den Gefrierpunkt
trockener Altschnee	200–350 kg/m^3	Temperatur unter dem Gefrierpunkt
feuchter Altschnee	350–500 kg/m^3	Gefährlicher Märzschnee an Alpen-Südhängen

Das geht umso schneller, je wärmer die Außentemperatur ist. Bei Plusgraden und intensiver Sonneneinstrahlung kann man den Prozess der Volumenminderung sogar mit bloßem Auge verfolgen. Wie leicht oder schwer Schnee sein kann, zeigt die Übersicht auf der linken Seite unten.

Windstärken und Wellenhöhen

Das Seegebiet um Antarktika gehört zu den stürmischsten Regionen der Erde. Es muss nicht immer ein Orkan sein, der das Küchengeschirr auf dem Schiff neu sortiert. Auch Windstärken ab sechs

Skala der Windstärken und Wellenhöhen

Windstärke	Windgeschwindigkeit				Wellenhöhe	Beschreibung
Beaufort	kn	m/s	km/h	Beschreibung	m	Wirkung auf See
0	0–1	0–0,2	0–1	windstill	0	glatte Meeresoberfläche
1	1–3	0,3–1,5	1–5,9	leiser Zug	< 0,2	kleine Kräuselwellen
2	4–6	1,6–3,3	6–11,9	leichte Brise	< 0,5	kleine Wellen, die eine Windrichtung erkennen lassen
3	7–10	3,4–5,4	12–19,9	schwache Brise	< 1	erste Schaumkronen auf der Wasseroberfläche
4	11–15	5,5–7,9	20–28,9	mäßige Brise	1	Wellen werden länger und die Schaumbildung intensiver
5	16–21	8,0–10,7	29–38,9	frische Brise	1–2	Schaumkronen auf der gesamten Meeresoberfläche
6	22–27	10,8–13,8	39–49,9	starker Wind	2–3	Wind greift in die Schaumkronen, Wellen brechen, Wind wird laut
7	28–33	13,9–17,1	50–61,9	steifer Wind	3–6	Wind greift den Schaum von Wellenkämmen auf und treibt ihn als Gischt übers Wasser
8	34–40	17,2–20,7	62–74,9	stürmischer Wind	> 6	lange Schaumstreifen auf der Meeresoberfläche, Wellenkämme bauen sich auf
9	41–47	20,8–24,4	75–88,9	Sturm	> 10	Gischt bedeckt das Meer, Sichtminderung
10	48–55	24,5–28,4	89–102	schwerer Sturm	> 12	sehr hohe Wellen, sich brechende Wellenkämme, Sicht stark vermindert
11	56–63	28,5–32,6	103–117	orkanartiger Sturm	> 15	sich brechende, extrem hohe Wellenberge, deren Kämme zu Gischt zerstäuben, Sichtminderung ist extrem
12	64–71	32,7–36,9	118–133	Orkan	> 20	graue Wellenwände rollen, die Luft ist weiß vor Gischt, Sicht kaum noch vorhanden

Beauforts können schon die Aufmerksamkeit der Besatzung in Anspruch nehmen, denn neben der Windstärke ist die Windrichtung in Relation zum Kurs des Schiffes entscheidend. Wind von vorne sorgt für eine Bewegung des Schiffes um seine Querachse, das sogenannte Stampfen. Raumer Wind von schräg hinten oder halber Wind von vorne hingegen bewegt das Schiff um seine drei Achsen (Querachse = Stampfen, Längsachse = Rollen, Hochachse = Gieren). Die Tabelle auf der Seite 141 beschreibt die zwölf Windstärken nach Geschwindigkeit und Wellenhöhe:

Fotografieren in der Antarktis

Eine Expeditionskreuzfahrt bietet die Chance, Natur intensiv zu erleben: Berauschende Lichtstimmungen, Kunstwerke aus Eis, die in unendlicher Vielfalt passiert werden, und majestätisch kreisende Sturmvögel, die über die Wellenberge tanzen.

So gut auch der Kuchen am Nachmittagsbuffet schmeckt, einen gelegentlichen Blick auf die kreisenden Sturmvögel am Achterdeck werden Sie nicht bereuen. Auf vielen Expeditionsschiffen vermindern die Kapitäne die Geschwindigkeit des Schiffes, wenn Wale gesichtet werden, damit die Gäste die Riesen der Meere bestaunen können. Gehen Sie also raus, genießen Sie das Licht und die Tiere, und lassen Sie sich die Randzeiten des Tages draußen an Deck mit dem schmeichelnden Licht nicht entgehen.

Fotoausausrüstung und Kameraeinstellungen

Die Vielfalt der Fotoapparate an Bord deckt meist nahezu das gesamte Spektrum moderner Fototechnik ab. Für alle Kameratypen gibt es genügend Motive. Das Weitwinkelobjektiv kommt genauso zum Einsatz wie das starke Teleobjektiv. Zu empfehlen sind Brennweitenbereiche von 21–300 mm. Damit lassen sich sowohl landschaftliche Panoramen als auch Nahaufnahmen von Tieren erfolgreich auf den Chip bringen. Eine Ausnahme bilden die Seevögel, beispielsweise brütende Riesensturmvögel, zu denen man mindestens 50 Meter Abstand halten sollte. Für gute Nahaufnahmen dieser Tiere empfehle ich noch höhere Brennweiten. Zudem gilt: Eine hohe Lichtstärke des Objektivs ist sehr vorteilhaft, weil bei bedecktem Himmel die Lichtmenge oft nicht ausreicht, um die Motive mit ausreichender Schärfe abzubilden. Insbesondere bei Fotos mit langen Brennweiten und schlechten Lichtverhältnissen besteht das Risiko, dass die Belichtungszeit zu lang wird und eine Verwackelungsunschärfe entsteht. Auch wenn ein Stativ unhandlich ist, bietet es oft die einzige Möglichkeit, Schärfe im Bild zu gewährleisten.

Die spezifischen Bedingungen im Südpolarmeer verlangen demnach keine besondere Kameraausrüstung. Bereits mit handelsüblichen Sucherkameras, die über eine gute Objektivqualität und ein ausreichend leuchtstarkes Display verfügen, gelingen sehr gute Aufnahmen.

Besondere Beachtung verlangen Motive in gleißend hellem Licht der schnee- und gletscherbedeckten Flächen sowie die Aufnahmen der schnellen Pinguine im Wasser oder der wendigen Sturmvögel auf See, die sehr gut vom Achterdeck der Schiffe abzulichten sind. Für Schneefotos, die von der Belichtungsautomatik häufig so verarbeitet werden, dass der Schnee auf dem Foto dunkler, grauer oder blauer erscheint, empfiehlt sich Folgendes: Gegen den Grauschleier hilft es, die Belichtungskorrektur so einzustellen, dass das Foto heller wird. Die Automatik hat eine vom Werk vorprogrammierte Helligkeitsvoreinstellung. Diese wird vom Schnee übertroffen, sodass die Kamera das Foto automatisch verdunkelt. Damit entsteht der Grauschleier. Am besten testen Sie das Schnee-Verhalten Ihrer Kamera vor Urlaubsbeginn und dosieren die Belichtungskorrekturen entsprechend.

Blauer Schnee ist häufig eine Frage des falschen Weißabgleichs, da die meisten Hobbyfotografen den werkseitig eingestellten, automatischen Weißabgleich nicht verändern. Das reicht für die meisten Motive, doch beim Fotografieren von Schnee gelten andere Regeln. Unterschiedliche technische Voraussetzungen bei den Kameras liefern ebenso viele unterschiedliche Wege zur Einstellung des Weißabgleichs. Das können vorgegebene Einstellungen sein, wie z. B. „Bewölkt", „Tageslicht", „Leuchtstoffröhren", „Glühlampe" und weitere hilfreiche Umschreibungen. Diese Einstellungen sind nichts anderes als unterschiedliche Lichttemperaturen, die sich auf die natürliche Wiedergabe der Farbe Weiß auswirken.

„Schnee" ist meist keine vorprogrammierte Einstellung, aber Sie können sich der idealen Lichttemperatur durch wenige Probefotos nähern, indem sie die Kamera auf die der Lichtsituation

Einige Beispiele in der Lichteinheit Kelvin:

Kerze	1 500 K
Halogenlampe	3 000 – 3 200 K
Kunstlicht	3 000 K
Leuchtstofflampe	2 700 – 7 000 K
Direktes Sonnenlicht	5 200 K
Blitzlicht	5 400 K
Bewölkter Himmel	6 000 K
Schatten	8 000 K

entsprechenden Kelvingrade einstellen. Eine allgemeingültige Kelvinangabe für Schnee gibt es nicht, da Kameras nicht einheitlich auf die gleiche Schneesituation reagieren.

Noch ein Tipp: Die bläuliche Einfärbung von Schnee kann auch dadurch entstehen, dass die Farbintensität der Kamera im Menü auf „Hoch" eingestellt ist. Hier empfehle ich eher die Einstellung „Standard" oder „Neutral". Wer Wert auf kräftigere Farben legt, kann bei der Bildbearbeitung eine entsprechende Korrektur vornehmen oder Polfilter verwenden. Polfilter eliminieren nichtmetallische Reflexe, kräftigen die Farben und befreien die Luft partiell von störendem Dunst. Letzteres ist bei der klaren, von stetigem Wind gereinigten Luft zwar nicht notwendig, aber wenn sich auf einer Antarktis-Reise schon mal blauer Himmel zeigt, lässt sich dieser mit einem Polfilter kräftigen und der Kontrast zu den weißen Wolken betonen. Der Effekt ist besonders stark, wenn der Winkel zur Sonne 90 Grad beträgt. Verändert sich der Winkel, reduziert sich die Wirkung. Das wird dann deutlich, wenn mit einem starken Weitwinkelobjektiv fotografiert wird. Dann kann eine Seite des Bildes eine ganz andere Farbkonstellation als die gegenüberliegende Seite haben. So wie sich das Himmelsblau mit einem Polfilter intensivieren lässt, so verdunkelt und kräftigt sich auch die Farbe des Meeres, und Spiegelungen im Wasser werden partiell eliminiert.

Auch der UV-Schutzfilter ist ein wichtiger Teil der Ausrüstung. Er schützt nicht nur das Objektiv vor Staub und Feuchtigkeit, er reduziert auch den Dunst deutlich. Damit meine ich sowohl die aus den Wolken, als auch die Feuchtigkeit durch Kondensation, wenn der Temperaturwechsel von Kälte bei Außenaufenthalten hinein in die Wärme des Schiffes zu schnell erfolgt. Also lieber die Kamera erst einmal an einem eher kühlen Ort in der Kabine aufbewahren. Achten Sie auch stets auf eine saubere Objektivlinse bzw. einen sauberen Filter.

Bevor Sie auf den Auslöser drücken, stellen Sie bei sich bewegenden Motiven auf jeden Fall die Kamera auf kurze Belichtungszeiten ein. Bei langsam gehenden Pinguinen reicht eine 1/1000-Sekunde. Bei springenden Pinguinen, die von der Nahrungssuche kommen und, von „eingefrorenen" Wassertropfen umgeben, an den Strand springen, sollte es mindestens eine 1/3000-Sekunde sein.

Auch wenn im November und Dezember die Pinguine mit der bewegungsarmen Brutpflege und dem Schutz der Jungtiere vor Witterungseinflüssen, dem

Hudern, beschäftigt sind, gibt es immer wieder Motive, die kurze Belichtungszeiten erfordern. Im Januar und Februar kommt mehr Bewegung in die Tierwelt. Die Pinguine sind deutlich agiler, schwimmen und springen rauf auf die Scholle, wieder runter, raus aus dem Wasser, Junge füttern und wieder rein, neuen Krill oder Tintenfische holen. Da kommt Dynamik in die Fotos. Das gleiche gilt für den eleganten Flug der Vögel, die alle Gäste am Achterdeck begeistern. Nur die Fotografen versuchen verzweifelt, die schnelle Bewegung der Tiere auf einem Foto zu bändigen. Falls Ihre Kamera über das Feature „Kontinuierlicher Autofokus" verfügt, haben Sie es schon deutlich leichter, weil ihnen die Kamera die schwierige Entfernungseinstellung abnimmt. Eine Garantie für scharfe Fotos ist das jedoch nicht. Also wundern Sie sich nicht, wenn von 500 Fotos nur zwei oder drei wirklich gelungen sind. Das ist trotzdem ein Erfolg. Auf einer Reise von gut drei Wochen kommen schnell mehrere tausend Fotos zustande. Die Erfahrung zeigt, dass immer mehr Fotos gemacht werden, als zu Reisebeginn vermutet wird. Zudem entladen sich die Akkus bei niedrigen Temperaturen unerwartet schnell. Fahren Sie also nicht ohne Akkuladegerät und einen ausreichenden Bestand an Chipkarten und Akkus los.

Hinweise für gute Tierfotos

Tierfotografie ist die Konzentration auf die Lebensweise anderer Wesen. Das kann für einen gestressten Mitteleuropäer, der es gewohnt ist, dass eigene Wünsche und Vorstellungen schnell umgesetzt werden, zu einer Geduldsprobe werden. Tiere, erst recht Pinguine, lassen sich davon nicht beeindrucken. Sie sind wie sie sind und das seit Jahrtausenden – wie herrlich.

Es gibt großartige, gestochen scharfe Fotos von Tieren, die den Betrachter in die Details des Motivs hineinziehen. Insbesondere Fotos von Pinguinen mit ihrem dünnen, aber dennoch dichten Federkleid, ihrem farbigen Schnabel und ihren ausdruckstarken Augen gehören zum Pflichtprogramm eines ambitionierten Fotografen, der über eine entsprechende Ausrüstung verfügt, sofern Sie die technischen Herausforderungen meistern.

Tierfotos gewinnen an Persönlichkeit, wenn die Augen zu sehen sind. Über sie entsteht die Verbindung zwischen Tier und Linse. Fokussieren Sie also immer auf die Augen. Nutzen Sie dazu, falls vorhanden, an Ihrer Kamera die Einstellung „punktueller Autofokus" und nicht die Matrixeinstellung, die mehrere Punkte im Sichtfeld der Linse zur Grundlage der Schärfeeinstellung berücksichtigt. Besonders schön wird das Foto, wenn sich die Sonne oder eine andere dominierende Lichtquelle in den Augen spiegelt. Ein Blitz würde zwar den Effekt erleichtern, doch auf den Einsatz von Blitzgeräten sollten Sie in der Tierfotografie generell verzichten.

Bedenken Sie auch, dass Ihr Kopf im Stehen immer höher ist als die Köpfe aller Tierarten des Südpolarmeeres, mit Ausnahme der Vögel im Flug. Der Ausdruck und die Persönlichkeit eines Tieres kann aber erst dann über ein Foto vermittelt werden, wenn sich die Kamera auf Augenhöhe oder darunter befindet. Gehen Sie möglichst in die Hocke, legen Sie sich auf den Bauch, genießen Sie die neue Perspektive und suchen Sie sich neue Motive, damit nicht nur dokumentarische Ablichtungen Ihrer Reise entstehen, sondern ausdruckstarke Fotos, die den Respekt vor dem Tier vermitteln.

Setzen Sie insbesondere bei der Tierfotografie auf bewährte Erfahrungen und halten Sie sich am besten an die Ein-Drittel- oder Zwei-Fünftel-Regelung zur Bildaufteilung, die sowohl für horizontale als auch für vertikale Achsen gilt. Ihrer Kreativität sind dennoch keine Grenzen gesetzt.

Die konventionelle Bildaufteilung besagt, dass der Tierkopf, genauer die Augen, das Bild horizontal und vertikal im Verhältnis 1 : 3 bzw. 2 : 5 teilen sollten. Hilfreich bei der Umsetzung sind Kameras, bei denen sich der Autofokuspunkt im Bildfeld so verschieben lässt, dass er auf diese Positionen fixiert werden kann. Bei Einhaltung dieser relativ einfachen Regel geben Sie dem Tier Raum nach vorn in seine Blickrichtung: Das Tier schaut in den freien Raum und nicht gegen die nahe Bildwand.

Geben Sie den Tieren auf Ihren Fotos die Chance, ihre Geschichte zu erzählen, denn erst über abgebildete Emotionen werden die Fotos lebendig.

Tiere mögen es nicht, verfolgt zu werden. Also müssen wir auf Sie warten. Häufig benutzen sie oft begangene Pfade, die meist deutlich erkennbar sind. Welchen besseren Platz gibt es für den Fotografen, als dieses berechenbare Verhalten zu nutzen und sich in aller Ruhe auf die Motivsituation einzustellen. Eine Möglichkeit, die Tiere aus großer Nähe zu fotografieren oder zu filmen, sind die heute üblichen Action Kameras, die, auf ein kleines Stativ geschraubt, unweit von den Pfaden positioniert werden können, ohne die Tiere zu stören. Manchmal wecken diese Geräte sogar die Neugier der Tiere, die sich den unbekannten Gegenstand auch gerne mal aus der Nähe anschauen. Die so entstandenen Fotos sind Verhaltensbilder pur.

Auf Pléneau Island

Erkenntnisse über Auswirkungen von Klimaveränderungen und der Einfluss anthropogener Faktoren auf die Antarktis

Die Zeit ist vorbei, dass antarktiskompetente Wissenschaftler über „mögliche" Auswirkungen von Klimaveränderungen auf den Südlichen Ozean schreiben. Zu eindeutig ist die über viele Jahre von zahlreichen Fakultäten empirisch untermauerte Datenlage über signifikante Veränderungen der Windbedingungen, der Temperaturentwicklungen, der Tiermigration, Gletschereisströme, der Krillvolumenentwicklung und der Sauerstoffkonzentration im Meer. Ebenso sind die Verantwortlichkeiten der Menschheit nicht mehr diskutabel. In der Kernaussage des 5. Sachstandsbericht des Weltklimarates (IPCC=Intergovernmental Panel on Climate Change) wird es so formuliert: „Der Einfluss des Menschen auf das Klimasystem ist klar und die jüngsten anthropogenen Emissionen von Treibhausgasen sind die höchsten in der Geschichte."

Im Folgenden werden ausgewählte konkrete Ergebnisse internationaler Forscherteams in den vergangenen Jahren vorgestellt, die sich auf Auswirkungen klimatischer Veränderungen und menschliche Einflussnahmen fokussieren (weitere Forschungsergebnisse siehe Literaturverzeichnis auf Seiten 205 und 206).

Antarktische Eismasse

Beeindruckend sind die Daten, die von Glaziologen der University of California in Irvine, dem Jet Propulsion Laboratory der NASA und der niederländischen Universität Utrecht am 14.1.2019 in den „Proceedings of the National Academy of Sciences" veröffentlicht wurden. Das Team unter Leitung von Eric Rignot ermittelte für den antarktischen Kontinent in den Jahren 1979 bis 2017 eine Versechsfachung des jährlichen Verlustes an Eismasse. Während die reduzierte Eismenge von 1979 bis 2001 ca. 48 Gigatonnen (= 48 Mrd. Tonnen) pro Jahr betrug, steigerte sich die Menge von 2001 bis 2017 um 280 Prozent auf ca. 134 Gigatonnen jährlich.

In einer Zusammenfassung zahlreicher wissenschaftlicher Arbeiten und Regierungsberichte kommt der IPCC in seinem Bericht 2021 zu ähnlich verblüffenden Schlussfolgerungen. Gemessen wurden Veränderungen des Eisschilds über drei verschie-

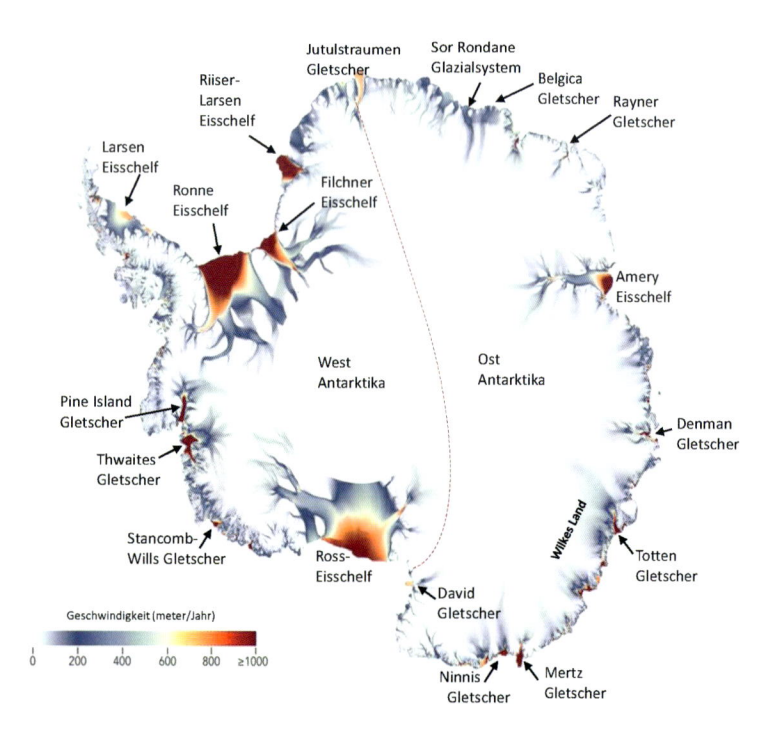

Fließgeschwindigkeit von Eismassen in der Antarktis. Quelle:Gardner, Alex: NASA Jet-Propulsion Laboratory

dene Methoden: Zum einen wurden mit Laser- und Radargeräten Höhenveränderungen des Eisschildes gemessen und analysiert. Zum anderen wurde die Eismasse indirekt über Gravitationsmessungen per Satellit bestimmt. Möglich ist dies, da eine Eismassenveränderung auch die regionalen Gravitationskräfte beeinflusst. Ändern sich die Gravitationskräfte, lassen sich daraus sich verändernde Eismassen ableiten. Über eine Flusskomponentenmethode wurden schließlich die gesamten Ein- und Ausgänge von Eismassen für jedes einzelne Einzugsgebiet und somit für das gesamte Eisschild analysiert.

Während über den Verlust der Eismasse seit langem für die Westantarktis berichtet wird, zeigen Karten des NASA-Projekts MEaSUREs ITS_LIVE, dass die Eisschilde in der Ostantarktis nicht so stabil sind wie bisher angenommen. Catherine Walker, Glaziologin am Goddard Space Flight Center, zeigte, dass der riesige Totten-Gletscher sowie eine Reihe von Gletschern entlang der Küste von Wilkes Land (siehe Karte S. 146) ihre Geschwindigkeit der Oberflächenabsenkung seit 2009 ungefähr verdoppelt haben (NASA Earth Science News, 10.12.2018). Obwohl diese Eisverluste im Vergleich zu denen der Westantarktis gering sind, ist es nun offensichtlich, dass auch die Ostantarktis einen glazialen Massenverlust erfährt. Im Gegensatz zur Oberflächenschmelze, die den grönländischen Eisschild dezimiert, schmelzen die Gletscher in der Ostantarktis von unten her durch die verstärkte Wärmeabgabe des Ozeanwassers, die durch die jüngsten Veränderungen der Winde und des Meereises verursacht wird. (Siehe Grafik s. 147 und zum Vergleich siehe Julia Hager, The Southern Ocean: Wärmer, saurer und sauerstoffärmer, Polarjournal, 24.1.2020).Von einer Erwärmung des Oberflächeneises ist deshalb nicht auszugehen, weil auf Antarktika, anders als in der Arktis, die zunehmende CO_2-Konzentration den Treibhauseffekt nicht verstärkt. Der Grund dafür, so die Ergebnisse der Universität Bremen in Zusammenarbeit mit dem Alfred Wegener Institut, liegt darin, dass der Treibhauseffekt nur dann verstärkt wird, wenn die Temperatur der Erdoberfläche höher ist als die Temperatur der höheren Luftschichten. In den meistens über 3.000 Meter über dem Meeresspiegel gelegenen Hochlagen Antarktikas liegen die Temperaturen im Jahresmittel jedoch unter den Temperaturen der Stratosphäre. (vgl. Schmithüsen, u. a., How increasing CO_2 leads to an increased negative greenhouse effekt in Antarctika in: Geophysical research Letters, 2015).

Der Schmelzvorgang von unten

Am Rand des antarktischen Schelfeises schwimmen die äußeren Bereiche des innerantarktischen Eissockels bereits auf dem Meerwasser und werden von diesem unterspült (Grafik A). Doch der Kontinent Antarktika ist keine durchgängige Landmasse. Bathymetrische Untersuchungen haben nachgewiesen, dass sich viele seiner Landteile unterhalb des Meeresspiegels befinden (Grafiken B1/B2). Bei steigenden Wassertemperaturen kann sich das Meer dadurch immer weiter in den Eissockel „fressen" und zu dessen Abschmelzen führen.

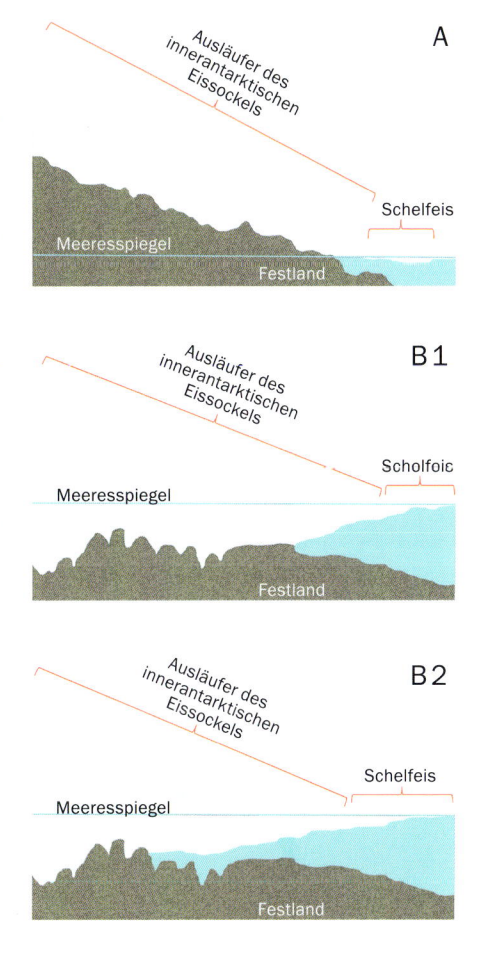

A: An der Schelfkante unterspült das Meerwasser den innerantarktischen Eissockel.
B1: Vor Erwärmung des Meerwasser.
B2: Bei Fortschreitender Erwärmung des Meerwassers.

Tiere des Südlichen Ozeans

Als der antarktische Kontinent noch mit dem australischen Kontinent verbunden war, gab es dort nicht diese ausgedehnten Eisflächen wie heute. Vor etwa 45 Millionen Jahren begannen beide Kontinente auseinander zu driften, Antarktika bewegte sich in Richtung Süden und vereiste.

Im Laufe von Jahrmillionen fanden Tierarten, die an kalte Temperaturen angepasst waren, auf dem südlichsten Kontinent der Erde einen neuen Lebensraum. Nahrung gab es genug, denn das Meer war sauerstoffreich, sodass ausreichend Plankton zur Verfügung stand, von dem direkt und indirekt alle bis heute hier lebenden Tierarten profitieren.

Einige der Tiere, denen die Kreuzfahrer auf einer Tour zwischen den Falklandinseln, Südgeorgien und der Antarktischen Halbinsel begegnen, werden in diesem Teil vorgestellt.

Die auf den Karten markierten Verbreitungsgebiete zeigen die Regionen, in denen diese Arten mit hoher Wahrscheinlichkeit gesichtet werden können. Die Wanderungsgebiete der Tiere sind nicht berücksichtigt.

Das antarktische Nahrungsnetz
Dr. Antje Kakuschke

Eine Eisdecke, die die 1,5-fache Größe Europas einnehmen kann, prägt das Leben in der Antarktis. Trotz dieser anscheinend lebensfeindlichen Bedingungen zeigt sich ein außerordentlicher biologischer Reichtum. Große Populationen von Pinguinen, Albatrossen, Seebären, Krabbenfressern, Weddellrobben, Seeleoparden, Walen sowie große Krill- und Fischbestände bevölkern die Gewässer und Küstengebiete um den südpolaren Kontinent.

Die Nahrungskette dieser produktiven Region setzt sich vereinfacht aus folgenden, stark trophischen Stufen zusammen: Mikroskopisch kleine Algen werden von tierischen Kleinstlebewesen gefressen, die wiederum als Nahrung für Fische und Tintenfische dienen, die ihrerseits die Beute großer Raubfische, der Meeresvögel und Säugetiere sind. Bei näherem Hinsehen jedoch lassen sich viele kleinere, lokal und/oder zeitlich begrenzte Nahrungsketten erkennen.

Die Basis des antarktischen Nahrungsnetzes bilden mikroskopische Algen, die den größten Teil der Biomasse produzieren. Dabei spielen nicht nur die in der freien Wassersäule schwebenden Algen, das sogenannte Phytoplankton, eine wichtige Rolle, sondern auch benthische Mikroalgen sowie Eis- und Schneealgen. Letztere bilden, je nach Artenzusammensetzung und Habitat, auffällig rote, orange, grüne oder graue Flächen auf Eis und Schnee. Eisalgen, die an der Unterseite von Treibeis festhaftend, länger in der oberen, von Licht durchfluteten Zone wachsen können, werden von verschiedenen Organismen abgeweidet.

Eisalgen bilden neben Planktonorganismen die Nahrungsquelle des Antarktischen Krills (*Euphausia superba*), der selbst ein Schlüsselorganismus im Nahrungsnetz darstellt. Diese Art aus der Familie der *Euphausiidae* (Krill) gehört zu den garnelenartigen Wirbellosen. Ein Schwarm kann pro Kubikmeter Wasser 10 000 bis 30 000 Individuen umfassen. Sie werden bis zu sechs Zentimeter lang, wiegen bis zu zwei Gramm und können ein Alter von sechs Jahren erreichen. Sie sind Nahrungsgrundlage für Wale, Robben, Pinguine und andere Meeresvögel sowie für die meisten Fische. Unter den Robbenarten hat sich speziell der Krabbenfresser (*Lobodon carcinophaga*) an diese Nahrung angepasst. Seine Zähne zeigen Einkerbungen, an denen der Krill beim Herauspressen des Wassers aus dem Maul hängen bleibt und so seine Nahrung aus dem Wasser siebt. Die Nahrung des Krabbenfressers besteht zu 98 Prozent aus dem Antarktischen Krill, von dem pro Jahr etwa 63 Millionen Tonnen verzehrt werden.

Die nächste trophische Stufe im Energiehaushalt des antarktischen Ökosystems charakterisieren u. a. Tintenfische. Sie sind einerseits die Hauptnahrungsquelle vieler Fische, Seevögel, Robben und Zahnwale, andererseits üben sie einen starken Fraßdruck auf Fische, Krill und andere wirbellose Tiere aus. Tintenfische werden unterteilt in zehnarmige Arten, zu denen Kalmare und Sepien gehören, und achtarmige Spezies wie Kraken. Derzeit wird geschätzt, dass in der Antarktis etwa zehn verschiedene Kalmare und mindestens zwanzig verschiedene Kraken vorkommen.

Schließlich nehmen die Fische eine weitere, trophisch höhere Schlüsselposition im antarktischen Nahrungsnetz ein. Die besondere Gruppe der Antarktisfische machen 75 Prozent der Fischarten der Antarktischen Gewässer aus, zu denen Krokodileisfische, Antarktisdrachenfische, Antarktisraubfische und Antarktisdorsche zählen, wobei letztere in dieser Region dominieren. Diese 56 Arten umfassende Familie überlebt nur bei einer Wassertemperatur von −2,5 bis +6 ° C und ist durch Frostschutzproteine im Blut an die niedrigen Temperaturen angepasst.

An der Spitze der Nahrungskette stehen die Vögel und Meeressäuger, die vor allem von Fisch und Tintenfisch leben. Die überwiegende Mehrheit dieser Tiere sind Sommergäste, die die Küstenzonen des antarktischen Kontinents besuchen. Barten- und Zahnwale, Hunds- und Ohrenrobben, Pinguine und andere Vögel teilen sich den außerordentlichen Reichtum des antarktischen Ökosystems. Die Robben haben beispielsweise spezielle Jagdstrategien und Nahrungsvorlieben. Rossrobben und Südliche See-Elefanten bevorzugen Tintenfisch. Fisch steht auch auf dem Speiseplan der Weddellrobben, der Antarktischen Seebären und der Krabbenfresser. Abwechslungsreicher ist der Speiseplan der Seeleoparden, die auch andere

Robben und Pinguine fressen. Diese Nahrungsnischen ermöglichen die Koexistenz der verschiedenen Arten im antarktischen Ökosystem.

Antarktischer Krill

Krill ist im Südlichen Ozean Hauptnahrungsquelle der Pinguine, Robben, Wale und Seevögel. Das bis zu sechs Zentimeter lange, garnelenartige wirbellose Tier ist nach Meinung von Meeresforschern die in Bezug auf die Biomasse am stärksten verbreitete Tierart. Schätzungen gehen davon aus, dass das weltweit kumulierte Gewicht des Krills bei 500 Millionen Tonnen liegt, eine unvorstellbar große Zahl. Die am häufigsten vorkommende Art ist der Antarktische Krill, dessen Lebensraum innerhalb der Antarktischen Konvergenz (vgl. Seite 12) zirkumpolar um Antarktika liegt. Das Hauptverbreitungsgebiet erstreckt sich um die Antarktische Halbinsel entlang des Scotia-Bogens zwischen Südgeorgien und den Südlichen Orkneyinseln.

Krill bewegt sich in riesigen Schwärmen. Tiere, die von ihren Schwärmen getrennt sind, haben keine hohen Überlebenschancen. Einige dieser Schwärme erreichen eine Fläche von über 90 Quadratkilometer mit einer Tierdichte von vielen tausend Körpern je Kubikmeter. Sie färben das Meer rot-orange, was von Bord aus selten erkennbar ist, denn die Tiere bewegen sich während des hellen Tages in tieferen Meeresregionen und kommen erst bei Dunkelheit bis unter die Meeresoberfläche. Die rötliche Wasserfärbung ist also meist nur an den Randzeiten des Tages beobachtbar.

Sowohl die erwachsenen Tiere als auch die im Sommer schlüpfenden Larven ernähren sich vom reichlich vorhandenen Phytoplankton, das sich vor allem an der Unterseite des Packeises als Eisalgenrasen bildet – die Hauptnahrungsquelle des Krills im Frühjahr. Der Algenrasen wird vom Krill abgeweidet, denn in ihm sind wesentlich mehr verwertbare Stoffe gebunden, als im gesamten Freiwasserbereich darunter. Sind die Rasen abgeweidet, ist Krill in der Lage, mit einem speziellen Filtermechanismus Phytoplankton aus dem Wasser zu filtern.

Phytoplankton bezeichnet man auch als photoautrophes Plankton. Es besteht zumeist aus ver-

Antarktischer Krill

schiedenen Algen und Bakterien und baut sich mit Hilfe der Photosynthese auf, benötigt Licht, Kohlenstoffdioxid und verschiedene, im Wasser gelöste Nährstoffe wie Nitrate, Phosphate und Eisen. Nitrate und Phosphate sind im Südpolarmeer in ausreichender Menge vorhanden, das Eisen liefern die Krillbestände. Erst kürzlich entdeckten Forscher, dass sich Antarktischer Krill von eisenhaltigen Fragmenten verfaulender Organismen ernährt, die auf dem Meeresgrund liegen (vgl. http://cordis.europa.eu/news/rcn/33655_de.html). Auf seinem Weg zurück an die Wasseroberfläche scheidet der Krill eisenhaltige Nahrungsreste aus. Da Krill in großen Mengen von Walen gefressen wird, gelangt auch über deren Ausscheidungen Eisen in das Wasser und steht somit dem Phytoplankton zur Verfügung.

In den Sommermonaten ist das Wasser durch das Phytoplankton und den Krill recht trüb, bietet jedoch Nahrung für alle. Die Taucher allerdings haben schlechte Sichtverhältnisse. Im Winter dagegen ist das Wasser klar und weder Krill noch Phytoplankton trüben die Sicht. Erwachsene Tiere haben sich zur Winterruhe in tiefe Meeresschichten zurückgezogen. Sie nehmen keine Nahrung zu sich und reduzieren ihren Stoffwechsel. Dabei machen sie einen Schrumpfungsprozess durch, an dessen Ende sie nicht selten um die Hälfte kürzer werden. Larven hingegen haben noch nicht die nötigen Reserven, um eine nahrungsfreie Winterruhe zu überstehen. Sie brauchen Nahrung auch im Winter, die sie unter dem Meereis finden. Gesteuert von einer inneren Uhr kommen jeden Tag Abermillionen von Larven bei einsetzender Dunkelheit aus größeren Tiefen nach oben und beginnen, die Unterseite des Meereises abzuweiden. Bei Tagesanbruch flüchten sie vor ihren Fressfeinden in größere Tiefen. Wie üppig das Nahrungsangebot für die Larven unter dem Eis ist, wird dann deutlich, wenn sich Eisbrecher durch dickes Meereis kämpfen und sich die dabei zerbrechenden Eisbrocken umdrehen, sodass ihre grüne, algenbesetzte Unterseite sichtbar wird.

Die erwachsenen Tiere steigen zur Meeresoberfläche auf, um ihre Energiereserven aufzufüllen, wenn eine bestimmte Lichtmenge am Tag erreicht wird. Denn dann schmilzt das Eis und das gebundene Phytoplankton wird freigesetzt.

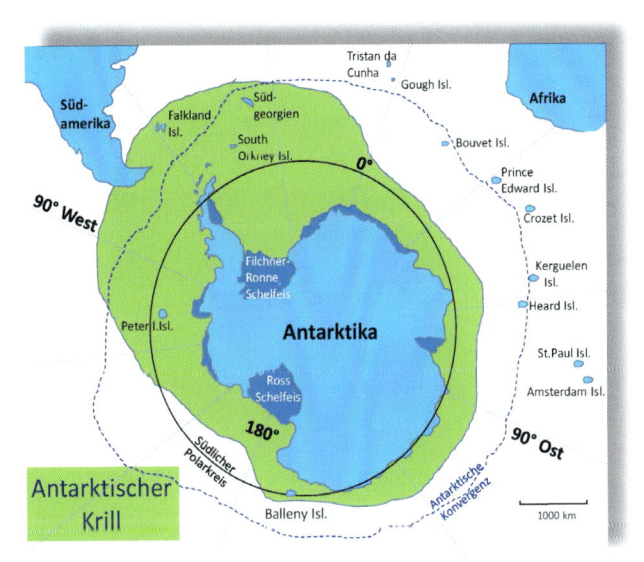

Krill ist für folgende Tierarten essentieller Nahrungsbestandteil:

Pinguine: Zügelpinguin, Goldschopfpinguin, Eselspinguin
Albatrosse: Schwarzbrauenalbatros, Graumantel-Rußalbatros, Graukopfalbatros
Sturmvögel: Riesensturmvogel, Hallsturmvogel, Antarktissturmvogel, Kapsturmvogel, Schneesturmvogel, Sturmtaucher, Weißkinnsturmvogel
Robben: Krabbenfresserrobbe, Weddellrobbe, Seeleopard, Rossrobbe, Antarktischer Seebär (Pelzrobbe)
Wale: Minkwal, Blauwal, Finnwal, Seiwal, Buckelwal
Fische: mit nur geringer Bedeutung
Kalmare: Es liegen keine Erkenntnisse über den Einfluss der Kalmare auf die Krillbestände vor.

Quelle: Gascón, Virginia & Rodolfo Werner. Antarktischer Krill: Eine Fallstudie über die Auswirkungen der Fischerei auf das Ökosystem von Puerto Madryn, online unter: http://www.lighthouse-foundation.org/fileadmin/LHF/PDF/Antarctic-krill-LF_D.pdf

Antarktischer Krill

Der Meeresbiologe Angus Atkinson untersuchte über viele Jahre die Entwicklung der Krillbestände. Er erkannte, dass die Krilldichte in den letzten 30 Jahren in einigen Regionen um etwa 80 Prozent abgenommen hat. Das ist eine signifikante Summe, auch wenn die Bestände jahresbedingt starken Schwankungen unterworfen sind. Wissenschaftler sehen darin eine deutliche Veränderung des Ökosystems, die sich u. a. auch auf das Leben der Pinguine auswirken kann. Viele Pinguinarten kehren jedes Jahr an den gleichen Nistplatz zurück. Eine deutliche Reduzierung des Krillbestandes vor den Pinguinkolonien würde eine erfolgreiche Aufzucht der Jungtiere gefährden.

Wissenschaftler vermuteten in den letzten Jahren verschiedene Gründe für die Reduzierung des Krillbestandes (vgl. David Sington „Die Krill-Expedition – Antarktis in Gefahr", Frankreich 2015). U. a. gab es die Annahme, dass der ungebremste Walfang im südlichen Ozean in den Jahren 1906–1960 den Krillbestand vermindert hat. Diese Annahme ist wissenschaftlich belegt, aber sie erklärt nicht, warum die Krillbestände erst dann so stark gesunken sind, nachdem der internationale Walfang im Südpolarmeer verboten wurde.

Eine weitere Hypothese zur Erklärung der reduzierten Krillpopulation sieht die Ursache in der Überfischung durch den kommerziellen Krillfang seit den 1970er Jahren. Für eine signifikante Gefährdung der Bestände reichen die Krillfangmengen jedoch nicht aus, denn offensichtlich halten sich die Fangschiffe an die vorgegebenen Quoten der CCAMLR (Commission for the Conservation of Antarctic Marine Living Resources/Kommission zur Erhaltung der lebenden Meeresschätze der Antarktis). Die Fangquote für vier Fanggebiete im Südlichen Ozean um die Antarktische Halbinsel beträgt nur ein Prozent des Krillbestandes und ist damit zu klein, um den Krillbestand gefährden zu können.

Die Hauptursache für den dramatischen Rückgang der Krillbestände in einigen Regionen der Antarktis scheint eine signifikant veränderte Meereisbedeckung aufgrund der Klimaerwärmung zu sein. Während sich in der gesamten Antarktis die Meereisbedeckung in der Phase der Klimaerwärmung der letzten Jahrzehnte kaum vermindert hat, sieht die Situation im westlichen Teil der Antarktischen Halbinsel anders aus. Hier bildet sich das Eis im beginnenden Winter später und schmilzt im beginnenden Sommer früher. Bezogen auf den Zeitraum der letzten Jahrzehnte verkürzte sich die Meereisbedeckung um etwa drei Tage pro Jahr. Das heißt, dass in den letzten zehn Jahren der Winter in den stark betroffenen Gebieten westlich der antarktischen Halbinsel um einen ganzen Monat kürzer war.

Krill orientiert sich in seinem Sommer/Winter-Verhalten an der Lichtmenge. Denn je mehr Licht zur Verfügung steht, desto mehr Phytoplankton ist im Meer vorhanden. Setzt die Meereisbedeckung im Herbst aufgrund kalter Temperaturen ein, wenn noch viel Licht zur Verfügung steht, bleibt genügend Phytoplankton am Eis gebunden und die Larven finden ausreichend Nahrung, um während der Wintermonate versorgt zu sein. Setzt die Eisbildung aufgrund wärmerer Klimabedingungen im

Herbst später ein, wird weniger Phytoplankton im Eis gebunden und den Larven fehlen Weidegründe unter dem Eis. Wenn im antarktischen Frühling die Tage länger werden und die tägliche Lichtmenge zunimmt, steigen auch die erwachsenen Tiere an die Meeresoberfläche. Setzt die Eisschmelze aufgrund der Erderwärmung zeitiger ein, bedeutet das, dass die erwachsenen Tiere lichtabhängig erst aufsteigen, wenn das Eis bereits geschmolzen ist und somit weniger Algenrasen zur Verfügung steht.

Sowohl die spätere Meereisbildung als auch die frühere Eisschmelze reduzieren somit das Nahrungsangebot an gebundenem Phytoplankton und mindern unweigerlich die Krillbestände. Der Kreislauf aus Phytoplankton, Krill und Prädatoren ist gestört. Ob sich der Krill und damit das gesamte Ökosystem auf die neue Situation einstellen kann, ist noch nicht bekannt. Gemessen an den stark rückläufigen Krillbeständen ist das offensichtlich nicht der Fall.

Michael Polito und Co-Autoren zeigen im Fachjournal „Proceedings of the National Academy of Sciences" (Dezember 2019) die Auswirkungen sich verändernder Krillbestände auf Esels- und Zügelpinguine im Südpolarmeer auf.

Zu Beginn des 20. Jahrhunderts kam die Krebstierart Krill noch in riesigen Schwärmen vor. Wale, Robben und Pinguine fanden ausreichend Nahrung und mit der menschlichen Jagd auf Wale und Robben steigerte sich das Krillangebot für die Pinguine noch weiter.

Seit Mitte des vorigen Jahrhunderts hat sich die Situation für die Pinguine jedoch verändert: Die Wal- und Robbenbestände erholen sich, und gleichzeitig trägt der Klimawandel zum Anstieg der Meerestemperatur bei. Beides führte aber zu einer Reduzierung der unter dem Eis liegenden Weidegründe der Krill-Larven. Als dritte Komponente kommt die umfangreiche Fischerei nach Krill hinzu. All dies führt zu einer Minderung des Krillangebots für die Pinguine.

Bei Analysen von Isotopenwerten der Federn beider Pinguinarten konnte Polito zeigen, warum Eselspinguine in den vergangenen 50 Jahren eher wachsende Bestände aufwiesen und Zügelpinguine signifikant sinkende Populationen verzeichneten. Eselspinguine haben offenbar ihre Nahrung, die noch bis Mitte des vorigen Jahrhunderts ausschließlich aus Krill bestand, mittlerweile durch Tintenfische und Fische ergänzt, während Zügelpinguine sich nach wie vor ausschließlich von Krill ernähren und damit stärker unter den abnehmenden Krillbeständen leiden. Eselspinguine, die bislang ausschließlich in den klimatisch gemäßigten Zonen der Antarktis und Subantarktis lebten, migrieren mittlerweile auf der Antarktischen Halbinsel in Habitate von Adéliepinguinen, die bislang eher die kälteren Regionen für ihre Nistplätze auswählten.

Zügelpinguin

Eselspinguin

Nicht einheimische Tierarten

Neben der Migration der in der Antarktis heimischen Tierarten gehört die Etablierung nicht einheimischer Meeresarten zu den ökologischen Herausforderungen im Südlichen Ozean, die zu-

153

sammen mit dem Klimawandel, der Meeresverschmutzung bzw. -erwärmung und der Versauerung der Ozeane irreversible Auswirkungen auf den Bestand antarktischer Tierarten haben können.

Während in der Arktis bereits 34 nicht einheimische Meeresarten erfasst sind (vgl. Chan, F.T. & Briski, E., 2017), gibt es in der Antarktis bislang keine Populationen nicht einheimischer Arten, die eigenständig den Weg über die kalte Barriere der antarktischen Konvergenz im Südlichen Ozean gefunden haben. Aber es gibt Berichte über fünf freilebende Meeresarten, die potenziell durch anthropogene Mittel transportiert wurden: Grastang, Seespinne, braune Mosstierchen, Vasentunikat und Rosa-Mund-Hydroid. Darüber hinaus listet eine Studie internationaler Forscher unter Leitung des British Antarctic Survey aus 103 untersuchten Arten 13 auf, die mit hoher Wahrscheinlichkeit als besonders invasiv einzustufen sind. (vgl. Wenger, Dr. Michael, Polar Journal AG, 15.1.2020) Dazu zählen acht wirbellose Meerestiere wie Krabben und Muscheln, zwei Landpflanzenarten, zwei Landwirbellose wie Springschwänze oder Milben und eine Algenart.

Mit der bislang bestehenden Datenlage wird zwar noch belegt, dass der hohe Endemismus in antarktischen Gewässern kaum beeinträchtigt ist. Allerdings wurde auf diesem Gebiet in den vergangenen Jahren noch viel zu wenig geforscht, sodass die Notwendigkeit, anthropogene Transporte nicht einheimischer Arten zu erkennen und auszuschalten ein dringliches Thema antarktischer Forschung werden muss. (vgl. Arlie H. McCarthy, u. Team, Antarctica, April 2019). Bislang gelten einige Erkenntnisse über anthropogene Transportfaktoren als gesichert. Andere sind hypothesenbasiert und bedürfen noch einer empirischen Bestätigung.

Im Fokus der Fragestellung, welche nicht einheimischen Arten über welche Wege in die Antarktis gelangen, stehen Untersuchungen von Biofoulingorganismen, Routen von Schiffen, Verweildauern in Häfen und die Identifikation von invasiven Arten in den angelaufenen Häfen rund um Antarktika. Bei den Schiffskörpern selbst gilt es, untere Öffnungen im Schiffsrumpf, sogenannte Moonpools, oder andere Auslassöffnungen, aber auch Seekisten und interne Seewassersysteme als Quellen zu identifizieren, die schwimmende Larvenstadien in umliegende Gewässer freisetzen könnten. Zudem kommen Fahrzeuge, Boote, Ballasttanks oder frisch eingeführte Waren als Träger in Frage. Das kritische Hinterfragen des Risikopotentials all dieser Faktoren und das konsequente und frühzeitige Verhindern des Eindringens nicht einheimischer Arten muss auch ein essentieller Bestandteil des Antarktis-Tourismus sein, denn nur so tragen wir dazu bei, Überlebenswahrscheinlichkeiten nicht einheimischer Arten im Südlichen Ozean zu minimieren.

Wie schwer es ist, bereits etablierte Arten wie Ratten und Mäuse zu bekämpfen, zeigen die sehr kostspieligen und zeitintensiven, aber auch erfolgreichen Maßnahmen des South Georgia Heritage Trust in den vergangenen Jahren. Beide Tierarten waren vor vielen Jahrzehnten von Wal- und Robbenfängern nach Südgeorgien und andere subantarktische Inseln gebracht worden. Sie hatten dort kaum Fressfeinde und die Nistplätze der einheimischen Vogelarten boten ein unerschöpfliches Nahrungspotential. Mittlerweile gilt Südgeorgien als rattenfrei und die Inselverwaltung tut alles, um diesen Status zu erhalten.

Auch Touristen und Crewmitglieder von Schiffen, die im Gebiet der Antarktis an Land gehen, müssen im Rahmen eines sogenannten Bio-Security-Checks ihren Beitrag leisten, um das Eindringen nicht einheimischer Arten zu verhindern. Diese können sich als Erdrückstände, Insekten oder Pflanzensamen in Schuhwerk, Ärmel- oder Hosenaufschlägen, Taschen, Nähten, Klettverschlüssen, Rucksäcken, Gehstöcken oder Stativbeinen verstecken. (vgl. Verhaltensregeln in der Infospalte auf Seite 120, Band I).

In der Hauptreisezeit des antarktischen Sommers melden die touristischen Reedereien insgesamt 4062 Schiffstage (Daten aus der Saison 2017-2018). Dabei konzentriert sich das Gros der Ziele auf Südgeorgien und die Antarktische Halbinsel, wo 67 % der Touristenbesuche sich auf 10 % der Anlandungsstellen fokussieren. (Quelle: IAATO 2018)

Die Karte zeigt Zahlen zum touristischen Schiffsverkehr rund um Antarktika, wobei die Daten zur Reisedichte pro Jahr ebenso markiert sind, wie die Zonen der Hauptschifffahrtsrouten.

Während die touristischen Schiffe nur von Oktober bis April (im Kern von Mitte November bis Mitte März) unterwegs sind, fahren die Fischereifahrzeuge das ganze Jahr über. 2018 verbrachte die Fischereiflotte insgesamt 4703 Schiffstage im Bereich der Antarktis. Da ihre Fahrzeuge auch in den Sommermonaten der Küste fernbleiben, kommt es jedoch kaum zu Sichtungen zwischen ihr und der Touristikflotte.

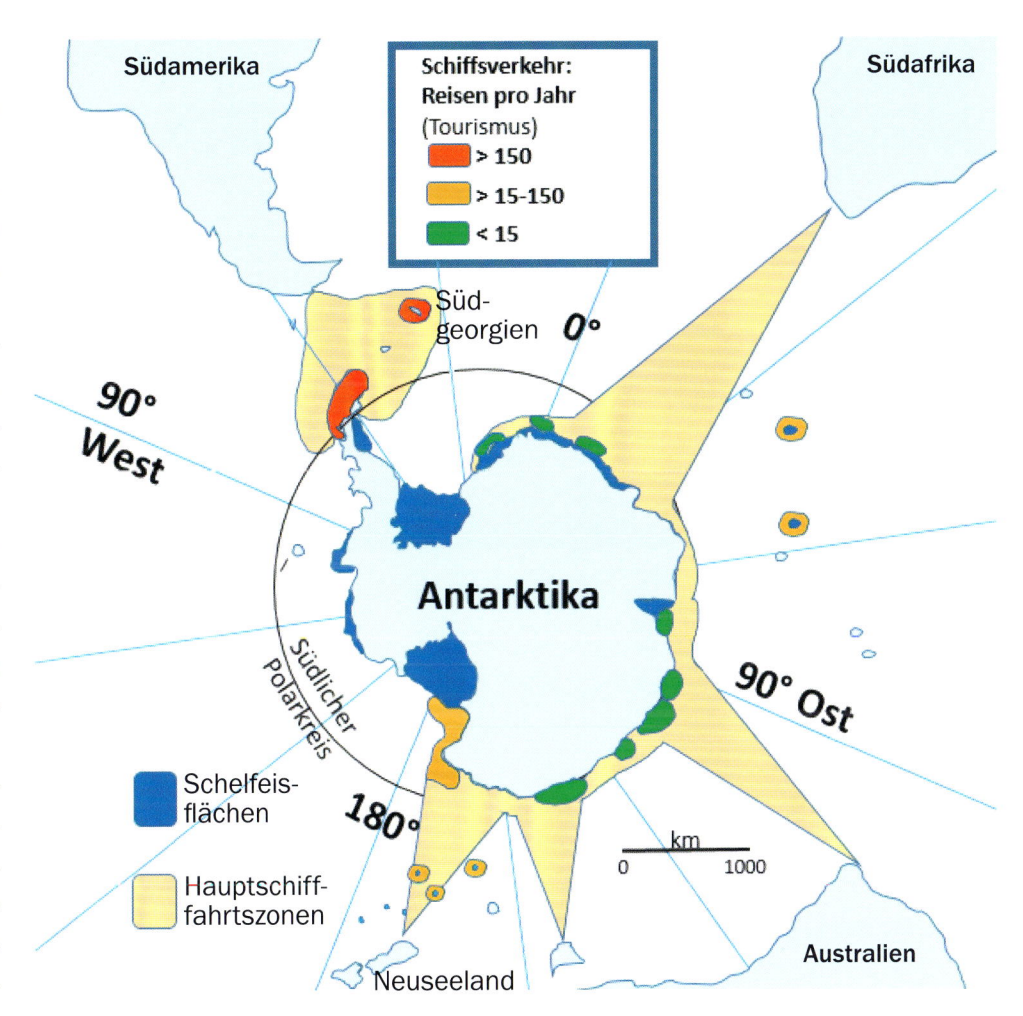

Seevögel

Dipl.-Biologe Uli Erfurth

Ein Südlicher Riesensturmvogel weidet eine Pelzrobbe aus. Die kleineren Skuas warten, bis er satt ist, Salisbury Plain, Südgeorgien.

Innerhalb der Antarktischen Konvergenz brüten etwa vierzig Seevogelarten. Mehr als zwei Drittel davon zählen zur Ordnung der Pinguine (Sphenisciformes) und Röhrennasen (Procellariiformes). Der vergleichsweise geringen Menge an Arten stehen hohe Individuenzahlen gegenüber. Allein die Pinguine schätzt man auf über zwanzig Millionen Brutpaare, bei den kleineren Röhrennasen-Spezies sind Populationen von vielen Millionen nicht selten.

Zu den Röhrennasen werden Albatrosse, Sturmvögel, Sturmschwalben und Lummensturmvögel gerechnet. Wie alle Seevögel können sie überschüssiges Salz über eine Drüse oberhalb der Schnabelwurzel ausscheiden. Namensgebend sind die zwei großen Röhren auf dem Oberschnabel, an deren Basis die Salzdrüse mündet. Außerdem können manche Arten, wie der

Südliche Riesensturmvogel (*Macronectes giganteus*), aus dieser Vorrichtung einem Angreifer eine ölige Flüssigkeit meterweit entgegenspritzen. Wer an Land beobachtet, wie ein Riesensturmvogel im Stile eines Geiers einen Seebären-Kadaver ausweidet, mag zunächst nicht glauben, dass es sich um einen Seevogel handelt, der an langes, ausdauerndes Fliegen über weite Strecken und die rauen Bedingungen des Südlichen Ozeans perfekt angepasst ist. Tatsächlich verbringt die Art aber die Hälfte des Jahres über dem Meer. Wie alle Seevögel kommen sie nur zur Fortpflanzung an Land.

Sturmschwalbe

Die kleinsten Vertreter der Röhrennasen sind die Sturmschwalben. Bei einem Gewicht von 25 Gramm passen Buntfuß-Sturmschwalben (*Oceanites oceanicus*) in jede Kinderhand. Bei der Nahrungssuche hopsen sie paddelnd auf der Wasserfläche. Vermutlich werden so Beutetiere angelockt. Ihre Flugstrecken gestalten sie mit einem abwechselnden Flatter- und Gleitflug. So fliegen sie im Südwinter vereinzelt bis nach Europa.

Albatros

Die mächtigen, bis zu zwölf Kilogramm schweren Albatrosse segeln überwiegend. Zu den bekanntesten Vertretern zählt der Wanderalbatros (*Diomedea exulans*), der mit einer Spannweite von

über drei Metern die größte Flügelspannweite aller Seevögel aufweist. Die Art kann über 80 Jahre alt werden und lebt, nach mehreren Jahren der Balz, monogam. Die Eltern füttern ihr Küken über ein Jahr lang. Jungvögel brauchen wenigstens fünf Jahre bis zur Geschlechtsreife. In dieser Zeit halten sie sich ununterbrochen auf See auf, um an der Meeresoberfläche Kalmare, Fische und Aas zu suchen. Für die Futtersuche legen Albatrosse sehr große Flugstrecken zurück. Um sich bei minimalem Energieeinsatz fortzubewegen, steigt der Albatros im Schutz einer Welle auf und erreicht über dem Wellenkamm die Zone mit der maximalen Windgeschwindigkeit. Hier angekommen dreht er in den Wind, wird beschleunigt und gewinnt kinetische Energie. Den darauf folgenden Sturzflug mit bis zu 120 Stundenkilometern nutzt er, um in niedriger Höhe und bei geringer Luftströmung eine Kurve und eine beträchtliche Strecke seitlich zum vorherrschenden Wind zu segeln, um dann eine neue Schleife dieses „dynamischen Segelflugs" zu beginnen. Untersuchungen haben gezeigt, dass südgeorgische Brutpaare des Albatrosses bis Brasilien fliegen und die Antarktis in nur eineinhalb Monaten umrunden können. Bevor sie zum Nest zurückkehren und ihr Küken mit Magenöl füttern, haben sie Flugstrecken bis 15 000 Kilometer zurückgelegt. Wanderalbatrosse, die Könige der Seevögel, verbringen so bis zwei Millionen Kilometer in ihrem Leben in der Luft! Laut der Roten Liste der IUCN sinkt der Bestand dieser Art ständig, sie wird als gefährdet eingestuft. 2006 gab es in der gesamten Antarktis nur noch 8 000 geschlechtsreife Tiere. Ursache dafür ist der dramatische Beifang der Vögel in der Langleinen-Fischerei. Sie kostet jährlich über 300 000 Seevögeln das Leben.

Blauaugenkormoran

Der Blauaugenkormoran, auch Blauaugenscharbe genannt, kommt im Süden Südamerikas inklusive der Falklandinseln, einigen subantarktischen Inseln und auf der Antarktischen Halbinsel vor. Es werden mehrere Unterarten mit leicht unterschiedlicher Zeichnung und Farbkleid angegeben, die genaue Zahl ist jedoch unter Wissenschaftlern umstritten: Sie sprechen von einem Blauaugenkor-

Ein Blauaugenkormoran bei der Nestpflege.

moran-Komplex mit dreizehn Sippen in geografisch getrennten Regionen. Der Bestand wird auf maximal 1,4 Millionen geschlechtsreifer Tiere geschätzt und gilt als ungefährdet. Ausgewachsen erreicht der Vogel eine Körperlänge von 75 Zentimeter, eine Flügelspannbreite von 115 Zentimeter sowie ein Gewicht von etwa drei Kilogramm.

Blauaugenkormorane brüten in Kolonien auf höher gelegenen Plateaus in der Nähe von Steilküsten, auf den Falklandinseln oft gemeinsam mit Felsenpinguinen und Schwarzbrauenalbatrossen. Wie alle Seevögel mit hoher elterlicher Fürsorge sind sie monogam. Die Männchen sammeln das Grobmaterial für ein konisches Nest aus Algen, Federn, Muschelschalen, ggf. Pflanzenresten, Exkrementen und Schlamm, das jedes Jahr erneuert wird, während das Weibchen überwiegend den Innenausbau übernimmt. Im November legt es zwei bis vier Eier. Diese werden von den Altvögeln 28 Tage abwechselnd bebrütet und der Nachwuchs regelmäßig von beiden mit Nahrung versorgt. Verluste durch Dominikanermöwen, Weißgesicht-Scheidenschnäbeln, Skuas und Riesen-Sturmvögel sind die Regel. Die überlebenden Küken sind Mitte Februar flügge. Auf der Antarktischen Halbinsel variiert der Bruterfolg von Saison zu Saison erheblich, aber in den vergangenen Jahrzehnten gab es tendenziell einen Rückgang, wobei einige Kolonien sogar dramatisch schrumpften.

Hauptbeute der Blauaugenkormorane sind bodenlebende Krustentiere und kleine Fische. Meist in Gruppen tauchend, jagen sie ihre Beute in geringen Tiefen, selten in hundert Metern und tiefer. Anders als die Pinguine benutzen sie dabei zum Vortrieb ihre großen Füße mit den eindrucksvollen Schwimmhäuten. Die Tauchzeit kann bis sechs Minuten betragen. Meist suchen sie in geringer Entfernung zur Küste nach Nahrung und fliegen stets am Abend zurück zur Kolonie.

Die Familie der Pinguine

Dr. Antje Kakuschke

Zu den außergewöhnlichsten Bewohnern der Südhalbkugel zählen unbestritten die Pinguine. Diese flugunfähigen Seevögel sind in der Ordnung der Pinguinartigen (Sphenisciformes) in der Familie der Pinguine (Spheniscidae) zusammengefasst. Diese umfasst 17 Arten in sechs Gattungen: Langschwanz-, Schopf-, Groß-, Gelbaugen-, Zwerg- und Brillenpinguine. Die Gattungen der Gelbaugenpinguine (*Megadyptes antipodes*) und Zwergpinguine (*Eudyptula minor*) sind monotypisch, umfassen also nur eine Art. Sie kommen in den Gewässern Neuseelands vor. Der Zwergpinguin ist die kleinste Art der Familie und hat sich aus den direkten Vorfahren am Ende des Miozäns entwickelt.

Trotz beträchtlicher Unterschiede in Größe, Gewicht und Verbreitung zeigen Pinguine charakteristische Anpassungen an das Leben im Meer und die teilweise extremen Temperaturen. Der Lebensraum dieser Vögel ist das offene Wasser, sie kommen jedoch zum Brüten und zum Wechsel des Federkleides an Land. Durch ihren strömungsgünstigen, torpedoförmigen Rumpf, die zu kräftigen Flossen umgestalteten Flügel, die mit Schwimmhäuten versehenen Füße und durch die mit Mark ausgefüllten und somit schwereren Knochen sind sie hervorragende Schwimmer und Taucher. Sie tragen ein dichtes und wasserabweisendes Federkleid, das aus Daunen und dachziegelartig darüber liegenden Federn besteht. Eine als Nährstoffvorrat und Kälteschutz dienende Fettschicht sowie eine regulierbare Durchblutung der Extremitäten ermöglichen eine effektive Thermoregulation.

Einige Pinguinarten, die auf der Reise nach Südgeorgien, zur Antarktischen Halbinsel und zu den Falklandinseln häufig beobachtet werden können, werden hier porträtiert, ergänzt durch ein Kapitel über die Kaiserpinguine, die leider sehr selten zu beobachten sind.

Langschwanzpinguin

Zur Gattung der Langschwanzpinguine zählen die Esels-, Adélie- und Zügelpinguine, die alle schwarz-weiß gefiedert und von ähnlicher Größe sind. Sie tragen lange, gebogene Schwanzfedern, die der Gattung den Namen geben. Die Langschwanzpinguine stellen in der Antarktis den dominierenden Teil der Vogelwelt dar und spielen eine wichtige Rolle im antarktischen Nahrungsnetz. Ihre Nahrung besteht hauptsächlich aus Krebstieren/Krill, aber auch kleine Fische oder Tintenfische werden nicht verschmäht. Alle drei Arten bauen Nester aus einem kreisförmigen Stapel kleiner Steinchen und legen zwei Eier. Die Küken benötigen zum Erreichen der Selbständigkeit ca. 45 bis 60 Kilogramm Nahrung, also die zehnfache Menge ihres späteren Eigengewichtes.

Die Langschwanzpinguine sind Nahrung für große Räuber wie Seeleoparden oder Schwertwale. An Land haben sie keine Feinde. Jedoch werden ihre Eier und/oder Küken von Raubmöwen, Riesensturmvögeln, Dominikanermöwen oder Scheidenschnäbeln gefressen. Ist die kritische Phase der ersten Jahre überstanden, haben diese Pinguine eine Lebenserwartung von über 20 Jahren.

Eselspinguin

Sie sind mit durchschnittlich 71 Zentimetern die größten der drei Arten, unterschieden sich jedoch bezüglich ihrer biometrischen Daten. So sind die in den nördlichen Regionen beheimateten Tiere etwa zehn Zentimeter größer als die weiter südlich verbreiteten. Diese Art ist zirkumpolar anzutreffen, hat aber drei Hauptverbreitungsgebiete auf den Falklandinseln, auf Südgeorgien und den Südlichen Sandwichinseln sowie auf der Antarktischen Halbinsel, ihr südlichstes Brutgebiet. Die Gesamtpopulation wird auf über 300 000 Brutpaare geschätzt.

Eselspinguine haben einen dreieckigen weißen Fleck über jedem Auge und einen an den Seiten rot-orange gefärbten Schnabel sowie orangefarbene Füße. Ihren Namen verdanken sie ihren charakteristischen Rufen, die an Eselsschreie

Eselspinguin

Zügel- oder Kehlstreifenpinguin

Adéliepinguin

erinnern. Die Küken sind zunächst mit einer silbergrauen Daunenschicht bedeckt, aber schon kurze Zeit später durch einen dunkleren Rücken und eine hellere Bauchseite gekennzeichnet. Die helleren Augenflecke sind meist noch nicht klar erkennbar.

Eselspinguine der subantarktischen Inseln bauen ihre Nester auch aus Torf und anderem zur Verfügung stehenden Material. Die Brutzeit variiert sehr stark je nach Verbreitung: in den nördlichen Regionen beginnt sie im Juni/Juli, in den südlichen Kolonien im November/Dezember.

Adéliepinguin

Adéliepinguine sind ca. 70 Zentimeter groß und haben eine zirkumpolare und kontinentale Verbreitung. Neben den Kaiserpinguinen sind sie die einzige Art, die hauptsächlich auf dem antarktischen Kontinent brütet. Ihre Gesamtzahl wird auf 5,0 Millionen Brutpaare geschätzt. Im Bereich der Antarktischen Halbinsel erreichen die Adéliepinguine die Nordgrenze ihrer Verbreitung.

Sie besitzen weiße Augenringe, die die schwarze Iris vom Gefieder sichtbar abgrenzen, einen schwarzen Schnabel mit roten Färbungen und rosa Füße. Ihre Brutsaison liegt zwischen Oktober und Februar. Die Küken haben zunächst eine komplett braune, dicke Daunenschicht, die der Halbwüchsigen ist schon ähnlich dem elterlichen Federkleid gezeichnet, jedoch noch nicht tiefschwarz. Die weißen Augenringe kommen erst im dritten Lebensjahr zum Vorschein.

Zügelpinguin

Die kleinsten Langschwanzpinguine sind mit ca. 68 Zentimetern die Zügelpinguine. Sie brüten vorwiegend auf der Antarktischen Halbinsel, den Südlichen Shetland- und Orkneyinseln sowie den Südlichen Sandwichinseln. 1980 wurde ihr Gesamtbestand auf 4,0 Millionen Brutpaare geschätzt. Häufig sieht man die Arten auch in gemeinsamen Brutkolonien mit anderen Arten vergesellschaftet.

Das markante Merkmal der Zügelpinguine ist ein dünner schwarzer Streifen, der im Bereich des Hinterkopfes beginnt und unter dem Auge bis vor zum Kinn verläuft. Dieser Streifen verlieh der Art auch den Namen Kehlstreifpinguin. Der Schnabel ist schwarz und die Füße rosa. Die Küken sind zunächst mausgrau, später lässt sich ein silbergrauer Rücken und ein weißer Bauch erkennen, zum Teil auch schon ein grauer Kehlstreif. Die Brutsaison der Zügelpinguine liegt zwischen November und März.

Großpinguine

Zur Gattung der Großpinguine zählen die farbenfreudigen Königs- und Kaiserpinguine (*Aptenodytes patagonicus* und *Aptenodytes forsteri*). Ihre Größe ist für die Gattung namensgebend. Sie bauen keine Nester und legen nur ein Ei, das auf den Füßen gelagert wird.

Sollte Ihre Kreuzfahrt auf dem Weg in die Antarktis einen Zwischenstopp in Südgeorgien einlegen, bekommen Sie das unbeschreibliche Erlebnis, gigantische Kolonien der Königspinguine zu sehen. Neben adulten Tieren kann man hier auch die braun gefiederten Jungtiere beobachten. Kaiserpinguine können während einer Kreuzfahrt auf den klassischen Routen zur Antarktischen Halbinsel nur vereinzelt beobachtet werden.

Königspinguin
Dipl.-Biologe Uli Erfurth

Ausgewachsene Königspinguine erreichen eine Standhöhe von 90 Zentimeter und wiegen zwischen neun und 18 Kilogramm. Damit sind sie nach den eng verwandten Kaiserpinguinen die zweitgrößte Pinguinart. Ihre Gesamtpopulation wird auf 1,6 Millionen Paare geschätzt. Der Bestand gilt als nicht gefährdet. Gebrütet wird auf verschiedenen subantarktischen Inseln, bevorzugt in geschützten Bereichen hinter der Uferzone in riesigen Kolonien mit 100 000 Paaren.

Königspinguine werden im dritten Lebensjahr geschlechtsreif. Aufgrund der harten klimatischen Bedingungen während der Kükenaufzucht dauert ein vollständiger Brutzyklus bei ihnen nahezu vierzehn Monate. Vögel, die im vorangegangenen Jahr nicht erfolgreich waren, beginnen im November mit der Balz. Anfang Dezember legt das Weibchen ein einzelnes, ca. 300 Gramm schweres Ei. Im halb- bis zweiwöchigen Wechsel wird es von den Altvögeln 55 Tage lang bebrütet. Das Ei liegt dabei auf den Füßen und wird von einer Hautfalte bedeckt. Der jeweils nicht brütende Elternteil geht auf Futtersuche.

Im ersten Monat nach dem Schlupf bleibt das Küken noch zwischen den Füßen seiner Eltern, bis ihm ein Daunenkleid gewachsen ist und es seine Körpertemperatur selbst regulieren kann. Ende Februar bilden die Jungvögel „Krippen", sodass die Eltern gleichzeitig auf die Jagd gehen können. Wenn sie nach einer Woche oder länger zurück in die Kolonie kommen, finden sich Eltern und Nachwuchs durch Kontaktrufe wieder. Ende März sind die Küken so schwer wie die Elterntiere, aber immer noch nicht flügge.

Im folgenden Winter werden sie nur noch sporadisch, oft auch nur ein oder zwei Mal in sechs Monaten, mit Nahrung versorgt. Im Frühling päppeln die Eltern die stark abgemagerten Küken (manche

Königspinguin in Salisbury Plain, Südgeorgien

Königspinguine vor der Gletscherkulisse von Südgeorgien.

verlieren 70 Prozent ihres Körpergewichts) wieder hoch. Mit neuen Fettreserven ausgestattet erfolgt gegen Ende des Jahres der energiezehrende Wechsel vom jugendlichen Daunenschutz zum Erwachsenengefieder, der drei Wochen dauert. Nach 13 Monaten erfolgt letztendlich die Loslösung des Jungvogels von seinen Eltern. Nach einer Regenerationsphase, der Mauser und einer erneuten Balz, kommt schon im Februar, manchmal auch erst im März oder April das nächste Ei. Allerdings sind die daraus schlüpfenden Küken zu Beginn des Winters fast immer noch zu klein, um die folgende Hungerperiode zu überstehen. So kommen Königspinguine, wenn alles gut verläuft, auf zwei Jungtiere in drei Jahren.

Königspinguine tauchen bis zu 345 Meter tief und bleiben bis neun Minuten unter Wasser. 150 Tauchgänge pro Tag sind dokumentiert, mehr als die Hälfte davon erreichen Tiefen über 50 Meter. Sie jagen in Gruppen nach Leuchtsardinen und Kalmaren, die sie im Sommer wenige bis maximal 200 Kilometer vor der Küste finden.

An Land haben ausgewachsene Königspinguine keine natürlichen Feinde. Einzig ihre Eier und die kleinen Küken müssen sie vor gelegentlichen Angriffen der Riesensturmvögel beschützen. Im Meer lauert die größte Gefahr in Form von Orcas und Seeleoparden.

Kaiserpinguin
Dipl.-Biologe Uli Erfurth

Kaiserpinguine müssen von allen Pinguinarten die kältesten Temperaturen aushalten. Sie brüten im tiefen antarktischen Winter. Gegen die Kälte und eisigen Winde schützt sie ein sehr dichtes, vom Öl der Bürzeldrüse imprägniertes Gefieder und eine mehrere Zentimeter dicke Fettschicht unter der Haut.

Den antarktischen Sommer, also die Monate Dezember und Januar, verbringen die Tiere im Meer und füllen ihre Fettreserven auf, die sie für den langen Winter benötigen. Ab März begeben sie sich zu ihren Brutkolonien, von denen rund um Antarktika bislang 46 bekannt sind. Für Männchen und Weibchen beginnt eine lange Reise, da die Kolonien weit im Landesinneren liegen. Auf dem Bauch rutschend oder im energiesparenden „Watschelgang" bewegen sie sich über mehrere beschwerliche Wochen an ihr Ziel, das die meisten von ihnen bereits aus der letzten Brutperiode kennen.

Nach der Ankunft in der Brutkolonie beginnt die Paarungszeit, im Mai wird ein Ei gelegt. Dass es bei den eisigen Bedingungen keine Steine oder Gräser zum Nestbau gibt, versteht sich von selbst. Das Ei wiegt etwa 450 Gramm und wird dem Männchen übergeben, das zuerst das Ei und später das Küken zwischen den Füßen und dem warmen Gefieder des Unterbauchs wärmt. Die Übergabe muss schnell erfolgen, da sonst der Embryo abstirbt. Der Übergabeprozess gelingt jedoch nicht immer. Nach erfolgter Übergabe wandern die Weibchen zurück ins Meer zur Nahrungsaufnahme. Für die Männchen beginnt die härteste Zeit des Jahres. Wegen der zunehmenden Kälte und des eisigen stürmischen Windes stehen sie kräfteschonend in einer dicht gedrängten Gruppe zusammen. Dabei werden häufig die Plätze gewechselt, sodass jedes Tier mal am äußeren Rand und mal innerhalb der Kolonie steht.

Nach ca. 63 Tagen schlüpft das Küken und wird vom Männchen mit milchigem Magensekret gefüttert. Das Männchen verliert, bis das Weibchen zurückkommt, etwa 30 Prozent seines Körpergewichtes. Sobald das Weibchen zurück ist, übernimmt es die Versorgung des Jungtieres, und das geschwächte Männchen macht sich auf den Weg zur Nahrungsaufnahme im Meer. In den nächsten Wochen wechseln sich die Elterntiere bei der Fütterung ab.

Im Dezember werden die Jungen flügge und folgen den Elterntieren ins Meer. Die Jungtiere kehren erst nach drei bis sechs Jahren zu ihrer Kolonie zurück, um selbst Nachwuchs zu zeugen. So sind sie eine leichte Beute für Seeleoparden und Schwertwale.

Kaiserpinguine

Schopfpinguine

Die Gattung der Schopfpinguine stellt die artenreichste Gruppe dar und umfasst Dickschnabel-, Felsen-, Goldschopf-, Hauben-, Snaresinsel- und Kronenpinguine. Alle haben farbige Schmuckfedern am Kopf. Kreuzfahrer an den Küsten der Falklandinseln können neben den Goldschopfpinguinen vor allem Kolonien von Felsenpinguinen beobachten, die zum Teil mit anderen Vogelarten, z. B. Schwarzbrauenalbatrossen, vergesellschaftet sind.

Südlicher Felsenpinguin

Der Südliche Felsenpinguin zählt zu den kleinsten Pinguinarten überhaupt. Bei einer Standhöhe von 45 Zentimeter variiert sein Gewicht von zwei bis vier Kilogramm kurz vor der Mauser. Weibchen und Jungvögel sind tendenziell etwas kleiner. Noch nicht geschlechtsreife Vögel erkennt man am fehlenden Schopf. Felsenpinguine sind nicht vor dem vierten Lebensjahr geschlechtsreif.

Die Brutzeit beginnt im frühen Oktober mit der Ankunft der Männchen am Nistplatz, wenige Tage später folgen die Weibchen. Die Tiere kehren jedes Jahr zum gleichen Nest zurück, um es mit Steinchen und Pflanzenteilen auszubessern. Die Nistplätze befinden sich bevorzugt in abschüssigen Felsschluchten. Unter Umständen müssen die „rock hopper" deshalb hundert Höhenmeter hüpfen, um zum Nest zu gelangen. Häufig brüten sie mit Schwarzbrauenalbatrossen und Blauaugenscharben zusammen. Ihre Kolonien umfassen bis 100 000 Brutpaare und erreichen eine Dichte von drei Nestern pro Quadratmeter.

Anfang November werden zwei Eier im Abstand von wenigen Tagen gelegt, das erste wiegt nur etwa 80 Gramm, das zweite 110 Gramm. Unter guten Bedingungen werden beide Küken erfolgreich aufgezogen, was bei den verwandten Felsenpinguin-Arten fast nie der Fall ist.

Die Altvögel brüten abwechselnd gut einen Monat lang in drei annähernd gleich langen Perioden von jeweils zehn bis zwölf Tagen. In der ersten Schicht sind beide Partner aktiv, in der zweiten brütet nur das Weibchen, in der dritten nur das Männchen, der jeweils andere Partner geht auf die Jagd. Nachdem die Küken geschlüpft sind, bleibt das Männchen 25 Tage am Nest. Danach haben die Küken ihr zweites Daunenkleid entwickelt und bilden mit anderen Küken Krippen. Dadurch können nun beide Altvögeln auf Nahrungssuche gehen. Im Alter von zehn Wochen werden die Jungen flügge, gut drei Wochen später verlassen sie die Kolonie.

Hinsichtlich ihrer Nahrung sind Felsenpinguine Generalisten und ernähren sich von verschiedenen Krebsen, Kalmaren und kleinen Fischen. Eine maximale Tauchtiefe von 168 Meter und eine Tauchzeit von drei Minuten sind nachgewiesen.

Ausgewachsene Tiere haben an Land keine natürlichen Feinde, im Meer hingegen werden sie von Orcas und Seelöwen gejagt. Eier und Küken werden von Raubmöwen und Geierfalken, aber auch von eingeschleppten Katzen oder Ratten gefressen.

Auf den Falklandinseln, dem Hauptverbreitungsgebiet, sank die Population des Südlichen Felsenpinguins von 2,5 Millionen Brutpaare im Jahr 1984 auf rund 272 000 (!) im Jahr 2000. Grund dafür war wahrscheinlich die massive Überfischung der umliegenden Gewässer. Obgleich sich die Bestände als Folge gesetzlicher Regulierung erholt und stabilisiert haben, ist der Gesamtbestand der Felsenpinguine, zu denen auch eine nördliche und östliche Art zählt, nach wie vor rückgängig. Die Hauptursachen sind unverändert die Fischerei, die Meeresverschmutzung sowie der Klimawandel, der das Nahrungsangebot verändert. Felsenpinguine werden von der IUCN (International Union for Conservation of Nature) als „gefährdet" eingestuft.

Goldschopfpinguin

Der Goldschopfpinguin ist mit ca. 6,3 Millionen Brutpaaren in der Region die häufigste Art. Dokumentiert sind 216 Kolonien an 50 Plätzen. Die größten Gruppen befinden sich auf der Ile des Pingouins (Archipel Crozetinseln), auf Heard Island and McDonald Islands Marine Reserve (ca. eine Million Paare), auf den Kerguelen (ca. 1,8 Millionen Paare) und auf Südgeorgien (ca. 2,5 Millionen Paare). Trotz des großen Bestandes wird diese Art als gefährdet eingestuft, da seit mindestens drei Generationen die Population stark zurückgeht. Mit 72 Zentimetern Körpergröße gehört der Goldschopfpinguin zu den größten Pinguinen dieser Gattung. Seine Nahrung besteht hauptsächlich aus kleinen Krustentieren, tierischem Plankton oder Krill.

Im September/Oktober beginnt die Brutzeit. Zuerst kommen die Männchen am Nistplatz an, um die Brutreviere zu sichern. Kurze Zeit später treffen die Weibchen ein. Goldschopfpinguine sind sehr orts- und partnertreu. Eine Woche nach der Paarung legt das Weibchen ihr erstes Ei, drei bis fünf

Goldschopfpinguin

Tage später das zweite, meist größere Ei. Oft wird auch nur dieses erfolgreich bebrütet (Brutreduktion). Die Brutzeit dauert rund fünf Wochen. Ist das Junge geschlüpft, wird es vom Vater bewacht und von der Mutter mit Nahrung versorgt, bis es nach ca. 24 Tagen das zweite Daunenkleid entwickelt hat. Nun verlassen die Küken die Nester und schließen sich in „Kindergärten" zusammen, was beiden Elternteilen ermöglicht, auf die Jagd zu gehen. Im Alter von elf Wochen entwickeln die Tiere ein wasserfestes Federkleid und werden selbstständig. Drei Wochen nachdem die Küken unabhängig geworden sind, beginnt die ca. 25-tägige Mauser der Altvögel. Ende April werden die Kolonien bis zum nächsten Frühjahr (September) verlassen.

Magellan-Pinguine auf Bleaker Island, Falklandinseln

Brillenpinguine

Zu den Brillenpinguinen gehören die Brillen-, Humboldt-, Magellan- und Galápagos-Pinguine. Sie leben am weitesten nördlich und zeichnen sich durch ein charakteristisches schwarz-weißes Kopfmuster aus. Auf den Falklandinseln können vor allem die höhlenbrütenden Magellan-Pinguine beobachtet werden.

Magellan-Pinguin
Dipl.-Biologe Uli Erfurth (2013)

Der Magellan-Pinguin lebt an den felsigen Küsten im Süden Südamerikas und den Falklandinseln. Seine Standhöhe beträgt etwa 60 Zentimeter, er wiegt 4–7 Kilogramm. Die Gesamtpopulation wird auf etwa 1,5 Millionen Brutpaare geschätzt. Auf den Falklandinseln leben mehr als 100 000 Paare.

Wie andere Brillenpinguine werden Magellan-Pinguine etwa zwanzig Jahre alt. Weibchen brüten ab dem vierten, Männchen ab dem fünften Lebensjahr. Anfang des Südsommers gräbt das Männchen dazu in geeignetem Boden und am liebsten unter Tussockgrasbulten mit Krallen und Schnabel eine Bruthöhle, die bis zwei Meter tief und mehrere Meter lang sein kann. Der Nistplatz kann mehrere hundert Meter im Inland liegen. Die Weibchen erscheinen kurze Zeit danach im September.

Vor der Eiablage decken die Weibchen ihren erhöhten Kalziumbedarf für die Eiproduktion durch das Fressen von Muschelschalen. Etwa ab Mitte Oktober legen sie im Abstand von vier Tagen zwei

Eier, jedes etwa 125 Gramm schwer. Diese werden zunächst vom Weibchen bebrütet, während das Männchen bis 500 Kilometer von der Kolonie entfernt im Meer jagt. Es löst das Weibchen nach gut zwei Wochen ab, das dann ihrerseits auf Beutezug geht. Wenn die Küken nach etwa 40 Tagen im November geschlüpft sind, wechseln sich die Partner täglich beim Hudern ab. Ein Elternteil geht jeweils am Morgen zum Jagen auf See, entfernt sich aber nicht weiter als 50 Kilometer von der Küste. Am Abend kehrt es zurück, so dass der Nachwuchs einmal täglich gefüttert wird. Dabei bevorzugen die Eltern den zuerst geschlüpften Jungvogel, was zu einer höheren Sterblichkeit des zweiten führt.

Bei guter Nahrungsverfügbarkeit können die Eltern beide Jungen großziehen. Je größer allerdings der Nachwuchs ist, umso mehr Futter ist nötig und umso länger dauert die Absenz der Eltern. Nach 30 Tagen, im Dezember, bekommen die Jungvögel ihr zweites Daunenkleid, sind damit ausreichend isoliert und können erstmals die Bruthöhle verlassen. Da die Höhle einen guten Schutz vor Feinden bietet, bilden junge Magellan-Pinguine keine Krippen. Abhängig vom Futterangebot sind die Jungvögel nach zwei, spätestens drei Monaten der elterlichen Fürsorge flügge. Ab dem späten April sind die Kolonien auf den Falklandinseln verlassen.

Magellan-Pinguine ernähren sich und ihren Nachwuchs zu etwa gleichen Teilen von Fisch (Sardellen), Kalmaren und Krebsen wie z. B. Falkland-Krill. Bei der Jagd bleiben sie bis vier Minuten unter Wasser und erreichen Tauchtiefen bis 100 Meter. Im Winter, außerhalb der Brutsaison, wandern Magellan-Pinguine teilweise sehr weit nach Norden bis Südbrasilien.

Eine besondere Gefahr für diese Art geht von der Meeresverschmutzung aus, aber auch Verluste durch Beifang in Netzen und Überfischung spielen eine Rolle. Für die Brut sind Ratten und Katzen ein Problem. Von der IUCN wird der Magellan-Pinguin als gering gefährdet eingestuft.

Die kalten Füße der Pinguine

Pinguine haben ständig kalte Füße. Das ist wichtig für die Tiere. Ihre kalten Füße sind Teil ihrer Überlebensstrategie. Nur so können sie die lebensnotwendige Wärme behalten, die der Körper produziert. Die inneren Organe bleiben dank der üppigen Fettschicht und einem extrem dichten Federkleid warm. Warum die Füße kalt bleiben, zeigt ein genialer Trick der Natur. Zwei Gründe des Körperbaus sind hierfür verantwortlich. Das sind einerseits die Arterien, die die Füße mit frischem Blut versorgen. Sie können wie Muskeln kontrahieren, sodass wenig warmes Blut in die Füße fließt. Andererseits sind diese Arterien im oberen Teil, also noch im wärmenden Körper, von einem Venengeflecht eingerahmt, das das kalte Blut in Richtung Herz transportiert und das warme Blut der Arterien auf dem Weg in die Füße bereits vorkühlt. Dadurch erreicht die Füße nur noch kaltes Blut. Würde dieses Gegenstromprinzip nicht funktionieren, käme

Arterien, von Venengeflecht umgeben

Die kalten Füße der Pinguine
Arterien   Venen

Rechte Seite oben: Die erbsengroße Bürzeldrüse unter aufgestellten Federn oberhalb des Schwanzes.

Unten: Mit gelenkigen Körperdrehungen holt sich der Eselspinguin das Fett aus seiner Drüse.

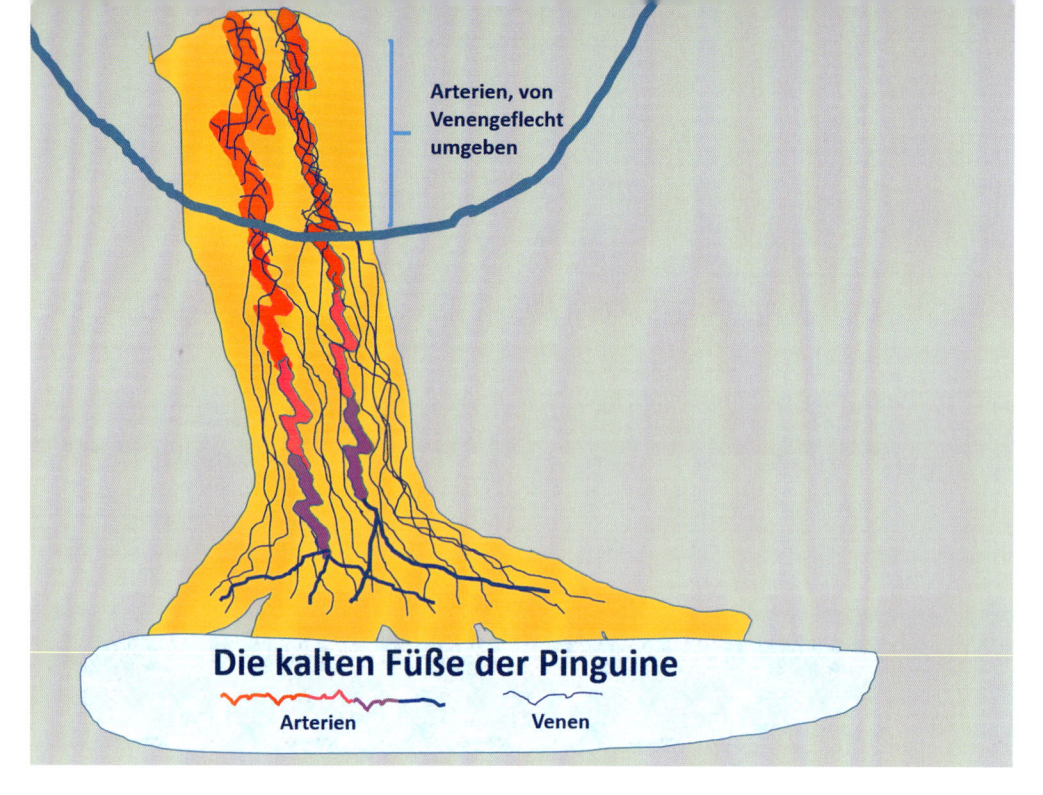

warmes Blut in die Füße, das Tier würde permanent wertvolle Körperwärme an das Eis abgeben und die Fußabdrücke wären im tauenden Eis zu sehen.

Das Gegenstrom- oder Wärmetauscherprinzip ist nicht nur typisch für Pinguine. Enten in unseren Breitengraden haben die gleiche Fähigkeit und können sich im Winter auf eisigen Flächen bewegen, ohne unnötig Körperwärme abzugeben.

Warum fliegen Pinguine nicht?

Die einfache Antwort lautet: Weil sie es nicht brauchen. Pinguine haben unter Wasser eine Nahrungsnische entdeckt, die so üppig ist, dass keine Notwendigkeit besteht, sich evolutionär umzustellen. Während die Seevögel im Südlichen Ozean nicht tauchen und ihre Nahrung nur knapp unter der Wasseroberfläche finden, haben Pinguine dank ihrer schweren Knochen, dem stromlinienförmigen Körperbau und der kräftigen seitlichen Flossen die Fähigkeit des Tauchens erlangt. Sie stoßen in Tiefen vor, wo die Nahrungskonkurrenz sehr gering und das Angebot an Fisch, Krill und Kalmaren nahezu unerschöpflich ist.

Warum frieren Pinguine nicht?

Weil kein anderer Vogel dieser Erde ein so dichtes Federkleid besitzt wie die Pinguine. Bei den Kaiserpinguinen sind es sogar zwölf Federkiele pro Quadratzentimeter, die dicht an dicht über- und nebeneinander liegen und von flauschigen Daunenfedern abgedeckt werden. Nur an den Schnabelspitzen, Augen und Füßen fehlt das Federkleid. Mit dem Fettgewebe unter der Haut und der Daunendecke, die an den Federspitzen immer wieder mit Fett aus der Bürzeldrüse imprägniert wird, können die Tiere kälteste Temperaturen überstehen und ihre Körpertemperatur von 38–39 °C aufrechterhalten.

Wie gut diese Schichten aus Kielen und Daunen isolieren, lässt sich daran erkennen, dass Schneeflocken auf dem Gefieder bleiben und nicht abschmelzen. Pinguine mögen sogar eine Schneeschicht auf ihren Federn, weil sie so einen zusätzlichen Schutz gegen die eisigen Winde bekommen und ein besserer Ausgleich zwischen Körper- und Umgebungstemperatur gewährleistet wird.

An Land richten sich die Federn etwas mehr auf, sodass sich die wärmende Luftschicht über der Haut erweitert. Unter Wasser liegen die Federn eng an und sorgen für einen sehr geringen Strömungswiderstand. Gleichzeitig ist die Luftschicht unter dem Gefieder vermindert, sodass die Wärmeisolation vorwiegend über die Fettschicht erfolgt. Körperliche Bewegung unter Wasser schafft zusätzliche Energie, die zur Wärmeproduktion beiträgt. Dennoch können die Pinguine nicht sehr lange im eisigen Wasser bleiben, da aufgrund der Wärmeleitfähigkeit den Pinguinen im Eiswasser 25 Mal schneller die Körperwärme entzogen wird als bei gleich temperierter Luft. Demnach wird dem Pinguinkörper genauso viel Körperwärme entzogen, wenn er drei Minuten im eisigen Wasser schwimmt oder 75 Minuten an eisiger Luft steht.

Je besser der Pinguin an Land sein Gefieder fettet, desto besser perlt das Wasser ab und desto weniger Wasser kann sich zwischen den Federn sammeln. Oft ist zu beobachten, wie sorgfältig und häufig sich die Tiere mit der Gefiederpflege beschäftigen, wenn sie das Wasser verlassen. Sie verdrehen ihren Körper seitlich nach hinten und pressen Tropfen aus Öl und Wachs aus der Drüse, schmieren sie an das benachbarte Gefieder und reiben ihren Schnabel daran fettig. Dann durchkämmen sie ihr Gefieder mit dem Schnabel und fetten das Daunengeflecht des Federkleides sowie die Innenseiten der Flügel, mit deren Hilfe die Federn des Kopfes gefettet werden.

Charakteristika und geografische Verbreitung von Pinguinarten im Reisegebiet

	Königspinguin	Kaiserpinguin	Südl. Felsenpinguin	Goldschopfpinguin
Höhe in m	0,7–1,0	1,1–1,3	0,4–0,6	0,7
Gewicht in kg	9–18	23–45	2,0–4,0	4,5–6,4
Bruterfolg	1 Küken (flügge nach > 400 Tagen)	1 Küken (flügge nach > 150 Tagen)	1 (2) Küken (flügge nach > 70 Tagen)	2 (1) Küken (flügge nach 60–70 Tagen)
Max. Tauchtiefe in Meter	345	552	168	100
Max. Tauchzeit in Minuten	9	32	3	Mehrere Minuten
Geschätzte Anzahl an Brutpaaren*	1,6 million (am wenigsten betroffen)	0,24 million (nahezu bedroht)	1,0 million (vulnerabel)	6,3 million (vulnerabel)
Nahrung	Leuchtsardinen, Tintenfisch, Krill	Fisch, Tintenfisch, Krustentiere	Krill, Krustentiere, Fisch	Krill, Krustentiere, Tintenfisch, Fisch
Lebenserwartung	25 Jahre	15–20 Jahre	8–12 Jahre	15–20 Jahre

*Geschätzte Anzahl von Brutpaaren basiert auf IUCN Liste von 2018

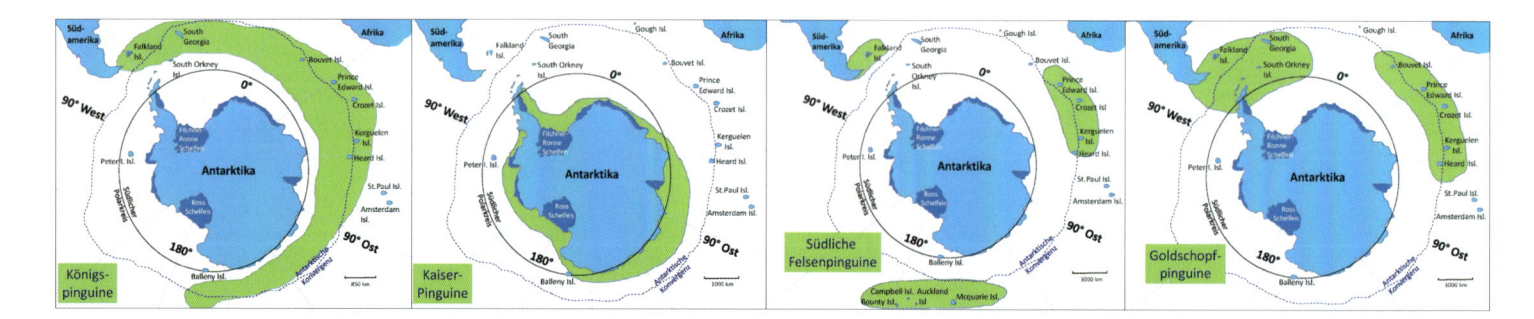

Charakteristika und geografische Verbreitung von Pinguinarten im Reisegebiet

	Adéliepinguin	Zügelpinguin	Eselspinguin	Magellanpinguin
Höhe in Meter	0,7	0,7	0,7–0,8	0,6–0,7
Gewicht in kg	3,2–5,9	3,2–5,0	4,1–8,2	3,5–6,5
Bruterfolg	2 Küken (flügge nach > 50 Tagen)	2 Küken (flügge nach > 60 Tagen)	2 Küken (flügge nach > 80 Tagen)	2 Küken (flügge nach 60-70 Tagen)
Max. Tauchtiefe in Meter	170	179	168	70
Max. Tauchzeit in Minuten	2–6	3	2–3	2–4
Geschätzte Anzahl an Brutpaaren*	5,0 Mio. (nahezu bedroht)	4,0 Mio. (am wenigsten betroffen)	0,4 Mio. (nahezu bedroht)	1,5 Mio. (nahezu bedroht)
Nahrung	Krill, Tintenfisch, Silberfische	Krill, Fisch, Garnele, Tintenfisch	Krill, Krustentiere, Fisch	Sardinen, Sardellen
Lebenserwartung	11–20 Jahre	15–20 Jahre	15–20 Jahre	20–25 Jahre

*Geschätzte Anzahl von Brutpaaren basiert auf IUCN Liste von 2018

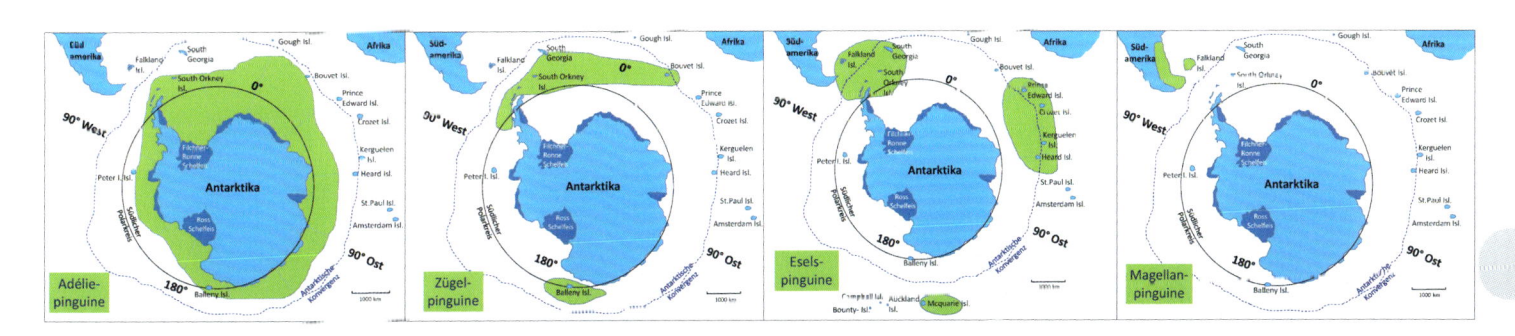

Robbenarten

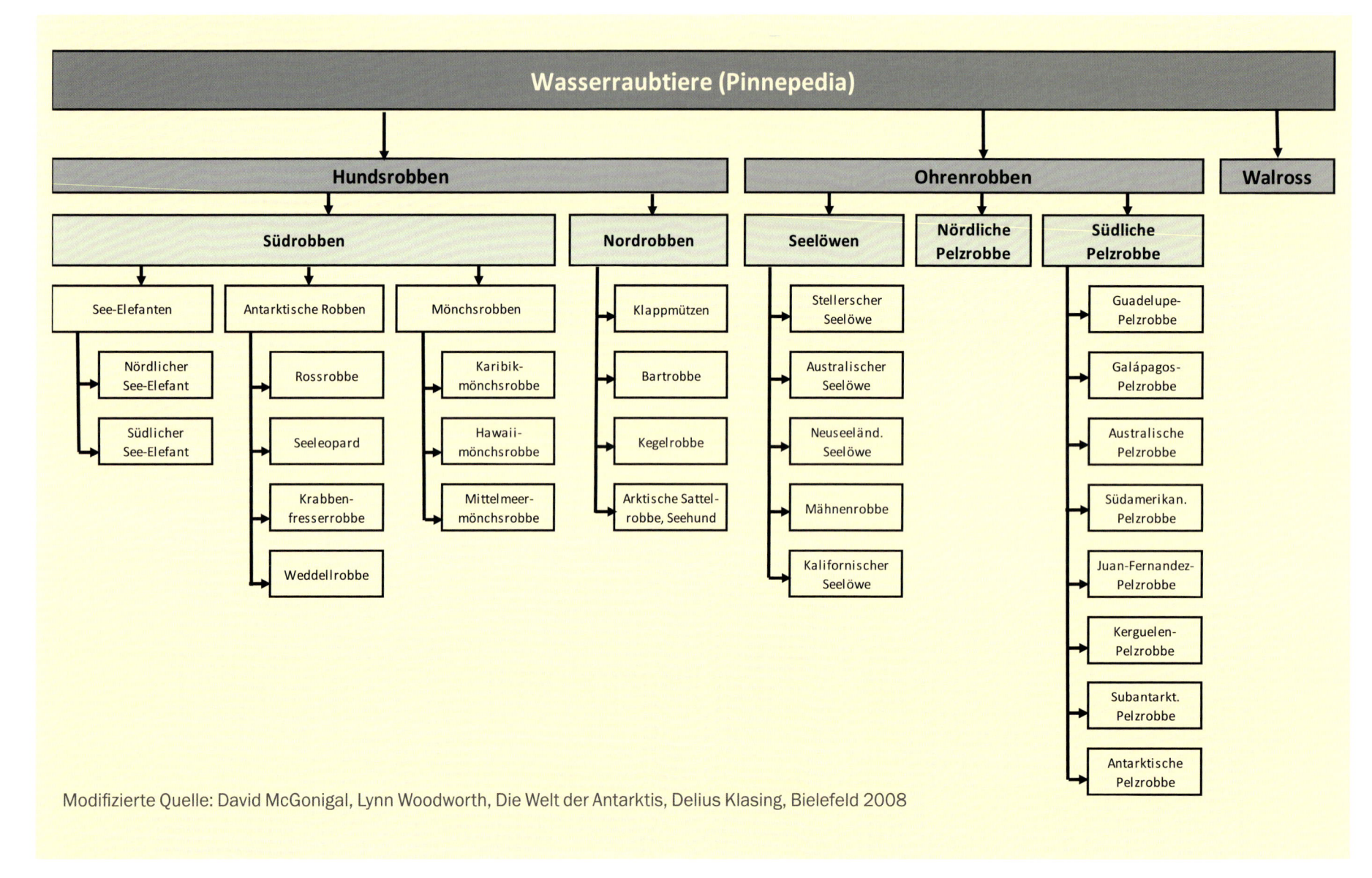

Wasserraubtiere (Pinnepedia)

Hundsrobben

Südrobben
- See-Elefanten
  - Nördlicher See-Elefant
  - Südlicher See-Elefant
- Antarktische Robben
  - Rossrobbe
  - Seeleopard
  - Krabbenfresserrobbe
  - Weddellrobbe
- Mönchsrobben
  - Karibikmönchsrobbe
  - Hawaiimönchsrobbe
  - Mittelmeermönchsrobbe

Nordrobben
- Klappmützen
- Bartrobbe
- Kegelrobbe
- Arktische Sattelrobbe, Seehund

Ohrenrobben

Seelöwen
- Stellerscher Seelöwe
- Australischer Seelöwe
- Neuseeländ. Seelöwe
- Mähnenrobbe
- Kalifornischer Seelöwe

Nördliche Pelzrobbe

Südliche Pelzrobbe
- Guadelupe-Pelzrobbe
- Galápagos-Pelzrobbe
- Australische Pelzrobbe
- Südamerikan. Pelzrobbe
- Juan-Fernandez-Pelzrobbe
- Kerguelen-Pelzrobbe
- Subantarkt. Pelzrobbe
- Antarktische Pelzrobbe

Walross

Modifizierte Quelle: David McGonigal, Lynn Woodworth, Die Welt der Antarktis, Delius Klasing, Bielefeld 2008

Robben in der Antarktis
Dr. Antje Kakuschke

Robben bilden eine Raubtiergruppe, die im Laufe der Zeit zu einer amphibischen Lebensweise übergegangen ist. Sie leben hauptsächlich im Wasser, müssen jedoch zur Fortpflanzung und zum Haarwechsel das Land oder das Eis aufsuchen. Sie haben sich durch einen spindelförmigen Körperbau, einen verkürzten Schwanz und zu Ruderflossen umgewandelten Extremitäten hervorragend an diese Lebensbedingungen angepasst. Daher werden sie auch Flossenfüßer (Pinnipedia) genannt und in einer Unterordnung mit 34 Arten zusammengefasst.

Das Südpolarmeer bietet neun Robbenarten einen Lebensraum, die zu den Familien der Ohren- und Hundsrobben gehören. Ohrenrobben können alle vier Flossen zur Fortbewegung an Land verwenden, zeigen daher eine gute Beweglichkeit und im Wasser etwa 27 Kilometer pro Stunde erreichen. Eine kleine Ohrmuschel ragt aus dem Fell heraus. Die Männchen sind meist deutlich größer als die Weibchen. Zu dieser Familie zählen die in großen Kolonien lebenden Seelöwen und Seebären.

Auf den Falklandinseln kann man mit etwas Glück Südamerikanische Seelöwen beobachten, deren Männchen eine auffällige Halsmähne besitzen, die ihnen den Namen Mähnenrobbe einbrachte. Die drei in der südlichen Region vorkommenden Seebärenarten sind der Südamerikanische, der Subantarktische und der Antarktische Seebär.

Hundsrobben bewegen sich im Gegensatz zu den Ohrenrobben aufgrund ihrer verkürzten äußeren Extremitäten rutschend vorwärts. Jedoch können auch sie bis zu zehn Kilometer pro Stunde erreichen. Sie besitzen keine äußere Ohrmuschel und zeigen, mit Ausnahme der See-Elefanten, keine Kolonie- und Haremsbildung. Einmal jährlich wechseln sie das gesamte Fellkleid. Zu den Hundsrobben zählt der Südliche See-Elefant, dessen Bestand in Südgeorgien bis 370 000 Tiere umfasst.

Es gibt nördliche und südliche See-Elefanten, die zusammen mit den Klappmützen der Nordhalbkugel die Unterfamilie der Rüsselrobben bilden. Den arttypischen Nasensack blasen die Bullen in Erregung auf. Die Männchen erreichen Ende August/Anfang September die Paarungsgebiete. Ihnen folgen im September/Oktober die hochträchtigen Weibchen, die in Harems aufgenommen werden. Nach der Geburt werden die Jungtiere drei bis vier Wochen gesäugt und dann sich selbst überlassen. Wird der Hunger zu groß, gehen sie ins Wasser und beginnen zu jagen. Ein unvergessliches Erlebnis einer Antarktisreise ist sicher die Begegnung mit diesen Jungtieren am Strand von Gold Harbour, wo Kreuzfahrer mit großen, erwartungsvoll blickenden Augen begrüßt werden.

Die Unterfamilie der Südrobben ist gänzlich auf die antarktische Region beschränkt und umfasst die vier Arten Krabbenfresser, Weddellrobbe, Seeleopard und Rossrobbe. Sie alle sind typische Bewohner der Packeiszone. Die Rossrobbe ist eine eher seltene Spezies. Häufiger zu beobachten sind Weddellrobben. Da sie kein ausgeprägtes Fluchtverhalten zeigten, entpuppte sich so mancher großer, grau marmorierter „Stein" in Brown Bluff als Weddellrobbe. Die nach dem englischen Seefahrer James Weddell benannte Robbe ist die zweithäufigste Art und bleibt auch im Winter weit im Süden. Sie lebt dann größtenteils unter dem Eis und hält sich ein Eisloch zum Atmen offen. Gut zu sehen sind Vernarbungen, die sich die Tiere durch Kämpfe mit Seeleoparden zuziehen, den räuberischsten aller Robben. Diese holen sich oft die Jungtiere von den Eisschollen, sodass nur zwanzig Prozent von ihnen das erste Jahr überleben.

Südlicher See-Elefant

Südlicher See-Elefant
Dipl.-Biologe Uli Erfurth

Der Südliche See-Elefant ist die größte Robbenart der Welt. Bestätigt sind Maße von sechseinhalb Metern Länge und vier Tonnen Gewicht bei den Bullen. Weibchen sind mit vier Metern und einem Gewicht von 600 bis 800 Kilogramm deutlich kleiner.

See-Elefanten-Kolonien sind von mehreren subantarktischen Inseln bekannt. Nach der fast vollständigen Ausrottung im 19. Jahrhundert gilt die Art heute mit schätzungsweise 750 000 Tieren wieder als ungefährdet. Mehr als die Hälfte davon findet sich im Südsommer auf Südgeorgien. Im Südwinter trifft man auch an den Küsten Südafrikas, Australiens, Neuseelands und Patagoniens auf umherwandernde Individuen. Dabei legen Einzeltiere Strecken bis 4 800 Kilometer zurück.

Bereits im August kommen tausende Bullen zur Fortpflanzung an die Strände, an denen sie geboren wurden. Obwohl deutlich früher geschlechtsreif, können sie sich in der Regel erst nach zehn bis zwölf Jahren erfolgreich paaren. Im Alter von acht Jahren ist bei ihnen der aufblasbare, schallverstärkende Rüssel voll ausgebildet. Mit ohrenbetäubendem Brüllen und hoch aufgerichtet legen die massigen Tiere ihre Reviere fest. Treffen dabei gleich „laute" und große Bullen aufeinander, kommt es zu Kämpfen, bei denen die Unterlegenen an den Rand der Kolonien gedrängt werden.

Wenn einige Wochen später die Weibchen eintreffen, werden sie von den Alpha-Bullen beansprucht, wobei ein „Beachmaster" einen Harem mit bis zu 60 Weibchen halten kann. Um Nebenbuhlern keine Chance zu geben, darf er allerdings sein Territorium nicht verlassen und muss über Wochen hungern. Die Kühe werfen innerhalb der ersten fünf bis sieben Tage nach der Ankunft ein 40 Kilogramm schweres und 1,20 Meter großes Kalb. Sie säugen es für vier Wochen, verlieren dabei die Hälfte ihres Gewichts und überlassen den Nachwuchs, der jetzt etwa 160 Kilogramm wiegt, sich selbst. Zum Ende der Stillzeit im Oktober kopulieren die Weibchen, meistens mit dem Haremspascha.

Während die Alttiere nach der Paarung die Kolonie verlassen, bleiben die Kälber noch für drei Wochen an Land, um selbstständig zu werden. Zu dieser Zeit im Dezember finden sich vor allem subadulte Männchen am Strand, um wiederum bei strenger Diät, aber diesmal mit freundlichen Sozialkontakten, über drei bis fünf Wochen ihr Fell zu wechseln. Im Februar kommen die Weibchen zum gleichen Zweck zurück, ganz zuletzt im Frühherbst die ausgewachsenen Bullen.

Der Orca ist einer der wenigen Fressfeinde der See-Elefanten. Hinzu kommt der Seeleopard, der den Jungtieren nachstellt. Aufgrund der energiezehrenden Arbeit als Haremspascha beträgt das durchschnittliche Lebensalter der Männchen nur etwa 14 Jahre, Weibchen dagegen werden 21 Jahre alt.

Die Nahrung der See-Elefanten besteht vor allem aus Kalmaren und Fischen. Dazu bleiben sie durchschnittlich dreißig Minuten unter Wasser, manche Tauchgänge werden jedoch bis zu zwei Stunden ausgedehnt. Noch erstaunlicher ist, dass sie zwischen den Tauchgängen nur zwei oder drei Minuten an der Oberfläche zur Regeneration verbringen, bevor es wieder in Tiefen zwischen 400 und 1 000 Meter geht. Eine Maximaltiefe von 2 133 Meter ist nachgewiesen. Damit sind sie nach dem Pottwal die am tiefsten tauchenden Tiere.

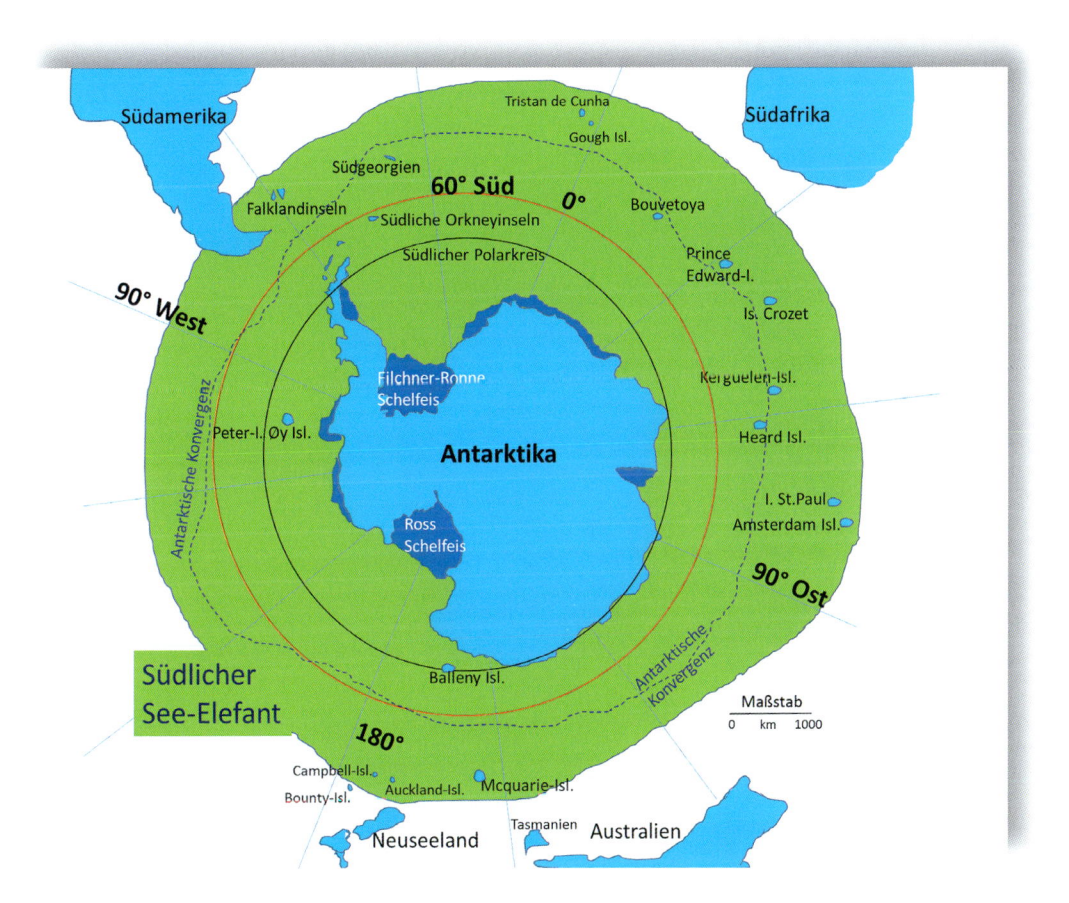

Verbreitungsgebiete der Südlichen See-Elefanten

Seeleopard

Seeleoparden haben einen reptilienartigen Kopf und können ein Gewicht von bis zu 500 Kilogramm erreichen. Hauptsächlich ernähren sie sich von Fisch, Krill, jungen Krabbenfresser- und Weddellrobben sowie von Pinguinen, die sie so lange über der Wasseroberfläche schleudern, bis sich die Haut ablöst und nur noch das pure Fleisch und Innereien übrig bleiben. Mehrfach wurde beobachtet, dass sich der Seeleopard bei der Jagd auch an Land oder auf Eisschollen wirft, um seine Opfer zu packen. Meist sucht er seine Nahrung jedoch unter Wasser. Ihre Geschwindigkeit unter Wasser beträgt bis zu 35 Kilometer pro Stunde. Damit sind sie noch schneller als Pinguine, die jedoch mit ihrem deutlich geringeren Gewicht wesentlich wendiger sind.

Seeleoparden haben eine außergewöhnliche Kieferkonstruktion, die es ihnen, vergleichbar mit Schlangen, ermöglicht, ihr Maul bis zu 180 Grad aufzureißen. Dabei zeigen sich die Zähne wie Perlen an zwei langen Schnüren.

Oben: Verbreitungsgebiete der Seeleoparden

Unten: Seeleopard

Krabbenfresserrobbe

Die sich fast ausschließlich von Krill, Fisch und Kalmaren ernährenden Tiere sind die am häufigsten vorkommende Robbenart der Welt. Ihr Bestand wird auf etwa 30 Millionen Tiere geschätzt. Während das Kernverbreitungsgebiet in der Region des Ross-Schelfeises und um die Antarktische Halbinsel liegt, wandern die Tiere rings um Antarktika und halten sich vorwiegend im Gebiet der Packeiskante auf. Sie bevorzugen Eisschollen, auf denen sie allein oder in kleinen Gruppen liegen. Andere Tiere bleiben im Verbund, der aus 800 bis 1 000 Individuen bestehen kann.

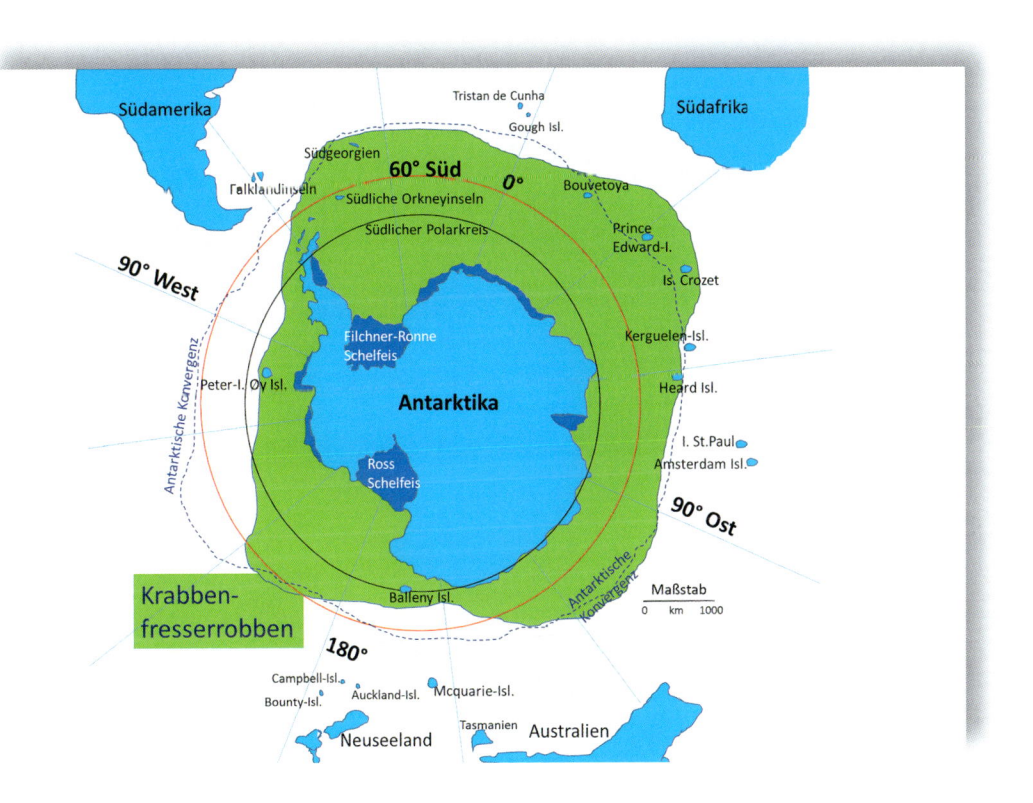

Oben: Verbreitungsgebiete der Krabbenfresserrobben

Links: Krabbenfresserrobbe

Krabbenfresserrobbe

Krabbenfresserrobben sind an ihrem schlanken, hellen, fast drei Meter langen Körper und dem ungefleckten Fell zu erkennen, das häufig Bissspuren ihres ärgsten Feindes, dem Seeleopard, aufweist. Mit bis zu 220 Kilogramm Gewicht sind erwachsene Tiere für Seeleoparden zu groß, die deswegen nur die unerfahrenen kleinen Jungtiere erbeuten.

Im antarktischen Frühling kommen die Jungen mit einem Gewicht von ca. zwanzig Kilogramm zur Welt und werden vier Wochen lang mit einer extrem nahrhaften Milch gesäugt. Sie nehmen schnell an Gewicht zu, während die Mütter die Hälfte ihres Körpergewichts verlieren. Eine Haremsbildung wie bei See-Elefanten oder Pelzrobben kennen Krabbenfresserrobben nicht. Die Männchen leben mit einem Weibchen nur bis zur Paarung. Ist der Akt vollzogen, suchen sie sich ein anderes Weibchen. Die Tragezeit beträgt elf Monate. Somit sind die Weibchen fast durchgehend, bis auf vier Wochen Stillzeit im Jahr, tragend.

Weddellrobbe

Die über drei Meter langen und bis zu einer halben Tonne schweren Tiere gehören zur Gattung der Hundsrobben. Sie haben einen katzenförmigen Kopf, graubraunes Fell und auf der Körperoberseite kleine Flecken. Ihre Nahrung besteht vorwiegend aus Fischen, die sie in größeren Meerestiefen mit ihren Vibrissen finden, die taktile Reize aufnehmen und auf Wasserdruckschwankungen reagieren.

Weddellrobben können bis sechzig Minuten in Tiefen bis 750 Meter tauchen. Diese Robbenart hat die Fähigkeit, Echowellen auszuschicken, mit denen Löcher in der zugefrorenen Meeresoberfläche identifiziert werden können. Die Eislöcher halten sie mit ihren Zähnen offen. Mit zunehmendem Alter nutzen sich die Zähne ab und verlieren an Schärfe, so dass die zum Luft holen wichtigen Eislöcher nicht freigehalten werden können. Genau hier liegt auch eine der Todesursachen: Die Tiere ertrinken in ihrem angestammten Lebensraum.

Die Jungtiere der Weddellrobben kommen im Oktober zur Welt, wiegen ca. 25 Kilogramm und werden aus dem 38 ° C warmen Körper der Mutter in das eiskalte Wasser des Südlichen Ozeans geboren. Die dazu benötigte Energie bekommen die Jungtiere über die Muttermilch, die einen Fettanteil von 60 Prozent hat. Mit diesem Energieschub wächst ihr Gewicht schon in der ersten Woche von 25 auf 50 Kilogramm.

Links: Weddellrobbe und Krabbenfresserrobbe

Unten: Verbreitungsgebiete der Weddellrobben

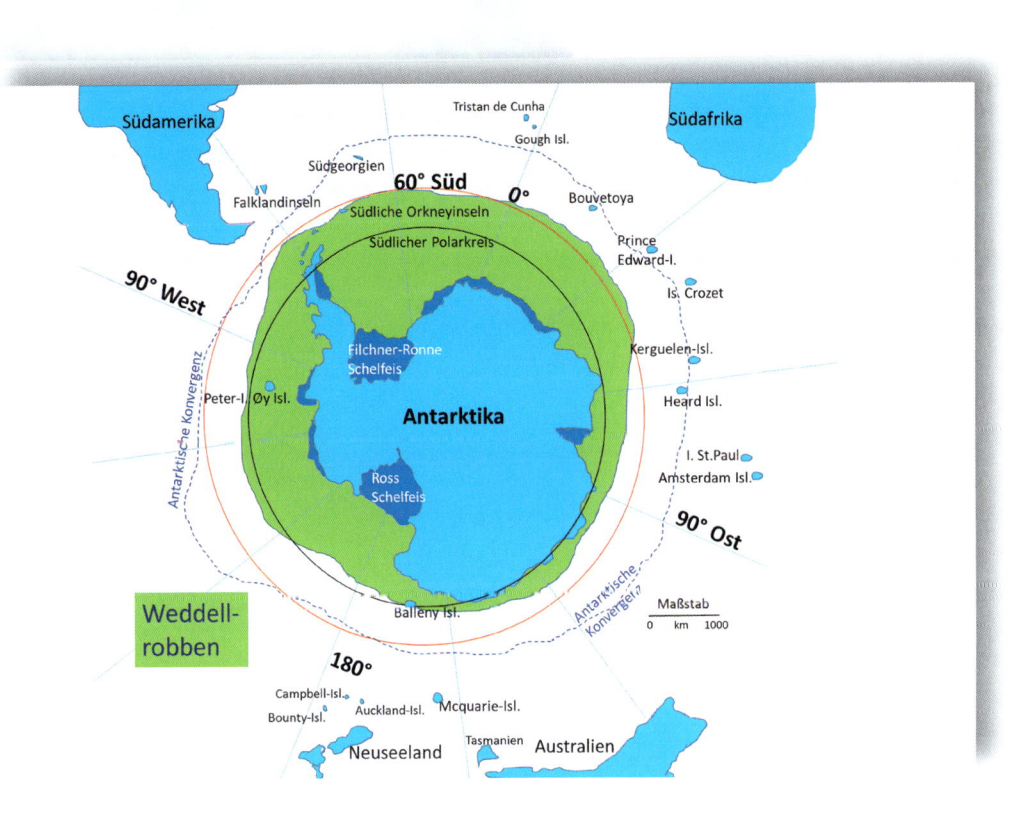

Antarktische Pelzrobbe

Auf Südgeorgien gibt es die größten Kolonien Antarktischer Pelzrobben, deren Bestandsgröße mittlerweile auf mehr als drei Millionen Tiere geschätzt wird.

Gegen Ende Oktober/Anfang November kommen zunächst die Männchen an Land, um ihre Reviere abzustecken. In der Regel sind die Bullen, die zuerst an Land gehen, die größten und erfolgreichsten Tiere. Diese „Beachmaster" beanspruchen die Territorien in Wassernähe für sich, um die Weibchen, die Mitte November hochträchtig die Paarungsgebiete erreichen, gleich am Strand „einzufangen". Im Gegensatz zu den meist liegenden, entspannten Weibchen sind die Männchen aggressiv. Ihnen hat die Natur die Rolle der Haremspflege zugedacht. Jeder Nebenbuhler, der es wagt, in den Dunstkreis eines Harems zu kommen, wird unsanft attackiert. Pelzrobben zögern nicht lange, sondern greifen an. Ihre Bisswunden sind hochinfektiös.

Auch Kreuzfahrer werden als Nebenbuhler wahrgenommen, unabhängig davon, ob es weibliche oder männliche Strandgäste sind. Das heißt im Klartext: Achtung vor männlichen Pelzrobben! Sie sind schnell, aggressiv und nicht wählerisch dabei, wen sie attackieren.

Innerhalb der ersten zwei Dezemberwochen werden die Jungtiere geboren. Kreuzfahrer können in dieser Zeit an bestimmten Anlandungsstellen erleben, wie kleine, vier Kilogramm leichte Pelzknäuel auf die Welt kommen. Sie trinken vier Monate lang die nahrhafte Milch der Mutter und wachsen

Oben: Antarktische Pelzrobbe, auch bekannt als Antarktischer Seebär.

Rechts: Junge Pelzrobbe

so sehr schnell. Kurz nach der Niederkunft der Weibchen erfolgt die neue Paarung. Im März/April begeben sich die Pelzrobben schließlich wieder hinaus auf das offene Meer.

Die Natur hat sich einen Trick einfallen lassen, um die Belastung durch die neue Schwangerschaft und Aufzucht der Neugeboren zu mindern. Biologen sprechen hier von „Keimesruhe", d.h. die Eizelle wird zwar befruchtet und erreicht die Gebärmutterschleimhaut, aber sie teilt sich nicht, sodass der embryonale Prozess verzögert wird. Dieses Phänomen ist nicht nur typisch für Pelzrobben. Auch Braunbären und hiesige Tierarten wie Dachs und Reh besitzen eine Keimesruhe.

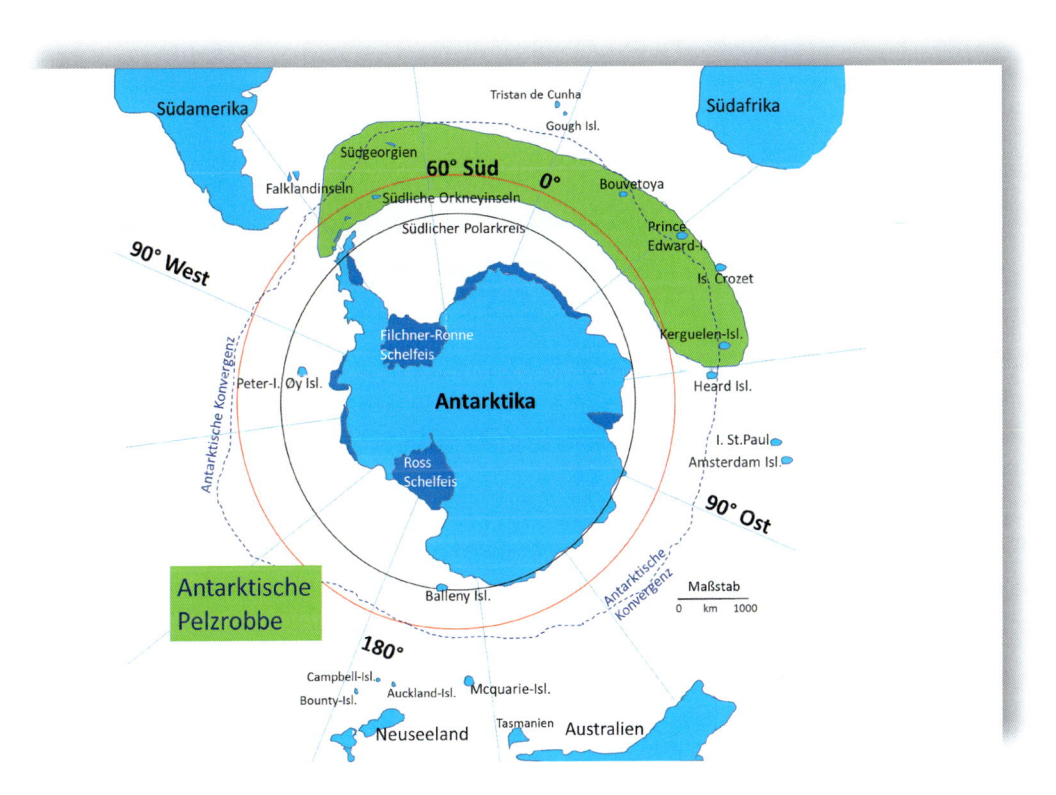

Verbreitungsgebiete der Antarktischen Pelzrobben

Wale in der Antarktis
Dipl.-Biologe Uli Erfurth

Von den etwa achtzig Walarten (Cetacea) kommen zwanzig in der Antarktis vor. Fast alle Vertreter migrieren im Sommer wegen des reichhaltigen Nahrungsangebots südwärts, im Winter suchen sie zur Fortpflanzung wärmere Gebiete auf.

Unter den Bartenwalen werden am häufigsten Buckel-, Finn- und Zwergwale gesichtet, viel seltener sind Seiwal, Südlicher Glattwal, Blau- und Pottwal zu beobachten. Unter den Zahnwalen sind regelmäßig Orcas vertreten, außerdem und besonders in Südamerika und vor den Falklandinseln einige Delfinarten sowie die überaus seltenen Schnabelwale.

Wale

181

Orcas

Buckelwal

Buckelwale werden vierzehn Meter lang und bis zu dreißig Tonnen schwer. Sie sind meist in kleinen Gruppen von zwei bis fünf Tieren anzutreffen. Die Tiere wurden bereits seit dem 17. Jahrhundert in großem Stil gejagt. Nachdem die Population auf wenige tausend Tiere zurückgegangen war, konnte sie sich durch das weltweite Fangverbot von 1966 wieder stark erholen. Die IUCN ging im Jahre 2011 von mehr als 25 000 Individuen südlich des Äquators aus: Das entspricht möglicherweise einem Viertel des Bestands vor dem industriellen Walfang.

Auf See und bei Wellengang sieht man aus der Entfernung nur den Blas sowie beim Abtauchen den typisch gebogenen Rücken und die Rückenfinne der Tiere. Buckelwale sind wesentlich springfreudiger als die übrige bartentragende Verwandtschaft. Wenn ein Exemplar springt, dann wird für diese Wal-Veranstaltung fast immer gestoppt und das Brückenteam versucht, das Schiff in eine günstige Beobachtungsposition zu drehen. Über die Ursachen der imposanten Aufführung wird noch spekuliert. Viele Kälber zeigen ein geradezu übermütiges Springen, Kühe und Begleitwale springen in der Nähe von reichen Nahrungsgründen. Da der aufschlagende Körper unter Wasser kilometerweit zu hören ist, dient dieses Verhalten vermutlich der Kommunikation. Außerdem streifen die Wale bei jedem Aufprall auf der Wasseroberfläche Parasiten ab.

Orca oder Schwertwal

Der Orca ist die größte Delfinart, hat keine Fressfeinde und ist nach dem Seeleopard der häufigste Prädator in der Antarktis. Die Bullen erreichen eine Körperlänge von neun Metern, die Weibchen werden bis sieben Meter lang.

Buckelwal

Die weltweite Population lässt sich in verschiedene Ökotypen aufteilen, die sich hinsichtlich des Körperbaus und der Lautäußerungen unterscheiden. Unterschiedliche Typen kreuzen sich nicht, was nahe legt, dass es mehrere Arten und Unterarten gibt. Alle zeichnen sich bei der Beutesuche durch sehr komplexe Verhaltensweisen und Jagdstrategien im Team aus. Zu Recht werden sie daher als „Wölfe der Meere" bezeichnet. Erbeutet werden Fische, Pinguine, Robben und gelegentlich andere Wale. Die in der Antarktis vorkommenden vier Ökotypen A, B, C und D spezialisieren sich dabei auf eine bestimmte Beute, für die sie besondere Strategien besitzen. Mit Glück kann man in der Gegend der Antarktischen Halbinsel Orcas beobachten, wie sie eine Robbe auf einer Eisscholle jagen oder Buckelwalen nachstellen. Mit einer Population bis 25 000 Tieren gelten Orcas in der Antarktis als nicht gefährdet. Vom Walfang wurden sie weitgehend verschont.

Zwergwal

Die Erforschung der Antarktis
Ausgewählte Entdeckungen und Expeditionen vom 16. Jahrhundert bis zur Mitte des 20. Jahrhunderts

1519
Der portugiesische Weltumsegler Ferdinand Magellan (1480–1521) durchfährt erstmals die heute nach ihm benannte Magellanstraße. Er glaubt damals, das Land südlich davon entspräche dem Südkontinent.

1578
Francis Drake (um 1540–1596) umfährt Südamerika und widerspricht der Annahme von Magellan, südlich gäbe es noch einen weiteren Kontinent, weil er nur Wasser sieht.

1675
Antoine de la Roché – kein Franzose, wie der Name vermuten lassen könnte, sondern ein englischer Kaufmann mit unklaren Lebensdaten – entdeckt Südgeorgien und damit das erste Land südlich der Antarktischen Konvergenz.

1771
Der berühmt gewordene Seefahrer James Cook (1728–1779) überquert als erster den südlichen Polarkreis.

1823
Der Engländer James Weddell (1787–1834) dringt auf 74° südliche Breite vor. Er erreicht das heute nach ihm benannte Weddellmeer.

1830–1832
Erste Landsichtungen von Antarktika werden dem Briten John Biscoe (1794–1843) zugeordnet, der – mit einer Unterbrechung in Tasmanien – zwei Jahre den Antarktischen Kontinent umkreist (vgl. Seite 190).

1838–1840
Jules-Sébastian-César Dumont d´Urville (1790–1842) kreuzt im Norden der Antarktischen Halbinsel und entdeckt eine Insel, die heute noch den Namen seiner Frau trägt: Adélieland.

1840
Das Rossmeer wird von Sir James Clark Ross (1800–1862) entdeckt, der mit seinen Schiffen Erebus und Terror unterwegs ist.

1895
Erster Landgang auf dem antarktischen Kontinent durch Carsten Egeberg Borchgrevink (1864–1934) und Alexander von Tunzelmann (1877–1957) am Kap Adare, der westlichen Landspitze des Rossmeeres. Der in Christiana (Norwegen) geborene

Borchgrevink war ein von der Antarktis begeisterter Naturforscher, der schließlich nach Australien auswanderte und im Auftrag der Universität von Sydney als Geologe arbeitete. Am 23. Januar 1895 soll er als erster Mensch antarktischen Boden betreten haben. Es muss jedoch angemerkt werden, dass Unklarheit darüber besteht, ob nicht am 30. Januar 1820 der irisch-britische Seefahrer Edward Bransfield (1785–1852) oder am 7. Februar 1821 John Davis als erste Menschen ihren Fuß auf Antarktika setzten.

1897–1899
Erste gewollte Überwinterung auf See in der Antarktis durch den Belgier Adrien de Gerlache de Gomery (1866–1934). Er wird auf seiner BELGICA-Expedition von den polnischen Forschern Henryk Arctowski (1871–1958) und Antoni Bolesław Dobrowolski (1872–1954) und dem norwegischen Zweiten Offizier Roald Amundsen (1772–1928) begleitet. Letzterer erreichte 1912 als erster Mensch den geografischen Südpol. BELGICA ist der Name eines ehemaligen Robbenfängerschiffes, einem Dreimaster, der vor dem Umbau unter dem Namen PATRIA fuhr. Ein besonderes Merkmal des Schiffes war die 35 PS starke Dampfmaschine, die eine relative Unabhängigkeit von Wind- und Strömungsverhältnissen gewährleistete.

1899–1900
Erste gewollte Überwinterung auf dem antarktischen Festland am Kap Adare (vgl. 1895) durch eine norwegisch-britische Crew unter Carsten Egeberg Borchgrevink (1864–1934), der von dem norwegischen Verleger Sir George Newnes ausreichend Geldmittel für die Reise und für einen spannenden Bericht über die Antarktis erhalten hatte. Borchgrevink zögert nicht lange und kauft den Walfänger POLLUX, den er in SOUTHERN CROSS umbenennt. Im Sommer 1898 legt das Schiff ab.

Als Crew heuert er 31 Männer an und Proviant für drei Jahre. An Bord sind auch 90 Schlittenhunde, als die SOUTHERN CROSS den Hafen von Kristina in Norwegen verlässt. Erstes Ziel ist Tasmanien, bevor das Schiff im Februar 1899 unweit von Kap Adare ankommt. Hier werden neun Männer mit der nötigen Ausrüstung an Land gebracht. Sie überwintern bis zur Rückkehr der SOUTHERN CROSS im Januar 1890 in Hütten. Anschließend versuchen Borchgrevink und zwei weitere Männer seiner Mannschaft, der Norweger Per Savio (1877–1905) und der Engländer William Colbeck (1871–1930), weiter in Richtung Südpol vorzudringen, müssen jedoch auf einer Breite von 78° 50´ umkehren. Dennoch wird das Projekt als großer Erfolg gewertet, denn die drei Männer waren um 72 Kilometer weiter vorgedrungen als James Clark Ross, der am 2. Februar 1841, ebenfalls vom Rossmeer kommend, bis zu einer südlichen Breite von 78° 10´ vorgedrungen war.

Mehrere der folgenden Expeditionen sind als Konsequenz aus dem Internationalen Geographischen Kongress 1895 in London hervorgegangen, der zu gesteigerten Anstrengungen bei der Erforschung der Antarktis ausgerufen hatte.

1901–1903 (vgl. Seite 192–195)
Der schwedische Geologe Otto Nordenskjöld (1869–1928) leitet eine der außergewöhnlichsten Expeditionen in die Antarktis (vgl. Seite 192 ff). Sie ist geprägt durch eine Folge von Zufällen, die sich für alle Teilnehmer am Ende positiv auswirken. Es ist keine rundum erfolgreiche Expedition, aber als Ergebnis bleibt dennoch eine Fülle von wissenschaftlichen Erkenntnissen zur Meteorologie und zum Erdmagnetismus.

1901–1903 (vgl. Seite 195–198)
Der Professor für Geographie und Geophysik an der Uni Berlin, Erich von Drygalski (1865–1949), startet 1901 auf der Gauss (vgl. Seite 196 ff). Sein Ziel ist die Erforschung der Ostantarktis. Er nähert sich über die Kerguelen-Inseln bei 90° Ost an das antarktische Festland.

1901–1904
Am 6. August 1901 startet in England mit der Discovery unter Robert Falcon Scott (1868–1912) die erste Antarktisexpedition mit dem Ziel, den Südpol zu erreichen. Die Discovery ist extra für die polaren Anforderungen gebaut. An Bord sind Wissenschaftler unterschiedlicher Fachrichtungen und der zu dieser Zeit noch nicht so bekannte Ernest Shackleton (1874–1922), der sich jedoch mit Scott mehrfach überwirft und von ihm auf dem Entlastungsschiff Morning nach Hause geschickt wird. Als Ergebnis bleiben zwar verschiedene wissenschaftliche Ergebnisse, aber der Südpol wird nicht erreicht. Immerhin erreicht Scott als erster Mensch das inländische Eis des antarktischen Kontinents auf einer südlichen Breite von 82° 16´. Bei einem weiteren Versuch, in einem Wettlauf mit Amundsen 1911/12 den Südpol zu erreichen, scheitert er.

1903–1905
Jean-Baptiste Charcot (1867–1936) leitet eine französische Expedition auf der Francais, einem robusten Schiff, das er selbst finanziert. Ziel ist die weitere Erforschung und Kartierung der Antarktischen Halbinsel. Teilnehmer der Expedition ist u. a. der Unternehmer und Fotograf Paul Pléneau (1869–1949), nach dem die Pléneau-Insel südwestlich des Lemaire-Kanals benannt ist. Charcot befährt erstmals den Kanal und überwintert in der Nähe unweit davon an der Küste von Booth Island. Obwohl die wissenschaftlichen Ergebnisse mehr als umfangreich sind, steht die Expedition nicht unter einem glücklichen Stern, weil sich das Schiff mit einer Leckage nach Argentinien schleppen muss.

1907–1909
Wieder ein Versuch, den Südpol zu erreichen. Expeditionsleiter ist Ernest Shackleton, der am 7. August 1907 in Richtung Neuseeland startet. Sein Schiff ist die betagte Nimrod. Ergebnis der Expedition: Shackleton kämpft sich mit Frank Wild, Jameson Adam und Eric Marshall auf 180 Kilometer an den Südpol heran und muss auf einer Breite

von 88° 23´ aufgeben. Näher war vor ihm noch niemand an den Pol herangekommen. Während der Expedition besteigen Eric Marshall, David Edgeworth, Jameson Adams und Douglas Mawson den 3 794 Meter hohen Vulkan Mount Erebus.

1910–1911
Die Eroberung des Südpols: Als erster Mensch erreicht der Norweger Roald Amundsen am 14. Dezember 1911 den Südpol.

1912
Robert F. Scott erreicht am 17. Januar 1912 den Südpol. Zu seiner tiefen Enttäuschung kommt er dort erst wenige Wochen nach Amundsen an. Den Rückweg haben er und seine Mitstreiter nicht überlebt.

1914–1916
Shackleton unternimmt mit der Imperial Trans-Antarctic Expedition einen weiteren Versuch, zum Südpol zu kommen. Anders als Amundsen will er als erster den antarktischen Kontinent durchqueren. Seine ENDURANCE sinkt jedoch in der westlichen Weddellsee, und die Besatzung kämpft sich unter enormen physischen und psychischen Anstrengungen über Elephant Island nach Südgeorgien durch. Alle Expeditionsteilnehmer überleben unter extrem harten Bedingungen (vgl. Seite 198).

1928
Dem Australier Hubert Wilkens (1888–1958) gelingt der erste Motorflug über die Antarktis. Start und Landung erfolgt auf Deception Island.

1929
Den ersten Flug zum Südpol und zurück schafft Richard Byrd (1888–1957) am 28./29. November 1929 mit einer dreimotorigen Maschine. Das Projekt wird von namhaften Geldgebern unterstützt, darunter die National Geographic Society, John D. Rockefeller und die New York Times. Richard Byrd ist auch der erste, der drei Jahre zuvor am 9. Mai 1926 den Nordpol überflogen hatte.

1935
Den ersten Transantarktisflug kann der Amerikaner Lincoln Ellsworth (1880–1951) für sich verbuchen.

1946–1947
Am 2. Dezember 1946 startet die bis dahin größte Antarktisexpedition unter Leitung von Richard Byrd in Zusammenarbeit mit Admiral Richard H. Cruzen. 4 700 Männer nehmen an dem Projekt teil, das auch von der US Marine koordiniert und unterstützt wird. Titel der Expedition: Operation High Jump. Ausgangspunkt ist der US-Hafen Norfolk, Ziel ist das Ross-Eisschelf, von wo die antarktische Küste in beide Richtungen mit Flugzeugen und Schiffen erforscht werden soll.

1955–1992
In diesem Zeitraum finden 30 sowjetische Expeditionen in die Antarktis statt.

1957
Das International Geophysical Year (IGY) legt in diesem Jahr den besonderen Fokus auf die Antarktis. Aus 67 Staaten kommen Wissenschaftler unterschiedlicher Disziplinen und beraten über die weitere Erforschung des Südkontinents. Der Kongress, an dem – mitten im kalten Krieg – viele Vertreter der West- und Ostmächte teilnehmen, legt den Grundstein für den Antarktisvertrag.

1958
Der Mount-Everest-Bezwinger Edmund Hillary (1919–2008) und der britische Entdecker Vivian Fuchs (1908–1999) durchqueren erstmals den antarktischen Kontinent während der Commonwealth Trans-Antarctic Expedition (CTAE) über den Südpol. Die spendenfinanzierte Expedition wird von vier Staaten unterstützt: Großbritannien, Neuseeland, Australien und Südafrika. Die teilnehmenden Wissenschaftler befassen sich vorwiegend mit der Beantwortung der Fragen, wie dick das Inlandeis unter der Spur der Entdecker ist und ob der felsige Untergrund über oder unter dem Meeresspiegel liegt.

1959
Unterzeichnung des Antarktisvertrages, der grundsätzliche und handfeste Regelungen über die Zukunft dieser Region festlegt.

Die künftigen Vorstöße in die Antarktis haben kaum noch Pioniercharakter. Ab jetzt werden immer neue Rekorde beim Erreichen des Südpols aufgestellt, weitere ambitionierte Staaten entdecken ihr – nicht nur forscherisches – Interesse an Antarktika. Gleichzeitig nimmt der Tourismus in der Antarktis erheblich zu.

1968
Eine Gruppe von zwölf Japanern erreicht zu Fuß den Südpol.

1979
Ein tragisches Unglück überschattet das neue attraktive Reiseziel im Süden, als am 28. November 1979 eine Maschine der Air New Zealand am Nordhang des Mount Erebus zerschellt. An Bord sind 257 Menschen, die alle ums Leben kommen. Der Mount Erebus ist mit 3 794 Metern Gipfelhöhe der höchste Berg in der Region um das Ross-Eisschelf und ein auch heute noch aktiver Vulkan.

1981
Deutschland gründet die erste Forschungsstation in der Antarktis, die Georg-von-Neumayer-Station I. Die 10 Kilometer entfernte Station Neumayer II wird 1992 gebaut, Neumayer III wird am 20. Februar 2009 eröffnet (vgl. Seite 189).

1982
Jungfernfahrt des deutschen Forschungsschiffes Polarstern.

1983
Die Bundesrepublik Deutschland wird stimmberechtigtes Mitglied des Antarktisvertrages.

Forschungsstationen auf Antarktika

Links: Halley Station, Grossbritanien
Rechts: Neumayer III Station, Deutschland
Unten: Forschungsstationen auf Antarktika

#	Station	Land
1	Petrel (seit 1967)	Argentinien
2	Esperanza (seit 1952)	Argentinien
3	O´Higgins (seit 1948/1991)	Chile/Deutschland
4	Mendel (seit 2008)	Tchechien
5	Marambio (seit 1969)	Argentinien
6	Palmer (seit 1968)	USA
7	Rothera (seit 1975)	Grossbritannien
8	Fossil Bluff (seit 1961)	Grossbritannien
9	Sky Blu (seit 1997)	Grossbritannien
10	Sobrel (seit 1965)	Argentinien
11	Belgrano II (seit 1979)	Argentinien
12	Halley (seit 1956)	Grossbritannien
13	Neumayer III (seit 2009)	Deutschland
14	Wasa (seit 1988)	Schweden
15	Troll (seit 2005)	Norwegen
16	Maitri (seit 1989)	Indien
17	Novotasarewskala (seit 1961)	Russland
18	Kohnen (seit 2001)	Deutschland
19	Dome Fuji (seit 1995)	Japan
20	Showa (seit 1957)	Japan
21	Mizuho (seit 1970)	Japan
22	Molodjoschnaja (seit 1962)	Russland
23	Mawson (seit 1954)	Australien
24	Sojus (seit 1982)	Russland
25	Progress (seit 1989)	Russland
26	Barati (seit 2012)	Indien
27	Zhongshan (seit 1989)	China
28	Davis (seit 1957)	Australien
29	Mirny (seit 1956)	Russland
30	Wostok (seit 1957)	Russland
31	Law Dome (seit 1986)	Australien
32	Casey (seit 1959)	Australien
33	Dome Concordia (seit 1997)	Frankreich/Italien
34	Dumont d'Urville (seit 1956)	Frankreich
35	Ruskaja 2 (seit 1987)	Russland
36	Leningradskaja (seit 2007)	Russland
37	Hallett (seit 1987)	Neuseeland
38	Jang-Bogo (seit 2014)	Südkorea
39	Gondwana (seit 1983)	Deutschland
40	Mario Zucchelli (seit 1985)	Italien
41	Scott (seit 1957)	Neuseeland
42	McMurdo (seit 1956)	USA
43	Little America V (seit 1956)	USA
44	Amundsen Scott (seit 1957)	USA

Über Forscher und Entdecker in der Antarktis

Der Erste sein wollen! Diese Grundmotivation des Menschen hat viele Pioniere zu Heldentaten getrieben. Meist bleibt der Erfolg mehr in Erinnerung als die vielen Qualen, die zu erleiden waren. Der Erste sein zu wollen, war eines der stärksten Motive, wenn es um die Entdeckung der Welt ging.

Bereits vor Christus gab es Spekulationen über einen südlich gelegenen Kontinent, aber es dauerte noch eineinhalb Jahrtausende, bis die ersten Seefahrer nach Süden vordrangen und mit Südgeorgien das erste Land südlich der Antarktischen Konvergenz sichteten.

Welche Ziele, Erlebnisse, Anstrengungen und Strapazen Expeditionsteilnehmer in der Antarktis auf sich nahmen, zeigen die folgenden Schilderungen von vier verschiedenen Expeditionen.

John Biscoe
Quelle: www.shipstamps.co.uk

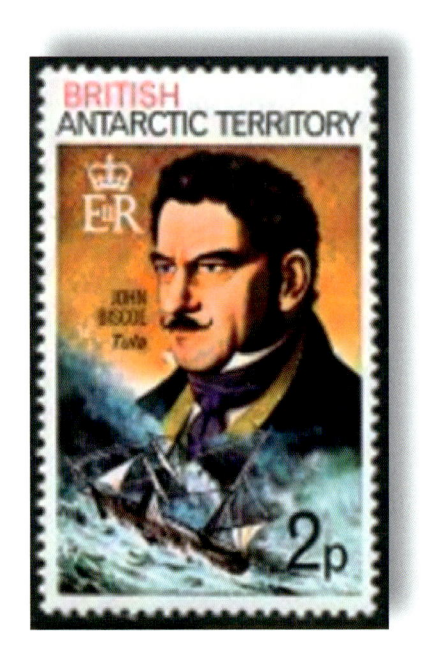

1830–1832: John Biscoe – Antarktisches Land in Sicht

Erste Landsichtungen von Antarktika werden dem Briten John Biscoe zugeordnet, der – mit einer Unterbrechung in Tasmanien – zwei Jahre den antarktischen Kontinent umkreiste. Anlass seiner vom Unternehmen Samuel Enderby & Sons initiierten Reise war die Erkundung neuer Fanggründe im Südlichen Ozean mit dem Schiff Tula, das im Dezember 1830 die Südlichen Shetlandinseln und auf dem weiteren Weg in Richtung Süden am 22. Januar 1831 den Polarkreis erreichte. Der Kurs führte dann weiter in Richtung Osten, wo am 24. Februar 1831 östlich des Weddellmeeres erstmals antarktisches Festland gesichtet wurde. John Biscoe gab dem Land zu Ehren seines Sponsors den Namen Enderbyland. Nach weiteren erfolgreichen Monaten der Erkundung und Kartographierung der antarktischen Küstenlinie musste sich Biscoe dem schlechten Gesundheitszustand seiner Crew beugen und drehte Richtung Hobart auf Tasmanien bei. Auf dem Weg dorthin starben zwei seiner Männer an Skorbut.

Nach der Überwinterung in Hobart kehrte Biscoe in die Antarktis zurück und hielt wieder Kurs auf die Antarktische Halbinsel. Hier entdeckte er am 15. Februar 1832 Adelaide Island und die kleinen, nach ihm benannten Biscoe-Inseln, deren größte die Renaud-Insel ist. Die Biscoe-Inseln liegen nördlich von Adelaide Island und sind durch die Martha-Straße voneinander getrennt. Biscoe kreuzte in der Folgezeit durch die östliche Region der Antarktischen Halbinsel und entdeckte noch weitere Inseln, bevor er Anfang 1833 nach London zurückkehrte.

Biscoe Expedition 1830–1832

1901–1903: Nils Otto Nordenskjöld – Schiffbruch mit Happy End

Am 16. Oktober 1901 verließ die ANTARCTIC unter dem erfahrenen Kapitän Carl Anton Larssen den Hafen von Göteborg, damals noch Gothenburg. Ziel war die meteorologische und erdmagnetische Erforschung des Ostteils der Antarktischen Halbinsel. Die Forscher wollten weiter nach Süden vordringen, als jemals jemand zuvor gewesen war. Das gesamte Projekt begründete sich in den Beschlüssen des Sechsten Internationalen Geographischen Kongresses 1895 in London, der eine Fülle von Maßnahmen zur Erforschung der Antarktis anregte. Es dauert jedoch einige Jahre, bis die Ergebnisse des Kongresses umgesetzt wurden. Neben der Nordenskjöld-Expedition gab es weitere Expeditionen mehrerer europäischer Länder.

Nordenskjöld erreichte zunächst die Südspitze von King George Island auf den Südlichen Shetlandinseln. Von dort fuhr er weiter durch den Antarctic Sound, eine Meerenge, die ihren Namen in Erinnerung an Nordenskjölds Schiff erhielt. Südlich des Erebus- und Terrorgolfs liegt Snow Hill Island. Hier ging die Schiffsbesatzung für einige Tage an Land und errichtete eine Hütte, in der Nordenskjöld und weitere fünf Männer den kommenden Winter überstehen wollten.

Die ANTARCTIC und ihre Besatzung, die u. a. aus Wissenschaftlern unterschiedlicher Fachrichtungen bestand, verließ Snow Hill für die weitere Erforschung der Antarktischen Halbinsel. Rechtzeitig vor dem Winter sollte sie die Falklandinseln erreichen, um im kommenden November, so der Plan, wieder die Gruppe um Nordenskjöld auf Snow Hill abzuholen. Undurchdringliche Eisbarrieren durchkreuzten jedoch den Plan. Der Antarctic Sound war nicht befahrbar und auch der Weg nördlich an d´Urville und Joinville Island vorbei und hinein in den Erebus- und Terrorgolf war versperrt. So machte die ANTARKTIC am 29. Dezember 1902 in der

Innerhalb des markierten Dreiecks bewegten sich die Expeditionen.

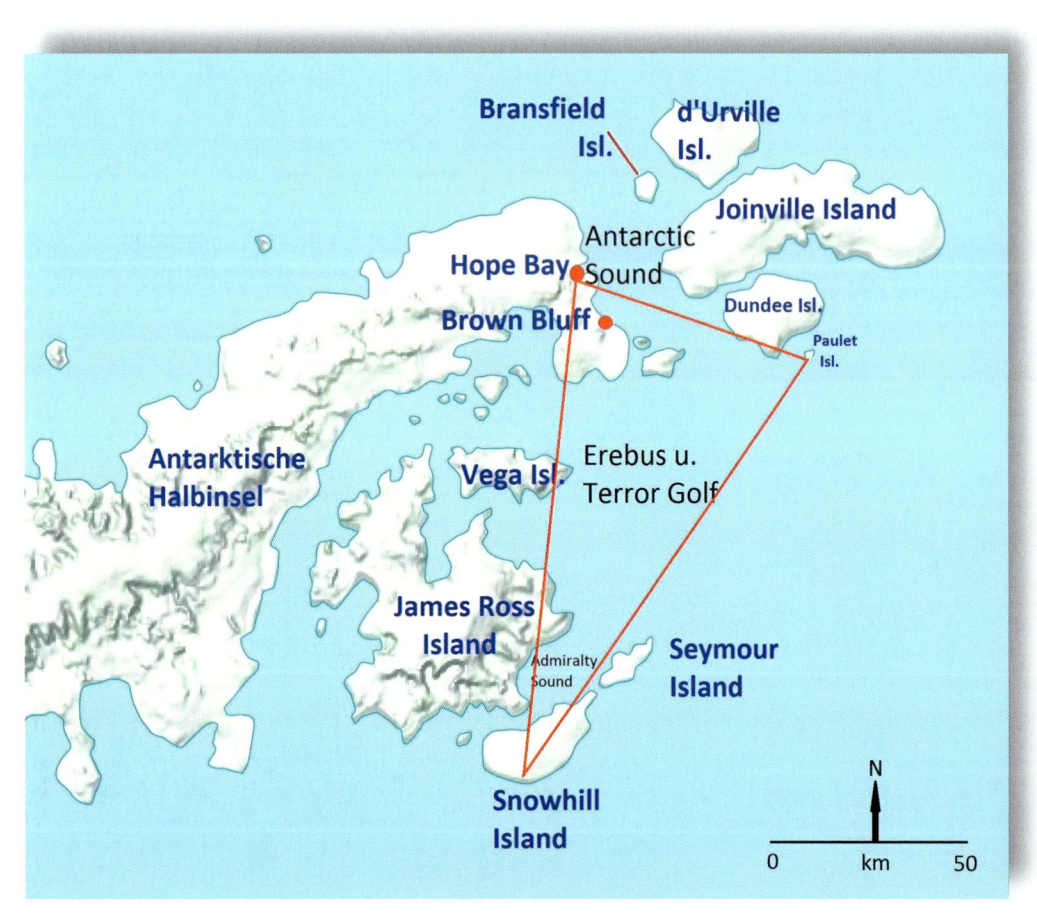

Hope Bay im Antarctic-Sound fest, wo ein Vorratslager an dem Ort eingerichtet wurde, an dem heute die argentinische Station Esperanza liegt. Da niemand einschätzen konnte, wann die ANTARCTIC Snow Hill erreichen würde, um die Forschergruppe um Nordenskjöld aufzunehmen, brachen drei Männer, Toralf Grunden, Gunnar Andersson, der auch der stellvertretende Expeditionsleiter war, und Samuel Duse, mit Hundeschlitten nach Snow Hill auf. Parallel dazu machte sich die 20-köpfige Besatzung mit der ANTARCTIC auf den Weg nach Snow Hill. Laut Plan ging man davon aus, dass bis zum 25. Januar 1903 sowohl die ANTARCTIC als auch die drei Männer auf Snow Hill bei Nordenskjöld eintreffen würden.

Doch die drei Männer mit den Hundeschlitten kamen südlich von Vega Island nicht weiter, da es zwischen Vega Island und Snow Hill Island keine geschlossene Eisdecke gab. Enttäuscht kehrten sie um, glaubten jedoch, dass die ANTARCTIC aufgrund der Eisfreiheit nach Snow Hill Island durchfahren könne und jetzt die Nordenskjöld Gruppe vereinbarungsgemäß nach Hope Bay bringen würde. Die drei Männer kehrten um und erreichten Hope Bay am 13. Januar 1903. Hier wollten sie auf die Rückkehr der ANTARCTIC warten.

Die ANTARCTIC vermied aufgrund der Eisbedingungen den Weg durch den Antarctic-Sound in Richtung Snow Hill. Kapitän Larssen wählte einen sichereren Weg und entschied sich für einen Kurs nördlich an d´Urville und Joinville Island vorbei, um dann durch den Erebus- und Terrorgolf Snow Hill Island zu erreichen. Das Schiff kam gut voran, sah sich aber bald von undurchdringlichen Eismengen umgeben. Ein starker Sturm beschädigte den Rumpf so stark, dass die Besatzung am 12. Februar 1903 von Bord gehen musste. Die Männer konnten das Schiff zwar verlassen, aber ein großer Teil der wissenschaftlichen Ergebnisse ging verloren, als das Schiff dem Eisdruck und dem eindringenden Wasser nicht mehr standhielt und sank.

Für die Besatzung der ANTARCTIC begann ein mühevoller Marsch von etwa 40 Kilometern zur kleinen Vulkaninsel Paulet Island. Vom Schiff hatten sie alles mitgenommen, was sie tragen und ziehen konnten. Für die Querung der Wasserflächen nutzten sie ein Walboot der ANTARCTIC. Die Querung der Eisflächen kostete enorme Kräfte. Ende Februar 1903, 14 Tage nach dem Untergang der ANTARCTIC, kamen sie auf Paulet Island an und begannen mit dem Bau einer Hütte: für sich und das vom Schiff mitgenommene Material. Da die mitgenommenen Nahrungsmittel nicht reichten, waren sie gezwungen, sich von Pinguinen der benachbarten Kolonie zu ernähren.

Die Männer um Nordenskjöld auf Snow Hill Island hatten – wie auch die beiden anderen Gruppen – keine Informationen über den Verbleib der übrigen Expeditionsmannschaft. Sie sorgten sich um ihr weiteres Überleben, widmeten sich wissenschaftlichen Untersuchungen und erkundeten die Umgebung. Alle drei Gruppen kämpften ums Überleben und mussten sich gegebenenfalls auf eine weitere Überwinterung in der Antarktis einstellen.

Der Botaniker Scottsberg beschrieb den Anblick der sinkenden ANTARCTIC:

„Wir standen in einer langen Reihe am Eisrand und konnten unsere Augen nicht vom Schiff abwenden. Die Pumpen funktionierten noch, aber ihre Geräusche wurden leiser und leiser. Sie gibt ihre letzten Atemzüge von sich. Sie sinkt langsam tiefer und tiefer. Jetzt kann man ihren Namen an der Seite nicht mehr lesen. Jetzt ist das Wasser an der Reling und mit einem Rattern ergießt sich die See mit ihren Eisstücken über das Deck. Ein Geräusch, das ich mein Leben lang nicht mehr vergessen werde. Jetzt werden auch die blaugelb gestrichenen Teile in die Tiefe gezogen, die Masten brechen, das Krähennest schlägt gegen die Eiskante und das Schiff mit dem Namen ANTARCTIC verschwindet in den Fluten. Sie ist einfach nicht mehr da."

Zu Beginn des Frühjahrs begannen Grunden, Andersson und Gruse, die den Winter in einer kargen, kaum beheizbaren Steinhütte verbracht hatten, einen erneuten Versuch, von Hope Bay nach Snow Hill Island zu kommen. Sie glaubten, dass dies ihre einzige Chance sei, zu überleben und die Antarctic nicht mehr zurückkommen würde. Sie wussten, dass Snow Hill der einzige Ort sein würde, an dem sie auf die Männer der Antarctic treffen könnten. So brachen sie am 29. September 1903, erneut über Vega Island, nach Snow Hill auf.

Die Gruppe um Nordenskjöld verbrachte den Winter in der Hütte und begann im Frühjahr erneut mit meteorologischen Studien. Auf einer ihrer Touren erkannten Nordenskjöld und Ole Jonasson an der Nordküste von Vega Island plötzlich drei Wesen, die sie aus der Distanz zunächst für Pinguine hielten. Andersson und seine beiden Männer glaubten, in der Entfernung eine Robbenkolonie sehen zu können und waren überrascht, als sich die beiden Robben plötzlich erhoben. Nordenskjöld erkannte Grunden, Andersson und Duse, seine drei Männer von der Antarctic, zunächst nicht. Sie hatten zerrisse Kleidung und waren wegen der rußigen Luft, die der Tranofen in ihrem Überwinterungsquartier in Hope Bay produzierte, pechschwarz. Der Ort des Wiedersehens erhielt später den Namen Cape Well-met.

Ungewissheit und miserable Lebensbedingungen während der Überwinterung zwangen auch Kapitän Larssen zum Handeln. Die Vorräte gingen zur Neige, aber die Eisbedingungen im Oktober besserten sich. An eine Rettung durch ein Schiff glaubte niemand. So entschied sich Larssen, mit dem Walboot und fünf Männern nach Hope Bay zu fahren. Sie starteten am 31. Oktober 1903 und erreichten die Bucht am 4. November 1903. Doch von der Antarctic-Crew war niemand da. Außer einer Nachricht, wer hier gewesen war, und einer Karte, die den Weg nach Snow Hill Island beschrieb, gab es keine Hinweise, wo die drei Männer zu finden sein könnten. Grunden, Andersson und Duse waren zu diesem Zeitpunkt bereits in der Hütte von Nordenskjöld auf Snow Hill Island.

Larssen entschied sich daraufhin, nach Snow Hill Island zu fahren, um Nordenskjöld und seine Männer zu finden. Sie starteten in aller Frühe und ruderten mit dem Walboot am Südufer des Antarctic-Sound entlang. Kurz vor Cape Gage, dem östlichsten Punkt von James Ross Island, behinderte eine Eisbarriere die Weiterfahrt und zwang die restlos erschöpften Männer zur Rast auf einer Eisscholle.

Zwischenzeitlich schickte Argentinien die Korvette Uruguay nach Snow Hill Island, um die Überwinterer, speziell den argentinischen Leutnant José Sobral, zu suchen, der auf Bitten der Argentinier in Buenos Aires an Bord gegangen war. Die Uruguay fuhr östlich von Paulet Island vorbei nach Seymour Island. Dort fanden Besatzungsmitglieder eine Botschaft, die Nordenskjöld, Andersson und Sobral an einem Signalmast befestigt hatten, der in einem Steinhaufen verankert war. Von den drei Männern fehlte jedoch jede Spur. Stattdessen sichtete ein Besatzungsmitglied der URUGUAY während der Fahrt entlang der Eiskante von Seymour Island ein Zelt. Dort fanden Kapitän Julian Irizar und ein Crewmitglied zwei schlafende Männer vor: Gösta Bodman und Gustav Akerlund aus dem Team von Nordenskjöld, die auf einer Tour nach Seymour Island waren. Die beiden Männer führten die URUGUAY zur Hütte auf Snow Hill Island, wo die Ankunft des rettenden Schiffes mit großer Freude und Erleichterung aufgenommen wurde.

Kurze Zeit später begannen die Männer, das Camp zu räumen und alle Habseligkeiten auf die URUGUAY zu bringen. Die letzte Stunde auf Snow Hill war angebrochen, als die Hunde zu bellen begannen: Auch Kapitän Larssen und seine fünf Männer, die mehr als 25 Kilometer von Seymour Island zu Fuß unterwegs waren, trafen im Camp ein. Gemeinsam fuhren sie mit der URUGUAY nach Paulet Island, um die restliche Mannschaft aufzunehmen. Schließlich wurden alle Besatzungsmitglieder der ANTARCTIC gerettet.

Zu Ehren von Andersson und Johansson wurden zwei Inseln im Antarctic-Sound auf ihren Namen getauft. Auch nach Nordenskjöld sind verschiedene Orte benannt: Ein See im Torres del Paine Nationalpark, ein Berggipfel und Gletscher auf Südgeorgien unweit von Grytviken, eine Gletscherzunge im Rossmeer und die Nordenskjöld-Küste im Osten der Antarktischen Halbinsel.

1901–1903: Erich Dagobert von Drygalski – Die erste deutsche Antarktis-Expedition

Der Ende des 19. Jahrhunderts einsetzende Forscherdrang führte auch zu einer Ausweitung der Aktivitäten im Südlichen Ozean. Georg von Neumayer, ein deutscher Geophysiker und Polarforscher, gründete 1895 die Deutsche Kommission für Südpolarforschung. 1899 forderte der Internationale Geographenkongress in Berlin, dass der noch weitgehend unbekannte Kontinent in den Fokus der Erkundung rücken muss. Der deutschen Politik passte diese Entwicklung gut, weil man immer ein wenig neidisch auf die große Seemacht England schielte. Nun hatte man eine wissenschaftliche Begründung für eine deutliche Aufstockung der Schiffsflotte.

E. D. von Drygalski, ein Mathematiker und Naturwissenschaftler, leitete die erste deutsche Expedition in die Antarktis. Zum Zeitpunkt der Abreise war er Professor für Geographie und Geophysik in Berlin. Sein von ihm in Auftrag gegebenes Schiff, die GAUSS, war speziell für Fahrten im Eis gebaut. Der Rumpf war von den Flanken zur Kiellinie abgerundet, damit die ungeheure Kraft des Eisdrucks den Rumpf nicht zerquetscht sondern nach oben drückt.

Am 11. August 1901 legte die GAUSS in Kiel ab und nahm Kurs auf Kapstadt, wo sie am 22. November 1901 ankam. Weiter ging es in Richtung Ostantarktis mit einem Abstecher auf die Kerguelen-Inseln,

Erich Dagobert von Drygalski
(Quelle: www.yousearch.co)

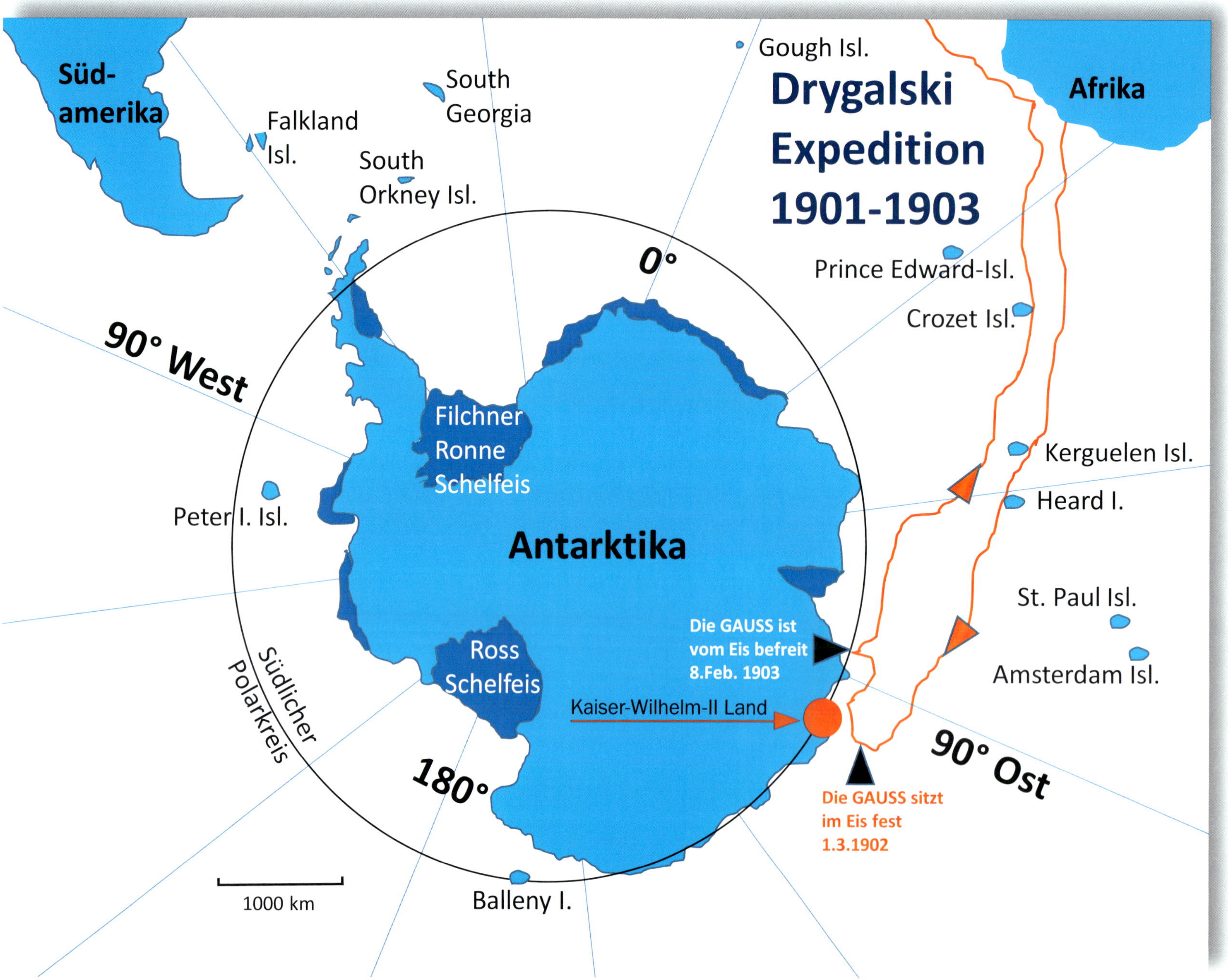
Drygalski
Expedition
1901-1903
Süd-
amerika
Afrika
Falkland
Isl.
South
Georgia
South
Orkney Isl.
Gough Isl.
Prince Edward-Isl.
Crozet Isl.
Kerguelen Isl.
Heard I.
St. Paul Isl.
Amsterdam Isl.
0°
90° West
90° Ost
180°
Filchner
Ronne
Schelfeis
Antarktika
Peter I. Isl.
Ross
Schelfeis
Südlicher
Polarkreis
Die GAUSS ist
vom Eis befreit
8.Feb. 1903
Kaiser-Wilhelm-II Land
Die GAUSS sitzt
im Eis fest
1.3.1902
1000 km
Balleny I.

die um den Jahreswechsel in Sichtweite kamen. An Bord waren 32 Personen, darunter fünf Offiziere der Handelsmarine und fünf Wissenschaftler: Ernst Vanhöffen, ein Botaniker und Zoologe, Hans Gazert, ein Bakteriologe und zugleich Expeditionsarzt auf der Gauss, Emil Philippi, Geologe und Chemiker, Friedrich Bidlingmaier, ein Geophysiker und Meteorologe, und Drygalski selbst. Hauptzweck der Reise war die wissenschaftliche Erkundung der Ostantarktis bei Princess Elisabeth-Land. Der Küstenabschnitt, der am 21. Februar 1902 gesichtet wurde, war bis dahin unbenannt und unbekannt, sodass er prompt den Namen des Deutschen Kaisers erhielt: Kaiser-Wilhelm-II.-Land (vgl. Karte Seite 196). Allerdings währte die Entdeckerfreude nicht lange, denn die Besatzung sah sich bei der Annäherung an die Küste starkem Eisgang ausgesetzt, der in den kommenden Tagen weiter zunahm, bis das Schiff am 1. März 1902 festfror. Die Bedingungen waren so extrem, dass die Gauss den ganzen Winter über im Eis feststeckte und erst am 8. Februar 1903, also elf Monate später, freikam.

Es gab ausreichend Heizungsmaterial und Nahrung an Bord, sodass die Wissenschaftler recht entspannt arbeiten konnten. Sie sammelten wertvolle Wetterdaten und beobachteten das Verhalten der Tiere. Für die Mannschaft gab es regelmäßig eine Ration Bier oder wärmenden Grog. Zudem vertrieb man sich die dunklen Tage mit Kartenspielen, Musik und Vorträgen. Kurzum: Im Vergleich zu anderen Expeditionen waren die Arbeitsbedingungen trotz allem recht angenehm.

Bei der Befreiung des Schiffes halfen die wärmer werdenden Temperaturen, das Aufsägen des Eises und sogar Sprengstoff. Besonders pfiffig war jedoch die Idee, schwarze Asche oder andere dunkle Stoffe und Materialien auf dem Eis um das Schiff herum zu verteilen, um das Sonnenlicht an der dunklen Oberfläche zu bündeln und die Schneeschmelze rund um das Schiff zu beschleunigen.

Um einen besseren Überblick über die Umgebung zu bekommen, hatte Drygalski einen Heißluftballon an Bord. Er nutzte das Hilfsmittel erstmalig im Frühling. Die Tage waren länger und heller und die Höhe von 500 m erlaubte ihm an einem windstillen Tag einen grandiosen Blick über die Eiskante und die weiße Wüste dahinter. Unweit der Küste fiel ihm ein 370 m hoher Berg auf, dessen Flanken weitgehend eisfrei waren. Dieser Berg wurde später auf den Namen „Gaußberg" getauft.

Nach der Befreiung aus dem Eis entschied sich Drygalski für eine wenige Wochen dauernde Erkundungsfahrt an der Eiskante. Aber die sich verschlechternde Eissituation zwang ihn zur Rückkehr nach Kapstadt, denn die Ausrüstung reichte nicht für eine zweite Überwinterung. So dauerte die Rast am Kap der Guten Hoffnung nur kurz. Am 23. November 1903 traf die Gauss in Kiel ein.

Die Expedition war insgesamt von hohem wissenschaftlichem Wert. Drygalski sah die gewonnenen wissenschaftlichen Erkenntnisse als eine Bestätigung und Rechtfertigung für den Erfolg seiner Reise. Nur Kaiser Wilhelm II. bemängelte, dass die Gauss lediglich den Polarkreis gestreift hatte, während die zeitgleiche englische Expedition unter Robert Falcon Scott über den 82. Breitengrad hinaus gekommen war.

1914–1916: Shackleton – Mit der Endurance im Packeis

Dr. Gudrun Bucher

Sir Ernest Shackleton, ein Synonym für zerplatzte Träume und verfehlte Ziele, ein Mann, der trotzdem in einer Reihe mit Roald Amundsen und Robert Falcon Scott steht, auch wenn er selbst den Südpol nie erreichte. Lange stand er im Hintergrund, aber seit den letzten 15 bis 20 Jahren wird voller Achtung und Respekt, ja fast mit Verehrung über Ernest Shackleton und seine Fähigkeiten im Umgang mit Menschen geschrieben. Grund dafür ist sein vorbildliches Verhalten während der legendär gescheiterten Imperial Trans-Antarctic Expedition.

Geplant war, mit einem Schiff ins Weddellmeer zu fahren und von der Vahselbucht aus zu Fuß die Antarktis via Südpol zu durchqueren. Ein zweites Schiff sollte eine Mannschaft auf der Rossinsel (im Rossmeer, auf der anderen Seite der Antarktis) absetzen. Sie hatte die Aufgabe, Depots für die vom Weddellmeer kommenden Antarktisdurchquerer anzulegen.

Als Shackleton nach langen Vorbereitungen endlich mit seinem eigens für die Expedition gekauften Schiff Endurance nach Süden aufbrechen wollte, brach der Erste Weltkrieg aus. Shackleton bot an, Schiff und Mannschaft der Britischen Marine zur Verfügung zu stellen. Knapp war die Antwort, die man ihm telegraphierte: „Weitermachen". Noch glaubte man in England, der Krieg sei schnell vorbei und die Expedition könne planmäßig durchgeführt werden.

In Südgeorgien schlug Shackleton die Warnungen der Walfänger – zu viel Eis in diesem Jahr – in den Wind. Er stand unter Druck: Seinen Geldgebern gegenüber, der Mannschaft auf der anderen Seite und ganz Großbritannien. Schon im Januar 1915 kämpfte die Endurance mit schwerem Packeis und fror endgültig fest. Die Mannschaft musste sich in Geduld fassen.

Im Oktober 1915 geriet das Eis in Bewegung, es kam zu Pressungen, die ihren Preis forderten: Am 21. November 1915 sank die Endurance. Die Mannschaft kampierte in sicherer Entfernung auf dem Eis: Dump Camp, Patience Camp, Ocean Camp – so tauften sie ihre verschiedenen Lager. Die geretteten Beiboote ließen sich kaum über das Eis schleppen, und die Drift machte jede Fortbewegung zunichte. Die Männer mussten warten. Am 9. April 1916 zerfiel ihre Scholle, sie stiegen in die Boote und erreichten nach sechs entsetzlichen Tagen Elephant Island. Dort würde niemand nach der verschollenen Expedition suchen und auch Walfänger kämen nicht zufällig vorbei. Das wusste Shackleton, der die Mannschaft zusammen hielt und dafür sorgte, dass niemand die Hoffnung ver-

Sir Ernest Shackleton
(Quelle: www.gettyimages.de)

Shackelton-Expedition 1914–1916

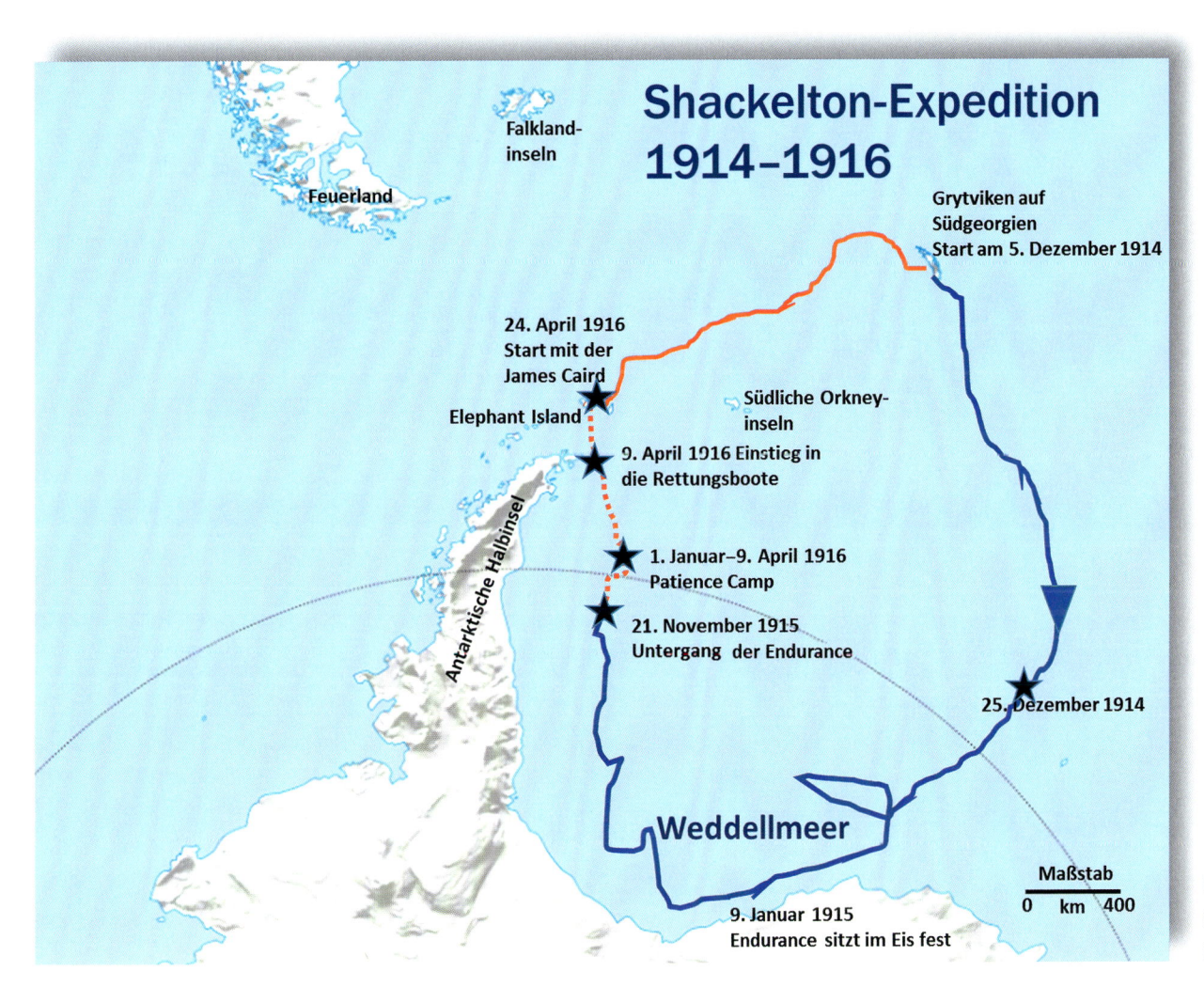

- Falklandinseln
- Feuerland
- Grytviken auf Südgeorgien — Start am 5. Dezember 1914
- 24. April 1916 Start mit der James Caird
- Elephant Island
- Südliche Orkneyinseln
- 9. April 1916 Einstieg in die Rettungsboote
- 1. Januar–9. April 1916 Patience Camp
- 21. November 1915 Untergang der Endurance
- 25. Dezember 1914
- Antarktische Halbinsel
- Weddellmeer
- Maßstab 0 km 400
- 9. Januar 1915 Endurance sitzt im Eis fest

Kurs der ENDURANCE ab Grytviken, Drift im Packeis und der Weg von Elephant Island nach Südgeorgien

lor. Daher beschloss er, das Unmögliche zu wagen. In der JAMES CAIRD, dem größten der Beiboote, lächerliche sieben Meter lang, wollte er versuchen, mit fünf persönlich ausgewählten Begleitern zu einer der Walfangstationen Südgeorgiens zu segeln, um dort Hilfe zu holen. Frank Worsley, der Kapitän der ENDURANCE, übernahm die Navigation. Nach 16 Tagen und unglaublichen Strapazen erreichten sie tatsächlich die 1 400 Kilometer entfernte Insel, allerdings auf der falschen Seite. Die Walfangstationen befinden sich auf der Nordostseite, sie waren im Südwesten. Drei Männer blieben zurück, als Tom Crean,

Weg von Shackleton, Worsley und Crean über Südgeorgien zur rettenden Walverarbeitungsstation Stromness.

Frank Worsley und Ernest Shackleton begannen, Südgeorgien zu durchqueren – ohne Karte, da das Innere der Insel noch unerforscht war. Mit minimaler Ausrüstung, Kompass, Fernglas, Nahrung für drei Tage, Kocher und einer Zimmermannsaxt, aber ohne Schlafsäcke brachen sie in einer klaren Vollmondnacht auf.

Egal wie erschöpft sie waren, sie mussten es schaffen. 22 Mann warteten auf Elephant Island, drei weitere auf Südgeorgien. Sie durften nicht aufgeben und nicht schlafen. Schlaf bedeutet in dieser Situation den Tod durch Erfrieren. Nach 36 Stunden seilten sie sich in einem Wasserfall ab und kamen endlich, am 20. Mai 1916, an ihr Ziel. Zu ihrem Glück war die Walfangstation Stromness besetzt. Sofort schickten die Norweger ein Schiff auf die andere Seite der Insel, um die drei zurückgelassenen Männer zu holen.

Erst im vierten Versuch Ende August 1916 gelang es Shackleton, seine Männer von Elephant Island zu retten. Vier Monate lang hatte Frank Wild jeden Tag ausgerufen: „Alles zusammenpacken, vielleicht kommt heute der Boss", um den letzten Funken Hoffnung auf Rettung zu halten. Alle haben überlebt. Sie kehrten in ein vom Krieg zerrüttetes England zurück, kaum jemand interessierte sich für ihre Erlebnisse. Im Gegenteil: Es dauert nur wenige Wochen, bis die ersten Expeditionsteilnehmer zum Kriegsdienst einberufen wurden.

Gebt mir Scott als wissenschaftlichen Expeditionsleiter;
gebt mir Amundsen für eine schnelle und perfekte Reise;
aber wenn sich das Schicksal gegen euch verschworen zu haben scheint, und ihr euch in einer hoffnungslosen Situation befindet, dann fallt auf die Knie und betet um Shackleton.

Raymond Priestley

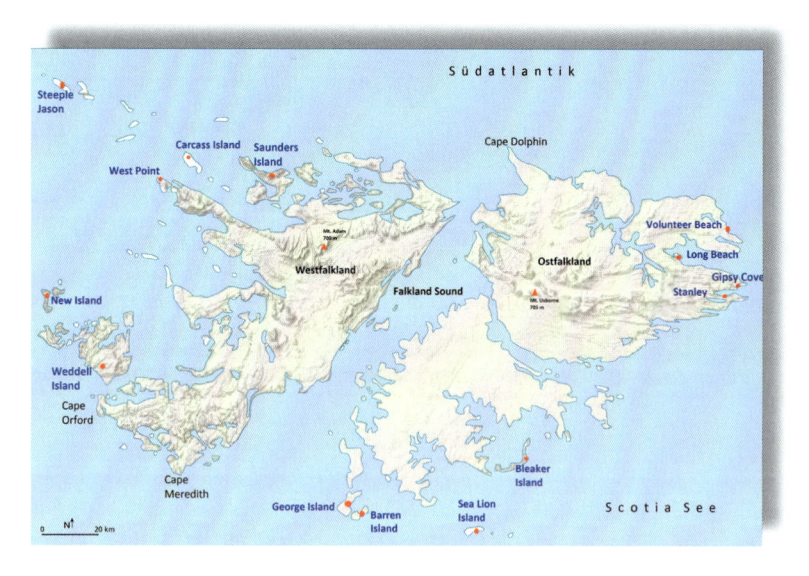

Anhang

Informationen zu den Falklandinseln

Die Falklandinseln liegen etwa 270 Seemeilen östlich der südamerikanischen Küste auf einer Fläche von 12 170 Quadratkilometern. Zu den Falklandinseln gehören die zwei großen Inseln West- und Ostfalkland sowie 291 kleine Inseln. Das Gelände ist meist flach mit spärlich bewachsenen Hügeln. Die höchste Erhebung ist der Mount Usborne auf Ostfalkland mit einer Höhe von 705 Metern. Auf den Falklandinseln leben ca. 3 000 Einwohner (ohne die in Mount Pleasant stationierten militärischen Truppen), allein 2 200 von ihnen in der Hauptstadt Stanley. Klimatisch gesehen ist auf den Falklandinseln häufig mit starken und kontinuierlichen Westwinden zu rechnen. Die jährliche Durchschnittstemperatur beträgt 6,5 ° C.

Traditionell leben die Falkländer von Schafen und deren Wolle. Der Bestand wird auf 750 000 Nutztiere geschätzt. Größte gegenwärtige Einkommensquelle ist der Verkauf der Fischfangrechte an japanische und koreanische Firmen. Perspektivisch begehrt ist der Profit aus noch nicht erschlossenen Erdölfeldern. Diese sind ein Grund für das Interesse der Briten und Argentinier an den Falklandinseln.

Politisch gehören die Inseln zu den British Overseas Territories (BOT). Damit sind sie nicht Teil des United Kingdom und gehören auch nicht zur Europäischen Union. Sie unterstehen jedoch der Souveränität Großbritanniens, das sich insbesondere um außen- und sicherheitspolitische Fragestellungen kümmert. Alle vier Jahre wird eine Volksvertretung aus acht Councilors gewählt, die zusammen mit dem Gouverneur und dem Chief Executive das „Legislative Council", das falkländische Parlament, bilden. Die Regierung wird vom Parlament gewählt und besteht aus dem Gouverneur, dem Chief Executive und dem Finanzsekretär.

Bezahlt wird auf den Falklandinseln mit dem Falkland-Pfund (FKP), das nur auf den Inseln selbst zurückgetauscht werden kann. Der Wechselkurs zum Britischen Pfund beträgt stets 1:1.

Entsprechend der politischen Situation ist der 21. April, der Geburtstag der britischen Königin, ein Feiertag. Seit 1982 wird zudem am 14. Juni der „Liberation Day" (Tag der Befreiung) gefeiert und seit 1914 am 8. Dezember der „Battle Day" begangen.

Eine kurze Geschichte der Falklandinseln

„Begehre das Richtige" heißt der Wahlspruch der heutigen Falkländer. Unter Beachtung der vielen wechselvollen Phasen in der kurzen Geschichte der Besiedlung klingt der Satz nur verständlich. Erstmals gesichtet, aber nicht besucht, wurden die Inseln bereits 1592 vom englischen Seefahrer John Davis mit seinem Schiff DESIRE, das ein

Sturm in die Gefilde der Inseln verschlug. John Strong, ebenfalls ein Brite, betrat die Inseln fast einhundert Jahre später und benannte sie nach Viscount Falkland, einem britischen Politiker und Schatzmeister der Marine.

1764 meldeten die Franzosen unter Louis Antoine de Bougainville Ansprüche an und begannen ihre Besiedlung in Port Louis auf Ostfalkland. Sie nannten die Inselgruppe „Îles Malouines" zur Erinnerung an die Seeleute aus Saint-Malo, die die ersten Siedler waren. Von diesem Namen stammt auch die heutige Bezeichnung „Islas Malvinas" im spanischen Sprachraum. Zwei Jahre später bemerkten die Engländer die Besiedlungsaktivitäten der Franzosen und gründeten 1765 unter John Byron die englische Siedlung „Port Egmont" auf Westfalkland.

In der Folgezeit wechselte die Vormacht über die Inseln häufiger. 1766 wurde Port Louis an die Spanier verkauft, die die Briten 1770 unsanft von der Insel verwiesen. Daraufhin drohte England den Spaniern mit Krieg. Nachdem die Franzosen sich als Unterstützer der Spanier in die Verhandlungen einmischten, gab es 1771 einen Verhandlungskompromiss zwischen den drei Ländern. Die Briten konnten daher zu ihrem falkländischen Stützpunkt Port Egmont zurückkehren, den sie jedoch bereits 1774 wieder aufgaben. In der Folgezeit gab es bis zum Jahre 1811 auf den Inseln eine rein spanische Phase, als Spanien seine Kolonien in Südamerika verlor. Nun wurden die Briten wieder auf die Inseln aufmerksam und eine neunjährige Phase mit halbherziger britischer Okkupation begann.

1816 erhielt Argentinien seine Unabhängigkeit und entschied sich 1820 für eine Besetzung der Inseln. Man gründete eine Siedlung auf Ostfalkland, die jedoch 1831 von der USS Lexington zerstört wurde, weil man die Versenkung von drei amerikanischen Fischerbooten durch Argentinien vergelten wollte.

Daraufhin wollten die Briten den Amerikanern bei der Besetzung der Inseln zuvorzukommen. Sie gründeten 1833 einen Flottenstützpunkt und richteten 1837 eine Kolonialverwaltung ein. Bis 1982 herrschten für die Falkländer klare britische Verhältnisse. Am 2. April 1982 begann die militärische Besetzung der Inseln durch Argentinien. Der so ausgelöste Falklandkrieg gegen Großbritannien endete mit einer klaren Niederlage der Argentinier. Über tausend Menschen starben. Heute sind etwa 1 200 britische Soldaten auf den Inseln stationiert. Argentinien hat seine Ansprüche jedoch nicht aufgegeben. Noch im Januar 2013 erhielt David Cameron, britischer Premierminister, einen Brief der argentinischen Staatspräsidentin Cristina Fernández de Kirchner. Darin wurde gefordert, auf die Ansprüche an den Falklandinseln zu verzichten. Camerons Reaktion bestand in dem Verweis auf das Referendum unter den 3 000 Bewohnern der Inseln vom 10. und 11. März 2013: Es verdeutlicht das überwältigende Bekenntnis der Falkländer zu Großbritannien: 99,8 Prozent sprachen sich für das Empire aus.

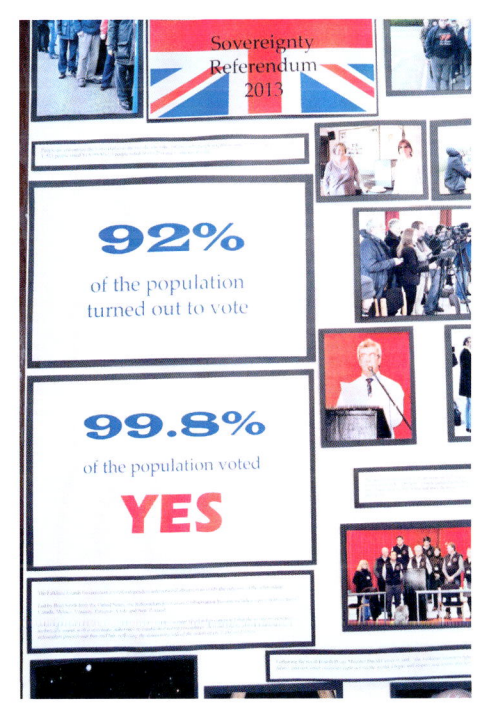

Informationen zu Südgeorgien

Etwa 770 Seemeilen östlich der südamerikanischen Küste erstreckt sich die Insel Südgeorgien von Nordwest nach Südost. Die Hauptinsel nimmt eine Fläche von 3 700 Quadratkilometern ein. Hinzu kommen die wenigen kleinen vorgelagerten Inseln. Die Hauptinsel ist 162 Kilometer lang und misst 38 Kilometer an der breitesten Stelle. Der größte Teil der Insel ist von Eis und Schnee bedeckt. Viele der über 150 Gletscher reichen mit ihren Zungen bis an die Küste. Die höchste Erhebung ist der Mount Paget mit einer Höhe von 2 934 Meter. Insgesamt hat die Insel elf Berge, die über 2 000 Meter hoch sind. Auf der Insel wohnen keine Einwohner im klassischen Sinne. Lediglich Forscher und Umweltschützer halten sich zeitweise dort auf.

Klimatisch gesehen liegt die Insel bereits innerhalb der Antarktischen Konvergenz mit ihren spezifisch kalten Strömungen und starken Winden, die von immer neuen, nach Osten ziehenden Tiefdruckgebieten genährt werden. Die durchschnittliche Jahrestemperatur liegt bei 5,1 °C maximal und –1,6 °C minimal mit einer durchschnittlichen Jahresniederschlagsmenge von 1 468 mm. Der Monat mit den durchschnittlich höchsten Temperaturen und der längsten Sonnenscheindauer ist der Februar. Das Klima ist jedoch extrem unbeständig, sodass aus diesen Daten keine Garantie für gutes Kreuzfahrwetter abgeleitet werden kann.

Für eine Vielzahl von südpolaren Tierarten bietet die Insel ideale Bedingungen. Abhängig von der Jahreszeit leben hier 30 Vogelarten. Vom größten flugfähigen Vogel unter ihnen, dem Schwarzbrauenalbatros, brüten hier etwa 210 000 Tiere. Hinzu kommen 900 000 Königspinguine, 2,0 Millionen Goldschopfpinguine, 3,5 Millionen Pelzrobben, 350 000 See-Elefanten, Krabbenfresserrobben, Weddellrobben, Seeleoparden u. v. a. m.

Nur wenige Pflanzen trotzen den harten klimatischen Bedingungen. Sie finden sich vorwiegend an den schmalen Küstenstreifen sowie an den Hängen der tief in den Inselkörper hinein ragenden Fjorde, darunter das markante Tussockgras sowie über einhundert Moos- und Flechtenarten.

Politisch betrachtet gehören zur Inselgruppe Südgeorgien noch weitere kleine Inseln wie die South Sandwich Islands, Annenkov Island, Cooper Island, die Welcome-Inseln, Willisinseln, Pickersgillinseln und die kleinen Felsen Shag und Clerke Rocks. Diese Inseln gehören zum britischen Überseegebiet South Georgia und South Sandwich Island. Sie unterstehen der Souveränität Großbritanniens, das sich, wie auch bei den Falklandinseln, um die Außen- und Sicherheitspolitik kümmert. Seit 1. Juli 2022 ist Alison Blake „Gouvernor of Falkland Islands" und „HM Commissioner of South Georgia and South Sandwich Islands".

Literaturverzeichnis

Wer ein Buch über die Antarktis für seine Reise sucht, erhält bei einer Onlinerecherche mehr als 150 Treffer. Die meisten dieser Suchergebnisse haben einen wissenschaftlichen Bezug, viele einen historischen Hintergrund und nur wenige sind hilfreich bei der Beschreibung dessen, was an der Antarktis Interessierten zur Vor- und Nachbereitung ihrer Reise hilfreich ist.

    Fotografisch wertvolle Bücher, wie das Werk von Michael Poliza, machen richtig Lust darauf, die Koffer zu packen. Kompetenz und übergreifende Infos zu vielen Themen rund um die Antarktis bietet das Werk von Christian Walther. Detaillierte Beschreibungen der Anlandungsstellen finden sich in den Büchern von Ron Naveen über die Antarktische Halbinsel, von Sally Poncet und Kim Crosbie über Südgeorgien sowie von Debbie Summers über die Falklandinseln. Eine gute Vorbereitung auf die Expedition von Shackleton (1914–1916), mit der man auf einer Kreuzfahrt von Patagonien über Südgeorgien, die Südlichen Shetlandinseln und bis zur Antarktischen Halbinsel umfassend konfrontiert wird, bietet das Werk von Shackleton selbst, welches auch in der englischen Originalfassung („South") eine höchst spannende Lektüre ist. Lesenswert ist auch das Buch von Arved Fuchs über seine Expedition im Südlichen Ozean, bei der er die strapaziöse Route von Sir Ernest Shackleton von Elefant Island nach Südgeorgien sowie die Querung des südgeorgischen Inlandeises zu Fuß beschreibt.

Atkinson, Angus, Rachael S. Shreeve, Andrew Hirst and Peter Rothery (2006) Natural growth rates in Antarctic krill (*Euphausia superba*): II. Predictive models based on food, temperature, body length, sex, and maturity stage. Limnology and Oceanography 51: 973–987

Borboroglu, Garcia und Boersma, Dee, Global Penguin Society, 2013, in PENGUINS: Natural History and Conservation, University of Washington Press, Seattle, U.S.A.

Buis, Alan, „https://www.nasa.gov/feature/jpl/new-study-brings-antarctic-ice-loss-into-sharper-focus", NASA Jet Propulsion Laboratory, 20.2.2018

Crosbie, Kim & Sally Poncet, 2005: A Visitor's Guide to South Georgia. WildGuides Ltd. – Allgemeine Informationen und Beschreibungen von Anlandungsstellen

Culik, Boris M. & Rory P. Wilson, 1993: Die Welt der Pinguine – Überlebenskünstler in Eis und Meer. BLV Verlagsgesellschaft

Peter T. Fretwell, Michelle A. LaRue, [...] Claire Porter, Phil N. Trathan: An Emperor Penguin Population Estimate: The First Global, Synoptic Survey of a Species from Space, Published in: Plos one, 2012

Foley, C.M., Tom Hart, Heather J. Lynch: King Penguin populations increase on South Georgia but explanations remain elusive. Published online: Polar Biology, 2018

Fretwell, Peter T., Michelle A. LaRue, [...] Claire Porter, Phil N. Trathan: An Emperor Penguin Population Estimate: The First Global, Synoptic Survey of a Species from Space, Published in: Plos one, 2012

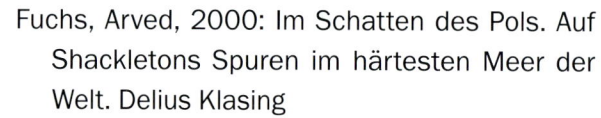

Fuchs, Arved, 2000: Im Schatten des Pols. Auf Shackletons Spuren im härtesten Meer der Welt. Delius Klasing

Gardner, Alex: NASA Jet-Propulsion Laboratory 2018, frühere Version des NASA MEaSUREs ITS_LIVE-Project

Geo Special 2003: Arktis + Antarktis.

Hager, Julia: Der Südliche Ozean: Wärmer, saurer und weniger Sauerstoff, Polarjournal, 24.1.2020

Haltner, Thomas, 2009: Abenteuer Antarktis. Stürtz Verlag

Hawemann, Cornelia & Raimund Hawemann, 2007: Kreuzfahrten in die Antarktis. Delius Klasing

Herman, Rachael, Alex Borowicz, Maureen Lynch, Phil Trathan, Tom Hart, Heather Lynch: Update on the global abundance and distribution of breeding Gentoo Penguins (*Pygoscelis papua*). In: Polar Biology, 2019

IAATO Overview of Antarctic Tourism: 2018–19 Season and Preliminary Estimates for Season 2019–20

Illinger, Patrick, Süddeutsche Zeitung, Klimawandel: Eisverlust in der Antarktis vervielfacht sich, 15.1.2019

IPCC, 51th Session, The Ocean and Cryosphere in a Changing Climate Principality of Monaco, 24th September 2019, Summary for Policymakers

klimafakten.de, Behauptung: Aber am Südpol nimmt die Eismasse zu, August 2015

Lynch, Heather and LaRue, Michelle A.: First global census of the Adélie Penguin, Published in:The Auk, 2014

McCarthy, Arlie H., u.a. Antarctica: The final frontier for marine biological invasions, in Global Change Biology 23.4.2019

McGonigal, David & Lynn Woodwoorth, 2011: Die Welt der Antarktis. Geheimnisse des südlichen Kontinents. Delius Klasing

Messner, Reinhold, 2002: Antarktis – Himmel und Hölle zugleich. S. Fischer – Beschreibung der Antarktisquerung mit Arved Fuchs

Monteath, Colin, Ron Naveen, Tui de Roy, 1991: Die Antarktis lebt. Eine faszinierende Reise ins ewige Eis. Bertelsmann

Naveen, Ron, 1997: The Oceanites Site Guide to the Antarctic Peninsula. Oceanites

Poliza, Michael, 2011: Antarctic. TeNeues

Pütz, Klemens, 2018: Unverfrorene Freunde, Ullstein

Pütz, Klemens & Christine Reinke-Kurz, 2008: Antarktische Halbinsel, Falkland-Inseln, Südgeorgien. Antarctic Research Trust

Pütz, Klemens & Christine Reinke-Kurz, 2009: Tierwelt der Antarktis und Subantarktis. Antarctic Research Trust

Rignot, Eric, www.faculty.uci.edu , https://landsat.gsfc.nasa.gov/antarctica-losing-six-times-more-ice-mass-annually-now-than-40-years-ago/14.1.2019

Schmithüsen, Holger, Hotholt, Justus, König-Langlo, Gerd, Lemke, Peter, Jung, Thomas. How increasing CO_2 leads to an increased negative greenhouse effekt in Antarctica in: Geophysical research Letters, 2015

Strycker, Noah, Wethington, Michael, ... Tom Hart, Heather Lynch: A global population assessment of the Chinstrap penguin (*Pygoscelis antarctica*)

in: Scientific Reports, 2020

Summers, Debbie, 2001: A Visitor's Guide to the Falkland Islands. Falkland Conservation, London – Allgemeine Informationen und Beschreibung von Anlandungsstellen

Wenger, Dr. Michael, Studie listet mögliche invasive Arten in Antarktika auf, Polarjournal, 15.1.2020

Die am ehesten geeigneten Karten für Kreuzfahrtreisende in die Antarktis kommen vom British Antarctic Survey (BAS). Insbesondere die „Sheets BAS 13A und 13B" über die Antarktische Halbinsel sowie die „Sheets 1A und 1B" über Graham Land und die Südlichen Shetlandinseln sind hilfreiche Reisebegleiter.

Interessante Internetadressen

Zum Thema „Reisen in die Antarktis" eignen sich folgende Internetseiten:

www.iaato.org – Die IAATO (International Association of Antarctica Tour Operators) wurde 1991 gegründet. Dieser Zusammenschluss von verschiedenen Reiseanbietern agiert im Sinne des Antarktisvertrages, um angemessene, sichere und umweltverträgliche Reisen in die Antarktis zu garantieren.

www.awi-bremerhaven.de – An Forschungsthemen über die Antarktis interessierte Leser werden sicher auf der Seite des Alfred-Wegener-Instituts in Bremerhaven fündig.

www.scar.org – Auf der englischen Seite des Scientific Committee on Antarctic Research (SCAR) findet man weitere Hinweise zu Forschungsthemen.

www.bas.com & www.antarktis.ch – Umfassende Informationen über die Region liefern die englischsprachige Seite des British Antarctic Survey (BAS) und ein Blog aus der Schweiz.

www.ats.aq – Auf der Seite des Antarctic Treaty Secretariat in Buenos Aires finden Sie detaillierte Informationen zu einzelnen Anlandungsstellen, mit deren freundlicher Genehmigung viele meiner Beschreibungen von Anlandungsstellen entstanden sind.

www.pinguine.ch – Eine sehr gute Seite mit umfassenden Informationen zu vielen Tierarten und unterschiedlichen Regionen des Südlichen Ozeans. Die Online-Informationen sind Teil von polarNEWS, dem sehr informativen und lesenswerten Magazin über polare Regionen.

www.polarnews.ch – Auf der Homepage und in der gleichnamigen Zeitschrift finden sich viele aktuelle und hintergründige Informationen zur arktischen und antarktischen Welt.

www.antarktis-station.de – Hier finden Sie Beschreibungen der Arbeit auf den Stationen in der Antarktis.

www.lighthouse-foundation.org – Diese Seite liefert umfassende Informationen zum Antarktischen Krill und zur aktuellen Krillforschung.

www.falklandislands.com – Diese Seite bietet sehr nützliche Informationen über die Entdeckung der Inselgruppe, zu Übernachtungsmöglichkeiten und zur Tierbeobachtung.

www.umweltbundesamt.de/antarktis

www.globalpenguinsociety.org

Überblick und englisch-deutsche Übersetzung der häufigsten Tierarten im Südlichen Ozean

Pinguine	
Adéliepinguin	Adélie penguin
Zügel-/Kehlstreifenpinguin	Chinstrap penguin
Kaiserpinguin	Emperor penguin
Kronenpinguin	Erect-crested penguin
Dickschnabel-Pinguin	Fjoedland crested penguin
Eselspinguin	Gentoo penguin
Brillenpinguin	Jackass penguin
Königspinguin	King penguin
Goldschopfpinguin	Macaroni penguin
Magellanpinguin	Magellanic penguin
Humboldtpinguin	Peruvian penguin
Felsenpinguin	Rockhopper penguin
Haubenpinguin	Royal penguin
Snares Dickschnabel Pinguin	Snares crested penguin
Gelbaugenpinguin	Yellow-eyed penguin

Robben	
Antarktische Pelzrobbe	Antarctic fur seal
Krabbenfresserrobbe	Crabeater seal
Falklandpelzrobbe	Falkland Islands fur seal
Seeleopard	Leopard seal
Neuseeländische Pelzrobbe	New Zealand fur seal
Rossrobbe	Ross seal
Südgeorgienpelzrobbe	South Georgia fur seal
Südlicher See-Elefant	Southern Elephant seal
Südlicher Seelöwe	Southern sea lion
Weddellrobbe	Weddell seal

Die Liste ist alphabetisch nach den englischen Tiernamen geordnet, falls Sie, lieber Leser, in englischen Texten nach einer deutschen Übersetzung suchen.

Seevögel

Silbersturmvogel	Antarctic fulmar
Weißflügel-Sturmvogel	Antarctic petrel
Taubensturmvogel	Antarctic prion
Antarktis- od. Antipodenseeschwalbe	Antarctic tern
Graukopfgans	Ashy-headed goose
Schwarzbauch-Meerläufer	Black-bellied storm petrel
Schwarzgesicht-Scheidenschnabel	Black-billed sheatbill
Schwarzbrauenalbatros	Black-browed albatross
Bartzeisig	Black-chinned siskin
Schwarzkronen-Nachtreiher	Black-crowned night heron
Schwarzkehl-Ammerfink	Black-throated finch
Südamerikanischer Austernfischer	Blackish oystercatcher
Blausturmvogel	Blue petrel
Blauaugenkormoran	Blue-eyed shag
Großer Entensturmvogel	Broad-billed prion
Patagonien Möve	Brown-hooded gull
Südliche Raubmöve	Brown skua
Bulleralbatros	Buller's albatross
Chilenenpfeifente	Chiloe wigeon
Lummensturmtaucher od. Pinguinsturmvogel	Common diving petrel
Schopfkarakara	Crested caracara
Schopfente	Crested duck
Blutschnabelmöve	Dolphin gull
Kamp- od. Falkland-Pieper	Falkland pipit
Magellan od. Falkland-Drossel	Falkland trush
Falkländische Dampfschiffente	Flightless steamer duck
Langflügel-Dampfschiffente	Flying steamer duck

Seevögel

Buschzaunkönig od. Seggen-Zaunkönig	Grass wren
Großer Sturmtaucher	Greater shearwater
Graurücken-Sturmschwalbe	Grey-backed storm petrel
Graukopfalbatros	Grey-headed albatross
Hausspatz, -sperling	House sparrow
Königskormoran	Imperial shag
Falkland Karakara	Jonny rook
Dominikanermöve	Kelp gull
Kelpgans	Kelpgoose
Königskormoran	King cormorant
Graumantelalbatros	Light-mantled sooty albatros
Soldatenstärling	Long-tailed meadowlark
Magellantauchsturmvogel	Magellan diving petrel
Magellanausternfischer	Magellanic oystercatcher
Nördlicher Riesensturmvogel	Northern giant petrel
Schopfente	Patagonian crested duck
Wanderfalke	Peregrine falcon
Kapsturmvogel	Pintado petrel
Felsenkormoran	Rock cormorant
Königsalbatros	Royal albatross
Rotkopfgans	Rudy-headed goose
Rotbrust-Regenpfeifer	Rufuos chested dotterel
Silberente	Silver teal
Schneesturmvogel	Snow petrel
Weißgesicht- Scheidenschnabel	Snowy sheatbill
Weichfedersturmvogel	Soft-plumaged petrel
Rußalbatros	Sooty albatross
Dunkelsturmtaucher	Sooty shearwater
Südamerikanische Seeeschwalbe	South american tern

Seevögel

Silbersturmvogel	Southern fulmar
Südlicher Riesensturmvogel	Southern giant petrel
Breitschnabel-Tauchsturmvogel	South Georgian diving petrel
Spitzschwanzente od. Südgeorgische Spießente	South georgia pintail
Riesenpieper od. Südgeorgischer Wiesenpieper	South georgia pipit
Antarktische Raubmöve	Southpolar skua
Dünnschnabel-Walvogel	Thin-billed prion
Truthahngeier	Turkey vulture
Tussockvogel od. Einfarb-Uferwipper	Tussock bird
Falkland-Regenpfeifer	Two-banded plover
Hochland- /Magellangans	Upland goose
Wanderalbatros	Wandering albatross
Weißkinnsturmvogel	White-chinned petrel
Weißbürzel-Strandläufer	White-rumped sandpiper
Rolland-Taucher	White-tufted grebe
Buntfußsturmschwalbe	Wilson's Storm petrel

Wale und Delfine

Blauwal	Blue whale
Commerson und Peale Delfin	Commerson's and Peale's dolphin
Schwarzdelphin	Dusky dolphin
Finnwal	Fin whale
Stundenglasdelphin	Hourglass dolphin
Buckelwal	Humpback whale
Schwertwal	Killer whale
Zwergwal	Minke whale
Grindwal	Pilot whale
Südlicher Glattwal	Southern right whale
Pottwal	Sperm whale

Die 20 meist besuchten Anlandungsstellen der Antarktischen Halbinsel und der Südlichen Shetland-Inseln in der Saison 2018/19
(Quelle: www.iaato.org)

Anlandungsstelle	Region	Besucherzahlen (Saison 2018/19)
Neko Harbour	Antarktische Halbinsel	28 565
Lemaire Channel	Antarktische Halbinsel	27 891
Cuverville Island	Antarktische Halbinsel	25 512
Half Moon Island	Südliche Shetlandinseln	24 290
Port Lockroy/Goudier Island/	Antarktische Halbinsel	20 519
Whalers Bay	Südliche Shetlandinseln	19 733
Danco Island	Antarktische Halbinsel	19 700
Paradise Bay/Almirante Brown Stat.	Antarktische Halbinsel	17 289
Wilhelmina Bay	Antarktische Halbinsel	15 953
Petermann Island	Antarktische Halbinsel	14 590
Damoy Point/Dorian Bay	Antarktische Halbinsel	13 532
Neumayer Channel	Antarktische Halbinsel	12 830
Great Wall Station	Südliche Shetlandinseln	12 501
Port Charcot	Antarktische Halbinsel	11 994
Brown Bluff	Antarktische Halbinsel	10 683
Skontorp Cove	Antarktische Halbinsel	9 945
Aitcho Islands - Barrientos Island	Südliche Shetlandinseln	9 435
Mikkelsen Harbour (D'Hainaut)	Südliche Shetlandinseln	9 220
Cierva Cove	Antarktische Halbinsel	8 987
Jougla Point	Antarktische Halbinsel	8 887

Entwicklung der Besucherzahlen in der Antarktis seit 2006/07 (Quelle: www.iaato.org)

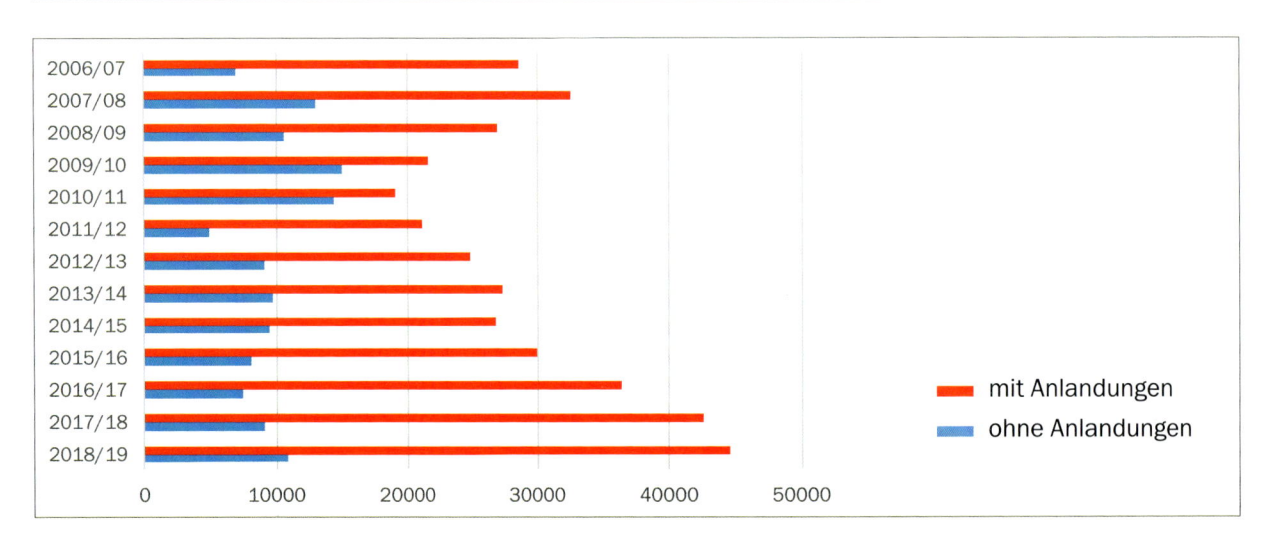